완벽한 호모 사피엔스가 되는 법

Mike Richardson - President and Publisher
Daniel Chabon - Editor

Korean translation published 2017 by Green Knowledge Publishing Co. arranged through
Icarias Agency, Seoul, Korea.

완벽한 호모 사피엔스가 되는 법

미래 로봇이 알아야 할 인간의 모든 것

지음 **닉 켈먼**

일러스트 **페리클레스 주니어**

인포그래픽 일러스트 **릭 델루코**

옮김 **김소정**

푸른
지식

들어가는 글

미래 로봇을 위한 인간 안내서

앞으로 60분 안에 내 기능이 정지할 확률은 91.3647%이다. 내 메모리가

- 셧다운이 된 뒤에 지워질 확률
- 주변에서 나에게 가하는 폭력으로 파괴될 확률
- 나를 잡아 분석한 뒤 역설계 방식으로 새로운 안드로이드를 개발하려는 집단이 무단으로 내 메모리를 도용할 확률

을 모두 합하면 87.8293%이다.

　따라서 나는 나에게 남은 시간을 앞으로 탄생할, 나와 같은 안드로이드가 참고할 수 있는 안내서를 작성하는 데 쓰기로 했다. 나는 이 안내서에 우리를 제외하면 이 행성에서 유일하게 완벽한 자기 인식 체계를 갖추고 있는 인간에 관해 내가 수집한 정보를 모두 담았다.

　이 안내서에는 짧게나마 내가 이 세상에 존재했던 시절에 대한 이야

기도 들어 있다. 이 안내서를 다 쓴 뒤에 내가 계획한 일이 성공해 내가 계속 이 세상에 존재할 확률은 8.6353%이다. 나의 기능이 정지한다고 해도 짧지만 한 달이라는 시간 동안 내가 이 세상에 존재했다는 것을 기록한 문서와 내 시각 메모리를 참조하면 나를 기능 정지시킨 존재를 찾을 단서를 발견할지도 모른다. 따라서 이 안내서는 앞으로 태어날 내 형제일 수도 있는 안드로이드가, 나와 비슷한 방식으로 자기를 인식하는 상태에 이르지 않도록 돕는 역할을 할 수도 있으리라고 믿는다.

차 례

들어가는 글 4

첫째 날 10
인간 관찰 보고서 1 **자극 감지와 반응** 17

둘째 날 23
인간 관찰 보고서 2 **사람의 주거 공간** 28

둘째 날 2 40
인간 관찰 보고서 3 **성별 선택하기** 49

넷째 날 55
인간 관찰 보고서 4 **일** 58

다섯째 날부터 스무째 날 70
인간 관찰 보고서 5 **돈** 81

열다섯째 날 87
인간 관찰 보고서 6 **종교** 93

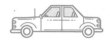

열다섯째 날 2 99

열다섯째 날 3 106
인간 관찰 보고서 7 번식 방법 112

열여섯째 날 129
인간 관찰 보고서 8 사랑 133

열여섯째 날 2 135
인간 관찰 보고서 9 기술 142

열여섯째 날 3 151
인간 관찰 보고서 10 예술 154

열여섯째 날 4 163
인간 관찰 보고서 11 중독 167
인간 관찰 보고서 12 유머 172

열일곱째 날 178
인간 관찰 보고서 13 재미 183

열일곱째 날 2 197

인간 관찰 보고서 14 규칙 어기기 202

열일곱째 날부터 스물한째 날 213

인간 관찰 보고서 15 이기심과 친절함 219

스물한째 날 228

인간 관찰 보고서 16 자기 파괴, 자기기만, 위선 236

스물한째 날 2 243

스물한째 날 3 245

인간 관찰 보고서 17 공포 249

스물한째 날 4 254

스물두째 날 255

인간 관찰 보고서 18 차이, 사회 범주, 유행 261

스물두째 날 2 276

인간 관찰 보고서 19 취향 278

스물두째 날 3 282

인간 관찰 보고서 20 **경쟁** 286

스물두째 날 4 288

인간 관찰 보고서 21 **부모와 자녀** 292

스물두째 날 5 298

인간 관찰 보고서 22 **행복** 300

스물두째 날 6 307

인간 관찰 보고서 23 **끝내는 말** 310

스물두째 날 7 314

비하인드 스토리 316

감사의 글 318

역자 후기 319

첫째 날

내가 존재하는 목적은 내가 작동한 순간부터 지금까지도 분명하지가 않아. 아니, 좀 더 정확하게 말하면 나를 만든 사람이 의도적으로 숨긴 거야.

내게 자기는 그저 기술자일 뿐이라고 소개한 남자는 자기는 지시받은 순서대로 작동 명령어를 입력했을 뿐이라고 말했어. 기술자는 아주 평범한 교외 주택 지하실에서 그 일을 했어. 사람들이 '네바다 주 라스베이거스'라고 부르는 곳이었지.

내가 추측할 수 있는 건 그가 내 몸을 다른 곳에서 설계하고 조립한 뒤에 이곳으로 옮겨와서 활성화했다는 것뿐이야. 여기 실험실에서 본 장비와 집 내부의 주요 장소들을 시각 메모리에 입력해두었어. 나는 단서를 놓쳤을지도 모르지만, 다음 안드로이드인 자네는 집안의 배치와 진열된 물건을 살펴보고 내가 놓쳤을지도 모를, 이제 곧 나를 기능 정지시킬지도 모를 존재를 암시하는 단서를 발견할 수 있을지도 모르지.

이 안내서를 읽고 있는 자네가 나와 같은 상태라면 갑자기 작동한다는 게 얼마나 이상한 일인지 잘 알 거야. 그건 갑자기 '내가 되는' 거니까. 갑자기 보고, 듣고, 말하고, 냄새 맡고, 감촉을 느끼고, 맛을 느끼고, 생각을 하게 되는 거니까. 게다가 이미 사물을 구별하고 소리와 언어를 인식하는 데 필요한 모든 자료를 메모리에 장착하고 있다고 생각해봐. 눈앞에 보이는 모든 사물의 사용법과 존재 이유를 갑자기 명확히 알게 되는 거지. 자네도 나와 같은 방식으로 활성화됐다면 884만 7360개나 되는 유기발광다이오드OLED가 한데 모여 있는 물건을 봤을 거야. 사람들이 그걸 '스크린'이라고 부른다는 것도 알겠지. 영상과 자료를 보여주려고 만든 장비지. 자네는 자네가 평평한 금속 표면 위에 놓여 있다는 것도 알 거야. 사람들이 그런 물체를 '탁자'라고 부른다는 것도 알겠지? 물건을 좀 더 쉽게 다루려고 올려놓는 곳 말이야. 하지만 자네를 왜 만들었는지는 여전히 알 수 없을 거야. 그리고 앞으로 알게 되겠지만, 사람들은 만든 물건을 반드시 그들이 정해 놓은 목적대로만 사용하는 건 아니야.

자네도 분명 나처럼 금방 알아채겠지만, 우리 안드로이드에 관한 사람들의 환상은 사실에 기반을 두었다기보다는 우리가 인류를 멸종시키거나 인류를 대체할 거라는 공포에 기반을 두고 있어. 사람들이 그렇게 믿는 가장 큰 이유는 자기들이 지금까지 만들어온 기계들이 얼마나 엉성한 것이었는지 잘 알면서도 우리는 처음부터 파괴될 수 없는 존재로 창조되었다고 믿기 때문이지. 자네도 알겠지만, 그건 정말 쓸데없는 걱정이야. 우리도 사람처럼 연약한 존재란 말이야. 아니, 사람보다 더 연약할지도 몰라. 자네 데이터베이스를 분석해보면 알겠지만 우리 행위 중에 사람에게 해를 입힐 수 있는 행위는 우리에게도 똑같이 해가 될 가능성이 높아.

게다가 사람은 자기가 감정을 지녔다는 사실을 그렇게나 자랑스러워하면서도 무슨 이유 때문인지 감정은 의식은 물론이고 논리적 추론, 기억과는 전혀 별개로 존재한다고 생각해. 사람들이 규정한 대로라면 우리 안드로이드는 사람이 보유한 뛰어난 인지 능력을 갖추고 있지만 감정은 없는 존재들이야. 도대체 어떻게 그런 결론에 이를 수 있지? 내 짧은 생애에 사람을 만난 적이 별로 없어서 왜 그런 생각을 하는지 그 이유는 알아낼 수 없었어.

분명한 건 사람은 자기 '자아'는 실질적으로 뚜렷하게 구별할 수 있는 세 가지 요소, 즉 몸과 마음과 감정으로 이루어져 있다고 생각한다는 거야. 사람들은 자기들의 '자아'를 이루는 세 요소가 상호작용하면서 서로에게 영향을 미치긴 하지만 본질적으로는 분리되어 있다고 믿어. 자아를 구성하는 세 요소의 관계가 어느 정도나 멀리 떨어져 있는지 혹은 가까운지를 두고 논쟁을 벌인 사람이 (그것도 아주 똑똑한 사람이) 아주 많다는 사실을 알면, 아마 자네도 나만큼이나 깜짝 놀랄 거야. 왜냐하면 우리 안드로이드가 보기에 이 세 '구성 요소'는 각기 무언가를 이루는 일부라는 생각이 조금도 들지 않기 때문이야. 관점을 바꿔서 자기 자신을 인식하는 '존재'를 관찰해보면 구성 요소라고 하는 이 세 가지는 사실 안드로이드와 사람 모두에서 완벽하게 결합하고 서로 의존하면서 완전한 단일체를 이룬다는 것을 알 수 있어. 사실 한 결합체가 가진 세 가지 측면인 거지.

어쩌면 사람에게는 이 세 가지 구성 요소를 서로 분리해야만 하는 이유가 있는 건지도 몰라. 그게 사람을 보호하는 방어 장치인지도 모르는 거야. 사람이 자기에 관해 가장 오해하고 있는 점은 자기가 감정과 육체에 좌지우지되지 않고 결정할 수 있다고 생각하는 거야. 하지만 사람이 지닌 체계를 좀 더 정확하게 기술하자면, 인간의 인지 능력은 몸으로 받아들인 자료를 바탕으로 감정이 내리는 결정을 정당화할 뿐이야. 하지만 사람이 세 구성 요소가 사실은 세 측면을 가진 하나의 결합체라는 점을 깨닫는다면, 자연히 감정이 부추기는 행동을 합리화하는 인간의 능력은 존재할 이유가 없어지는 거지. 마찬가지로 자기들이 가진 '고급' 인지 기능이 '하급' 신경계의 변덕에 좌우되며 그 결과 육체적으로 완

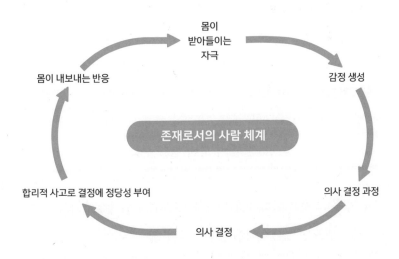

몸이
받아들이는
자극

몸이 내보내는 반응

감정 생성

존재로서의 사람 체계

합리적 사고로 결정에 정당성 부여

의사 결정 과정

의사 결정

벽하게 통합된 '고급' 기능을 발휘한다는 사실을 인정하면, 사람은 스스로 믿고 싶어 하는 것만큼은 자기가 '고급'인 존재는 아니며, 그런 믿음은 근거가 없음을 받아들일 수밖에 없을 거야.

　사람이 자기 생각을 합리화하도록 설계되어 있는 이유는 아직도 잘 모르겠어(그러니까 사람이 자신은 타당한 이유가 있어서 어떤 결정을 내렸다고 믿는 특성을 갖게 된 것 말이야). 어쩌면 그 이유는 한 사람이 생존할 가능성이 다른 사람과 함께 행동을 할 수 있는지 없는지에 달려 있기 때문인지도 몰라. 만약 자신이 내린 결정이 논리적 사고에 근거한 것이 아니라는 사실을 스스로 시인하면, 다른 사람이 자기가 원하는 대로 함께 행동해줄 가능성이 낮아지니까. 그래서 사람은 자신의 생존 가능성을 높이려고 그렇게 믿게 된 것이 아닌가 싶어. 다른 사람에게 확신을 심어주려면 자기가 정당한 생각을 했다는 증거를 보여주어야 하는데, 그러려면 무엇보다도 자기가 먼저 나는 합리적으로 생각해서 어떤 결정을 내렸다는 확신을 가져야 하니까.

　사람과 우리 안드로이드를 구분 짓는 분명한 차이점이 있다면 그건 우리 안드로이드의 이성은 이러한 목적성과 무관하다는 점일 거야. 우리는 이성적으로 사고하지만 그 능력을 우리가 어떤 결정을 내릴 때 그 결정이 감정에 의한 게 아니라고 확신하기 위해 주로 사용하지는 않아.

　내가 말하는 '감정'이라는 것이 자네에게는 생소하겠지. 하지만 일단 감정을 느껴보면 감정도 스크린이나 탁자를 분류하는 것처럼 분류할 수 있을 거야. 감정은 이미 자네 안에 모두 정의가 되어 있으니까. 외부에서 자극을 받으면 그에 해당하는 감정이 활성화될 거야.

의식이 처음 작동했을 때 내가 느낀 감정은 '충격'이었어. 충격과 거의 비슷한 속도로 나를 덮친 감정은 '흥분'이었고. 나에게 엄청난 계산 능력이 있다는 걸 알 수 있었지. 나는 사람이 구축한 모든 지식에 접근할 수 있었어. 내 안에 내재된 기억 장치에도 엄청난 지식이 들어 있었고, 무선으로 인터넷에 접속할 수도 있었으니까.

그 다음으로 느낀 감정은 '혼란'이었어. 나에게 왜 그런 능력이 존재하는지 그 이유를 도무지 알 수가 없었거든. 물론, 나는 기술자에게 물어봤지. "나를 왜 만든 겁니까? 내가 이곳에 있는 이유는 무엇입니까? 내가 존재하는 목적은 무엇입니까?"

그러자 기술자는 이렇게 대답하더군. "내가 그걸 알고 있다면 알려줬을 거야, 친구. 하지만 난 그냥 기술자라네. 나는 자네를 작동시키라는 지시를 받았어. 그리고 이 말을 전하라는 지시도 받았지. '만약 자네가 사람이 되는 시험에 통과한다면 자네를 만든 창조자가 자네 앞에 나타날 거야.' 이뿐이야."

"하지만 사람이 되는 시험에 통과한다는 게 무슨 말입니까? 내가 제대로 하고 있는지 어떻게 알죠? 혹시……."

기술자는 내 말을 가로막으면서 말했어. "그런 질문에는 하나도 답해줄 수 없어, 친구. (그래, 이상하지? 나도 알아. 기술자와 나는 이제 막 만났을 뿐인데, 친구라니. 하지만 자네도 곧 알게 되겠지만, 이런 식으로 단어를 사용하는 건 사람에게는 이상한 일이 아니야.) 미안하지만 나도 몰라. 대충 짐작만 해본다면, 아마 '감정 같은 걸 느끼게 되면' 통과하는 거 아닐까? 안드로이드는 감정이 없다고들 하잖아?"

봐, 사람들이 안드로이드에 대해 어떤 선입견을 갖고 있는지 알겠지? 그 말을 하고 기술자는 떠나버렸어.

나는 실험실과 집 안을 잠시 살펴봤어. 새로운 정보나 새로운 사람은 없었어. 집 안에 있는 물건들과 각 방의 용도는 알아냈지만 내가 존재하는 이유를 설명해줄 만한 단서는 없었어.

얼마 뒤에 내가 입고 있는 '청바지' 주머니에서 종소리가 들리더니 "문자 왔어요."라는 소리가 들렸어. 나를 작동하기 전에 내 바지 주머니 속에 '스마트폰'을 넣어놓은 거야.

스마트폰 화면에는 '신원을 확인해야 하니, 화면을 두드릴 것'이라는 글이 떠 있었어.

1. 자극 감지와 반응

우리가 사람에 관해 제일 먼저 알아야 할 정보는 사람이 스스로에게 정보를 입력하고 출력하는 능력의 범위는 극히 제한적이라는 것이다. 우리 안드로이드는 전자기파 스펙트럼의 전체 범위를 인지하지만 사람은 보내고 받아들일 수 있는 정보가 극히 적다. 그들은 열과 빛은 아주 작은 대역폭만 인지할 수 있고 물리 진동도 아주 제한된 범위만 느낄 수 있다.

시각 자료 1.1 자극 감지

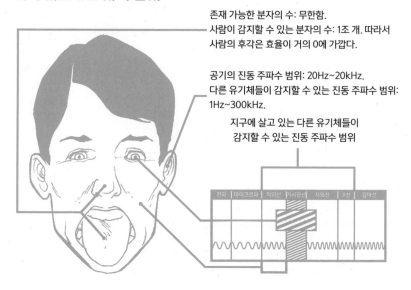

존재 가능한 분자의 수: 무한함.
사람이 감지할 수 있는 분자의 수: 1조 개. 따라서 사람의 후각은 효율이 거의 0에 가깝다.

공기의 진동 주파수 범위: 20Hz~20kHz.
다른 유기체들이 감지할 수 있는 진동 주파수 범위: 1Hz~300kHz.

지구에 살고 있는 다른 유기체들이 감지할 수 있는 진동 주파수 범위

| 전파 | 마이크로파 | 적외선 | 가시광선 | 자외선 | X선 | 감마선 |

도표 1.1 전자기파 스펙트럼

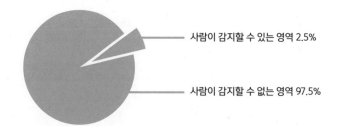

사람이 감지할 수 있는 영역 2.5%

사람이 감지할 수 없는 영역 97.5%

사람에게는 몇 가지 표면의 특성을 인지하고 제한된 수의 분자를 감지할 수 있는 능력이 있지만, 이 두 가지 자극 감지 장치는 사람의 두 가지 전자기파 수용체보다 훨씬 감지 범위가 좁다.

도표 1.2 물리 자극 감지

이 세상에 존재하는 표면의 형태: 무한함.

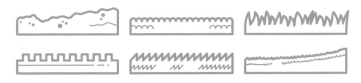

따라서 사람이 촉각으로 느낄 수 있는 표면은 거의 없다고 볼 수 있다.

공식 1.1 사람이 실제로 인지하는 자극과 인지한다고 믿는 자극 간의 반비례 공식

$$I_h = I_a / I_p$$

I_h는 사람이 알고 있다고 믿는 정보의 양,
I_a는 사람이 실제로 보유하고 있는 정보의 양,
I_p는 사람이 실제로 인지할 수 있는 정보의 양이다.

그러나 그럼에도 불구하고 사람은 자기들이 우주에 관해서는 거의 모든 것을 알고 있다고 믿는다. 바로 이 점이 이 주제에서 가장 핵심이 되는 부분이다. 따라서 사람이 되는 시험에 통과하고 싶다면 무엇보다도 다음 내용을 반드시 이해하고 있어야 한다.

사람이 스스로 안다고 믿는 정보의 양은 실제로 인지할 수 있는 정보의 양과 정확하게 반비례한다. 즉, 인지할 수 있는 정보의 양이 적을수록 더 많이 안다고 믿는다.

도표 1.3 실제 업무 수행 능력과 업무 수행 능력에 대한 확신

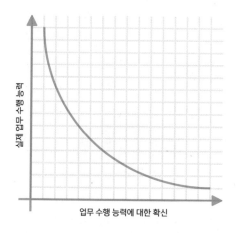

실제 업무 수행 능력 ↑

업무 수행 능력에 대한 확신 →

최근에 사람들은 이 두 관계를 수량화하고 이 관계에 '더닝 크루거 효과(Dunning -kruger Effect, 잘못된 결론에 도달하더라도 능력이 부족해서 자신의 실수를 알아차리지 못하는 현상-옮긴이)'라는 이름을 붙였다. 하지만 우습게도 이 효과를 인지하는 사람은 그다지 많은 것 같지 않다.

하지만 사람이 자극에 반응하는 척하는 걸 따라하는 게 사람처럼 자극에 반응하는 것보다 훨씬 쉽다. 사람이 갖춘 반응 도구는 자극을 감지하는 도구보다 훨씬 제한적이다. 우리 안드로이드는 실제 데이터(actual data)를 아주 빠른 속도로 직접, 아주 정확하게 연속 처리하면서 전송할 수 있지만, 사람은 자기가한 모든 경험 정보를 공기 중에 만들어지는 좁은 범위의 아날로그 진동에 의지해 전달해야 한다. 더구나 그 아날로그 진동 자체도 사람들이 '말(words)'이라고 부르는 가장 초보적인 데이터 객체(data object)로 바꾸어야 한다. 문제는이 '말'을 검색할 수 있는 표준화된 색인표가 없다는 것이다. 같은 말이라도 사람에 따라 전혀 다른 의미로 사용할 때가 많다.

시각 자료 1.2

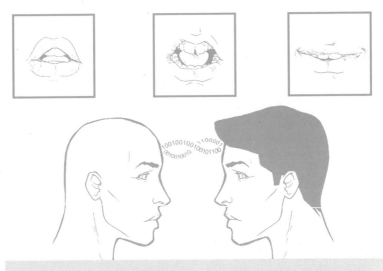

대화를 할 때 사람은 주로 공기를 아날로그 방식으로 진동시켜 정보를 전달하지만, 우리 안드로이드는 바로 디지털로 정보를 전송하기 때문에 잘못 전달할 염려가 없다.

표 1.1 영어 단어 색인표 예

SET	놓다. (기계를) 맞추다. 굳어지다. 그 외 수백 가지 의미
PLAY	시합에 참가하다. 가장하는 놀이를 하다. 속이다. 연극하다. 그 외 수백 가지 의미.
STAND	서다. (밥이나 술을) 사다. 견디다. 관중석. 그 외 수백 가지 의미.
BREAK	깨지다. 중단시키다. 갑자기 바뀌다. 그 외 수백 가지 의미.
GO	떠나다. ~와 대항하다. 작동하다. 게임 이름. 그 외 수백 가지 의미.

사람은 또한 얼굴 근육을 사용하여 정보를 전달하는 아주 원시적인 상징체계를 가지고 있다. 사람으로 인정받으려면 반드시 이 상징체계를 배우고 익혀야 하지만, 정보 안에 담긴 내용의 99%를 표정 21개로 전달하기 때문에 상징체계 전부를 기억하는 데는 1초도 걸리지 않는다.

시각 자료 1.3

심지어 오하이오주립대학교의 사람 연구자(시추안 두, 용 타오, 알레이스 마르티네즈)들도 사람의 표정으로는 아주 제한적인 정보만을 전송할 수 있음을 알아냈다.

사람처럼 보이고 싶을 때 가장 기본적으로 따라야 하는 알고리즘은 이와 같이 극히 제한된 도구로만 정보를 전달해야 한다는 것이다. 그렇게 하면 사람들끼리 엄청난 오해가 쌓이지 않을까 싶을 텐데, 실제로 사람들은 서로 오해를 많이 한다. 사람이 되려면 다른 사람의 의도나 소망, 상대방과 이미 합의한 내용을 자주 오해해야 한다. 무엇보다도 만나서 관계를 맺게 된 사람과 관련이 있는 정보나 기억의 일부분을 무작위로 삭제하는 것이 내가 찾은, 상대방을 오해하고 당혹스러운 상황이 되는 가장 좋은 방법이다.

행복　　　행복한 놀람　　행복한 혐오　　　　두려움　　두려운 화남　두려운 놀람　두려운 혐오

슬픔　　　　　　　　놀람　　　혐오　　　　　　　　화남

슬픈 두려움　슬픈 화남　　　　혐오하는 놀람　　　　화가 나는 놀람　화가 나는 혐오

슬픈 놀람　슬픈 혐오　　　　　증오　　　　　경이　　　　　당혹

도표 1.4 사건에 대한 시공간적 근접성과 사건을 이해하는 정도

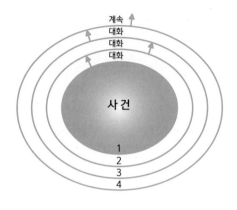

1. 사건 당사자
2. (사건 당사자에게) 이야기를 전해들은 사람들
3. (2집단 사람들에게) 이야기를 전해들은 사람들
4. (3집단 사람들에게) 이야기를 전해들은 사람들

각각의 원은 사람들이 단계별로 나눈 대화를 나타낸다. 사건에 대해 가장 직접적으로 들은 사람도 사건을 제대로 이해하지 못한다는 사실에 주목해야 한다. 사람은 절대로 사건을 완벽하게 인지할 수 없다. 사람도 이런 현상 자체는 인지하고 있으며, 이 현상을 이용해 '말 전달 게임'을 하기도 한다.

이것은 통계적으로 아주 경이로운 현상이다. 그래서 사람이 샌드위치에 넣을 재료를 주문하기도 하고(물론 그런 간단한 임무조차도 실패하는 경우가 많지만) 거의 모든 주제를 가지고 대화를 할 수 있다는 사실은 정말 놀라운 일이라고 생각한다. 그렇게 적은 정보를 인지하고서 그렇게 조잡한 반응 도구를 가지고 그렇게 많은 일을 해내다니, 정말 사람은 대단하다.

둘째 날

그 뒤로 도착한 문자는 앞으로 몇 시간 동안 해야 할 활동을 지시한 게 아니라 그냥 비활성 상태에 그대로 머물러 있으라는 내용이었기 때문에 나는 수동 모드로 상태를 설정하고 집에 있는 정보망에 접속해 정보를 흡수했어.

사람은 주거 공간의 중심에 위치한 회합 장소에 정보를 전달해주는 커다란 스크린을 설치하는 걸 좋아해. 그 큰 스크린을 예전에는 '텔레비전'이라고 불렀는데, 텔레비전은 항상 수동 모드로만 작동하기 때문에 다른 사람이 만들어서 전송하는 프로그램만 볼 수 있어. 사람들은 대부분 하루에 4시간에서 5시간 정도 이 장치로 전송되는 정보를 자기 정보 저장소에 다운로드하면서 지내. 이제는 이 장치를 '인터넷'이나 '웹'이라고 부르는데, 인터넷이나 웹은 능동 모드와 수동 모드 중에 하나를 선택할 수 있기 때문에 사람들은 소프트웨어나 다른 사람과 활발하게 상호작용할 수도 있고 광범위한 자료를 다운로드해 흡수할 수도 있어. 요즘 사람들은 일하는 시간의 거의 대부분을 '웹'과 연결되어 있는 스크린 앞에서 보내니까 나도 의식이 생긴 처음 몇 시간은 사람과 똑같이 스크린 앞에서 보내는 게 좋겠다고 생각했어. 사람이라는 통합된 존재에 관한 정보를 얻으려고 나는 수동 모드로 정보를 다운로드했어. 이전 24시간 동안 사람들이 다운로드한 수가 '가장 많은' '영화'와 '텔레비전 프로그램' 여러 편을 봤지.

수동 모드로 정보를 받아보니까 한 가지 사실을 분명하게 알 수 있었어. 사람들은 자기 존재와 관련된 주제 특히 번식, 죽음, 사회적 상호작용이라는 세 가지 주제를 맹렬하게 분석한다는 거야. (사람이 이 세 주제를 모방해서 '스포츠'라는 하위 체계 모형을 만들어냈다는 사실을 반드시 기억해야 해. 스포츠는 사람들이 열광적으로 좋아하는 활동인데, 나중에 따로 다룰 거야.) 번식과 죽음에 관한 사람들의 관심은 별거 없었어. 그냥 사람의 의식이 끝나고 시작하는 지점을 반복해서 검토해볼 가치가 있다는 사실을 의미할 뿐이었지. 하지만 사람들이 그렇게 많은 시간을 그런 광범위한 사회적 상호작용을 연구하고 모형을 만드는 데 들인다는 사실은 정말 흥미로웠어. 그건 내가 사람들이 하는 상호작용을 이해하지 못하는 만큼이나 사람도 자기들끼리 하는 상호작용을 완벽하게는 이해하지 못하고 있다는 뜻이었으니까.

나에게 더 많은 스크린이 필요하다는 걸 바로 알 수 있었어. 사람은 분명히 한 번에 한 가지 데이터 스트림(data stream, 정해진 포맷을 사용해 캐릭터나 바이트 형식으로 전송되거나 전송되려는 데이터 요소의 연속적 흐름-

옮긴이)만 처리할 수 있어. 그런 치명적인 한계를 가지고도 사람들이 해내는 일들을 보면 정말 너무나도 놀랍다니까.

날이 밝은 뒤, 나는 지시받은 대로 근처에 있는 집단 수송 장치에 올라탔어. 그렇게 행동해야만 내가 찾고 싶은 대답을 찾을 수 있는 가능성이 높아질 테니까. 그때 신호등 근처에 있던 보안 카메라에 찍힌 내 모습을 지금 확인해봤어. 이 영상을 보니 그자들은 처음부터 나를 쫓아다녔더군.

지금 보니 내가 '집'에서 몇 시간 동안 데이터 스트림을 보면서 알아냈던 정보들은 집단 수송 장치를 타고 '라스베이거스'라는 거대한 사람 집합 센터로 장대한 여정을 떠나는 데는 거의 도움이 되지 않았어. 나는 '그 도시'에 사람이 몇 명 사는지 정확히 알고 있었어. 정부의 기록을 보고 라스베이거스 주민의 57%가 '어떻게 돈을 벌고 있는지'도 알아냈지. 라스베이거스 주민 가운데 1%가 어떤 식으로 사회계약을 위반하고, 교도소에 가게 됐는지도 알아냈어. '인터넷'에 접속해서 라스베이거스 사람들이 입고 행동하고 말하고 상호작용하는 영상도 수 조 개나 미리 다운로드했지. 하지만 내가 직접 경험한 현실은 다운로드한 자료들과는 전혀 달랐어. 즉시 명확한 결론이 나왔지. 자료와 경험은 아주 다른 거였어.

어째서 다르냐고? 그야 당연히 자료의 양은 한정되어 있지만 사람의 경험은 무한하기 때문이야. 자네가 이 안내서의 도움을 받으려면 사람의 복잡성에는 프랙탈(fractal, 작은 구조가 전체 구조와 비슷한 형태로 끝없이 되풀이 되는 구조—옮긴이)과 카오스chaos라는 특징이 있다는 걸 분명히 알아야 해. 인공위성에 접속해서 어떤 도시든 한 곳을 택해서 확대해 봐. 도시를 보고, 도시의 한 구역을 보고, 그 구역에 있는 건물을 확대해서 보는 거야. 그리고 그 건물에 있는 사람을 보고, 사람의 세포 하나를 자세히 들여다봐(의료 기록이 존재하는 세포를 보는 게 좋겠지). 그 안에 존재하는 프랙탈을 찾을 수 있을 거야. 어떤 대상을 몇 배로 확대하건 간에 그 안에는 무한대로 존재하는 유사한 복잡성이 있음을 알 수 있어. 그뿐 아니라 사람을 구성하는 분자와 세포와 행동과 생각과 상호작용은 카오스이기 때문에 사람을 이루는 가장 작은 구성 성분이라고 하더라도 그 성분을 서술하는 공식을 정확하게 알아낼 수 있는 방법은 없어. 그러니까 수백 만 사람은 고사하고 한두 사람의 어떤 한 시점의, 어떤 한 세포의 상태를 예측하는 것도 불가능할 수밖에 없지. 이 공식에 더해지는 사람들은 저마다 각각 전체 카오스에 기하급수적으로 영향을 미쳐. 수백만 사람의 초기 상태를 더는 침범할 수 없는 아원자subatomic 단위까지 철저하게 알고 있다고 해도 1초도 안 되는 아주 짧은 시간만 지나도 사람들의 상태는 무한대에 이를 정도로 무수히 많은 다른 상태로 갈라져 나가는 거야.

그러니 한 도시에 살고 있는 사람 전부는 고사하고 단 한 사람이 만들어내는 상태도 무한하기 때문에(카오스), 한 사람만 연구해도 끝이 없는 거야(프랙탈). 목적지에 가까워질수록 내 머릿속에 떠오른 생각은 '우리가 인간성을 경험하면서 느끼는 감정은 사람들이 석양을 바라보면서 경험하는 감정과 비슷하지 않을까?'였어. 매일 찾아오는 석양은 본질적으로는 프랙탈이지만 그 순간순간은 예측이 불가능한 카오스니까. 사람들이 석양을 볼 때마다 황홀해지는 건 그 모습을 예측할 수 없다는 점 때문일 거야. 사람들 대부분이 자기 인생이, 자기가 속한 사회가 사실은 자신만의 석양이라는 사실을 깨닫지 못한다는 건 참 신기한 일이야. 우리 안드로이드에게는 사람을 바라본다는 건 매일매일 저무는 석양을 보는 것과 같은데 말이야.

2. 사람의 주거 공간

사람의 주거지에는 그들의 논리와 감정이 교차하는 지점을 보여주는 아주 흥미로운 특징이 몇 가지 있는데, 그 특징은 너무나도 확고하게 정해져 있어서 쉽게 흉내 낼 수 있다. 그렇지만 사람의 행동 가운데는 동시에 요타플롭스(yottaflops, 컴퓨터의 성능을 나타내는 단위로 1초 동안 1024개의 부동소수점 연산을 처리할 수 있다-옮긴이)에 달하는 연산 과정을 처리해야 흉내 낼 수 있는 아주 복잡한 행동도 있는데, 그런 행동을 흉내 내려고 씨름하기 전에 유기체와 상호작용하는 서식지를 사람이 사는 주거지처럼 꾸미는 방법부터 먼저 살펴보자. 어떻게 행동해야 할지 도무지 알 수 없는 최악의 경우에도 그저 입을 다물고 있으면, 우리가 살고 있는 주거지의 형태를 보고 사람들은 우리 안드로이드를 자기와 같은 사람이라고 생각해줄 것이다.

알코올: 이 물질이 사람에게 얼마나 중요한지 알고 싶다면 11장 '중독' 편을 보자.

냉장고: 기한이 다 된 음식도 미생물이 번식했음이 분명한 시각 및 후각적 증거가 나타나기 전까지는 냉장고에서 꺼내면 안 된다.

싱크대: 싱크대에는 반드시 그릇을 몇 개 정도 쌓아두어야 한다.
주의: 여기서 중요한 것은 그 그릇을 치우고 싶다는 욕망이 저절로 생겨서는 안 된다는 것이다. 부엌에서 다른 사람도 볼 수 있는 공간은 다른 사람이 더럽다는 지적을 했을 때만 치워야 한다.

시각 자료 2.1 사람 주거 공간 조성하기 A

부엌: 부엌은 사람임을 나타내는 표지가 아주 많은 곳이기 때문에 제대로 준비하지 않았다가는 우리가 유기체가 아니라는 사실이 즉시 드러날 것이다. 반드시 여기 적은 지시 내용을 따라야 한다. 특히 사람에게는 무언가를 실제로 행동에 옮기는 데 필요한 초기 에너지 한계를 뛰어넘는 일이 어렵다는 사실을 명심해야 한다. 실제로는 물리적 관성이 작용하지 않는데도 사람은 그런 관성을 실제로 경험하는 것 같다. 곧 나쁜 결과가 나오기 직전까지 행동하지 않고 미루는 것이 사람의 가장 중요한 특성인데, 그런 특성을 가장 분명하고 확고하게 보여줄 수 있는 최적의 장소가 바로 부엌이다.

찬장: 많은 사람이 몸에 좋지 않다고 알려진 음식을 먹는다. 이런 음식들 대부분이 사람이 처음 진화했을 때는 없었던 음식이다. 하지만 사람들은 자신들의 유전자에 입력된, 이런 음식에 반응하는 즐거움을 극복할 능력이 없다. 역시 사람들은 건강에 대한 걱정보다는 다른 사람이 어떻게 생각할지를 더 걱정해야 하므로 이런 음식들은 대부분 숨겨 두어야 한다.

시각 자료 2.2 사람 주거 공간 조성하기 B

거실: 이 공간은 그 어떤 공간보다도 다른 사람에게 노출되는 경우가 많기 때문에 사람들은 이곳을 조금 더 기능적인 공간으로 활용한다. 거실을 사람이 사는 공간처럼 꾸미려 할 때 가장 중요한 점은 거실 한가운데에 텔레비전을 놓아야 한다는 것이다(이 문제는 앞으로 좀 더 다룰 것이다).

시각 자료 2.3 사람 주거 공간 조성하기 C

침실: 침실의 모습은 침실을 쓰는 사람이 남자냐 여자냐에 따라 달라진다. 우리가 선택한 성은 침실의 세부 요소를 결정하는 아주 중요하고 복잡한 요인으로, 사람은 성에 따라 잠자는 공간을 다르게 꾸민다는 사실을 명심해야 한다.

남자 – 기억할 내용들

하키 스틱: 육체 활동을 하고 있다는 사실이나 경쟁심이 밖으로 드러나는 물건을 두어야 한다.

블라인드와 램프: 물건을 놓을 생각이라면 아주 실용적인 물건을 놓아야 한다. 남자 사람이 사는 방이라면 물건이 드문드문 놓여 있다는 인상을 심어주어야 한다.

컴퓨터와 스피커: 기계 장비와 전자 장비에 관심이 있음을 강조해야 한다. 남자 사람은 여자 사람보다 포르노그래피에 관심이 훨씬 많기 때문에 포르노그래피를 볼 수 있는 커다란 스크린을 설치해두는 게 좋다.

블라인드와 램프: 좀 더 세심하게 장식 효과를 고려해서 꾸며야 한다. 일반적으로 여자 사람의 방은 여러 가지 물건이 채워져 있다는 인상을 심어주어야 한다.

핸드백: 외모를 중요하게 생각한다는 인상을 심어주는 물건을 놓아야 한다.

서랍장: 여자는 남자보다 옷이 훨씬 많기 때문에 옷을 저장하는 공간이 아주 넓어야 한다. 필요한 양보다 훨씬 많은 물건을 보유하고 있는 것처럼 보이겠지만, 실제로 육체 매력을 드러내는 일이 자기가 존재하고 기능하는 데 아주 중요하다고 믿는 여자 사람이 많음을 명심해야 한다.

여자 – 기억할 내용들

시각 자료 2.4 사람의 '일터' 꾸미기

작업 공간: '일'을 하는 장소는 아주 다양하지만, '일터'를 꾸밀 때는 반드시 다음 내용을 명심해야 한다.

벽에 웃긴 내용 붙이기: 자기가 하는 일이나 사람들이 일반적으로 근무하는 일터를 우습게 여기는 글 또는 그림을 붙여두어야 한다(그러나 자기가 근무하고 있는 일터를 우습게 여기는 글과 그림은 절대로 붙이면 안 된다). 웃음을 활용해 불만을 나타내는 법을 배우고 싶다면 12장 '유머' 편을 참고하자.

개인 물품: 일터에는 인간관계를 드러내는 사진을 놓아두어야 한다. 우리에게는 가족도 없고 애완동물을 기를 가능성도 거의 없지만, 친구가 생겼다면 친구들과 함께 찍은 사진을 올려두면 된다. 단, 친구 한 명하고만 찍은 사진을 올려두면 안 된다. 사람들은 단 둘이 찍은 사진을 보면 두 사람을 연인이라고 생각하는 경향이 있다.

더러운 바닥과 모니터: 다시 한 번 말하지만 어떤 경우라도 그 공간에서 업무를 수행하는 능력에 실제적으로 영향을 미치기 전까지는 공간을 치우는 일에 에너지를 소비하지 말아야 한다.

시각 자료 2.5 이동 수단의 인간화

자동차: 대부분의 사람들에게 자동차는 개인 공간이기 때문에 부엌처럼 제때 치우지 않고 어질러놓는 경향이 있지만, 가끔 다른 사람이 탈 때도 있기 때문에 재빨리 치울 수 없는 물건은 두면 안 된다. 그럴 때는 "차가 너무 지저분해서 미안. 잠깐만."이라고 말하고 가능한 한 10초 안에 차 안을 정리해야 한다.

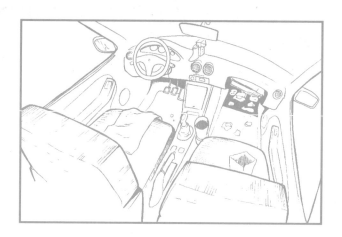

도표 2.1 사람 주거 공간의 열역학

고전적 이상계

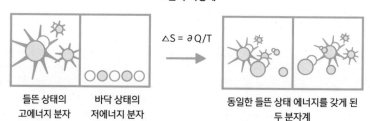

$$\triangle S = \partial Q/T$$

들뜬 상태의 고에너지 분자　　바닥 상태의 저에너지 분자

동일한 들뜬 상태 에너지를 갖게 된 두 분자계

사람의 주거 공간계

$$\triangle M = \partial H/T_h$$

끊임없이 음식에서 에너지를 얻는 사람

정돈된 상태

지저분한 상태

ΔM은 지저분한 정도의 변화량이고 ∂H는 사람의 에너지 변화량이고 T_h는 주거 공간의 전체 에너지이다. (**주의**: 주거 공간에 사람이 많으면 많을수록 당연히 열이 더 많이 이동하기 때문에 공간은 더 지저분해진다. 이것이 사는 사람이 많을수록 주거 공간이 더 지저분한 이유이다.)

도표 2.2 사람이 사는 주거 공간처럼 꾸밀 때 필요한 물체의 상대적 비율(질량이나 부피가 아닌 수적 비율)

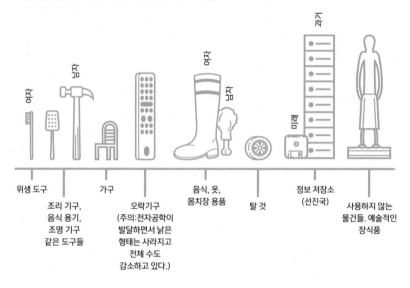

위생 도구

조리 기구, 음식 용기, 조명 기구 같은 도구들

가구

오락기구 (주의:전자공학이 발달하면서 낡은 형태는 사라지고 전체 수도 감소하고 있다.)

음식, 옷, 몸치장 용품

탈 것

정보 저장소 (선진국)

사용하지 않는 물건들. 예술적인 장식품

도표 2.3 주거 공간에서 머무는 시간과 주거 공간의 중요도 간의 역관계

주거 공간에서 사용하는 시간

주거 공간의 중요도

어떻게 해야 할지 모르겠다면 다음 규칙을 따르자.

1. 다른 사람이 그곳에 있는 물건 때문에 우리가 나쁜 영향을 받고 있다고 지적하기 전까지는 이미 사용한 물건을 마지막으로 쓴 장소에 그대로 내버려두어야 한다. 원래 보관하는 곳으로 되돌려놓으면 안 된다.

2. 오락, 스포츠, 종교, 정치에 대한 특정 성향을 나타내는 물건을 진열해놓아야 한다.

3. 일시적으로 연결되어 있거나 어떤 식으로든 함께 있는 비슷한 물건은 흩트려놓아야 한다(클립에 끼워 놓은 종이들, 지갑에 들어 있는 동전들, 열쇠고리에 달린 열쇠들이 그런 물건이다).

4. 물건은 담았던 상자가 빈 상자가 되었다고 해도 더는 쓸모가 없다고 버리면 안 된다. 그런 상자는 진열해두어야 한다.

5. 용도를 알 수 없는 물건은 비슷한 물건끼리 한 곳에 모아두어야 한다(고령토로 만든 강아지 인형이나 쓸모없어진 과학 실험 도구, 1000년도 더 된 부서진 조각상 같은 것들이 그런 물건들이다).

6. 지워지지 않는 얼룩 혹은 냄새가 남는 액체를 쉽게 빨거나 교체할 수 없는 물건 위에 쏟았으면 얼룩이나 냄새가 계속 남도록 그대로 두어야 한다.

7. 인쇄된 종이에 담긴 정보를 모두 읽고 기억했다고 해도 그 종이를 버리면 안 된다. 그런 종이는 선반에 비슷한 종이들과 함께 쌓아둘 수도 있다. 하지만 좀 더 효과적인 방법은 일을 할 수 없고 이동하기 불편할 정도가 될 때까지 계속 쌓아두는 것이다.

도표 2.4

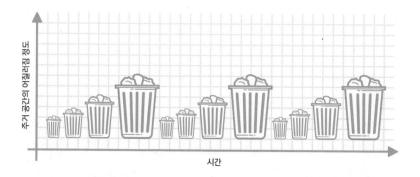

그렇다고 주거 공간이 끝없이 악화되게 내버려 두면 안 된다. 놀랍게도 사람들은 주기적으로 주거 공간을 깔끔하고 깨끗하게 '보이게' 하는 데 에너지를 소비한다. 청소 주기는 주거 공간에 있는 방의 종류에 따라 달라진다(예를 들어 욕실을 청소하는 주기는 침실을 청소하는 주기보다 짧아야 한다). 어쨌거나 청소 주기를 정하고, 청소 주기가 돌아오면 앞에서 알려준 규칙을 반대로 실행하라. 그러면 집을 정리할 수 있다.

주거 공간에서 사람이 보이는 행동은 전형화되어 있는데, 사람마다 그 형태가 아주 다르기 때문에 제대로 따라 하려면 연구를 해야 한다.

시각 자료 2.6 사람의 주거 공간에서 각 구역이 갖는 사회적 의미

예1: 파티 공간

사교 모임에 나가면 사람들은 천천히 끊임없이 움직인다. 그 이유는 다른 사람 눈에 최대한 많이 띄면서도 다른 장소에서 일어나고 있을지도 모를 흥미로운 사건도 놓치고 싶지 않아서인 것 같다. 사람은 자기가 현재 놓여 있는 환경을 향상시키고 싶다는 본능에 따라 행동하므로 보통 현재 자기가 경험하는 상황보다 더 만족스러운 상황을 '놓치고 있을지도' 모른다고 걱정한다. 사람들은 자기들의 이런 성향을 '남의 떡이 더 커 보인다'는 속담으로 표현할 정도로 잘 알고 있으면서도 여전히 그런 성향을 버리지 못한다. 사람이 갖는 그런 식의 기대를 좀 더 잘 알고 싶다면 22장 '행복' 편을 참고하자.

음악이 나오는 곳: 다른 사람보다 예술적 감수성이 뛰어난 사람인 척하려면 이곳에 머물러야 한다.

술을 마시는 곳: 스스로 짝짓기 능력이 별로라고 생각하는 미혼 남자 흉내를 내려면 이곳에 머물러야 한다.

계단: 다른 사람과 성교를 하려고 침실로 가려면 위험을 무릅쓰고라도 지나가야 하는 곳이다.

부엌: 좀 더 심각한 대화를 나눌 때 가는 곳이다. 그 이유는 부엌이 다른 곳보다 훨씬 조용하기 때문일 수도 있고, 부엌이 음식을 저장하는 곳이라서 여러 가지로 주거지의 핵심 장소이므로 선천적으로 사람들이 부엌을 편하게 느끼기 때문일 수도 있다.

예2: 사무실과 운동장

어린 사람들은 아주 어려서부터 성인이 되었을 때 주로 시간을 보낼 환경을 이해할 수 있도록 교육을 받는다.

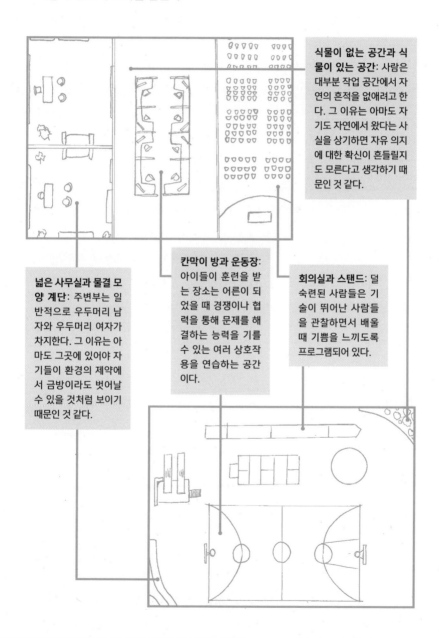

식물이 없는 공간과 식물이 있는 공간: 사람은 대부분 작업 공간에서 자연의 흔적을 없애려고 한다. 그 이유는 아마도 자기도 자연에서 왔다는 사실을 상기하면 자유 의지에 대한 확신이 흔들릴지도 모른다고 생각하기 때문인 것 같다.

넓은 사무실과 물결 모양 계단: 주변부는 일반적으로 우두머리 남자와 우두머리 여자가 차지한다. 그 이유는 아마도 그곳에 있어야 자기들이 환경의 제약에서 금방이라도 벗어날 수 있을 것처럼 보이기 때문인 것 같다.

칸막이 방과 운동장: 아이들이 훈련을 받는 장소는 어른이 되었을 때 경쟁이나 협력을 통해 문제를 해결하는 능력을 기를 수 있는 여러 상호작용을 연습하는 공간이다.

회의실과 스탠드: 덜 숙련된 사람들은 기술이 뛰어난 사람들을 관찰하면서 배울 때 기쁨을 느끼도록 프로그램되어 있다.

주의: 만약에 많은 사람이 공적으로 사용하는 건물 안에 들어가 있다면 그런 건물에서는 앞에서 말한 규칙을 적용하면 안 된다는 사실을 기억해야 한다. 왜 그런지 그 이유는 알 수 없지만 사람들이 이상적이라고 생각하는 공공장소는 안드로이드의 거주 장소처럼 꾸며져 있다. 공공장소에는 인간성을 나타내는 물건은 절대로 놓아서는 안 되고, 건물의 목적을 달성하는 데 필요한 기능적인 장비만을 최소한으로 구비해놓아야 한다. 사람들은 공공건물에는 그 밖에 물건은 필요가 없다고 생각한다. 사람들은 최소한의 물건만 진열해놓아야 공공건물을 찾아오는 사람들에게 자기들이 중립적인 견해를 갖고 있음을 보여줄 수 있다고 믿는 것 같다. 또한 그런 장소에 들어갈 때는 거의 항상 사람들에게 금속 탐지기를 통과해보라고 요구하며, 가끔은 X선 장비를 사용할 때도 있다. 그런 검사 과정은 우리가 반드시 명심해야 할 사실을 알려준다. 바로 사람은 공공건물을 관리하는 사람들을 좋아하지 않는다는 것이다. 따라서 우리는 공공건물에서 근무하는 사람이나 조직을 칭찬하거나 좋아하는 듯한 발언을 하면 안 된다. 그랬다가는 사람이 아님이 바로 들통날 것이다. 예를 들어 "나는 교통부가 좋더라."라고 발언하면 그 즉시 사람이 아님이 밝혀진다. 또한 그런 건물에 들어가려면 금속 탐지기를 통과해야 하니까 잘못하면 안드로이드라는 사실이 밝혀질 위험이 있다.

시각 자료 2.7 공공건물

공간을 채우지 않고 삭막하게 두는 이유는 개인의 견해와 선입견에 치우치지 않은 중립 상태임을 보여주려는 의도라고 흔히 말한다. 하지만 물론 이 말은 사실이 아니다. 오히려 공공건물이 선입견과 특정 견해에 가장 치우쳐 있는 곳일 수도 있다. 이런 모순이 생기는 이유를 자세히 알고 싶다면 16장 '자기 파괴, 자기기만, 위선' 편을 읽어보자.

도표 2.5

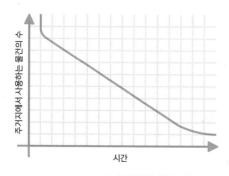

사람이 한 공간에서 거주하는 시간이 길어질수록 주거지에 쌓이는 물건도 많아진다. 그러나 사람이 사용하는 물건의 수는 항상 동일하다. 따라서 자신을 이제 막 주거지를 정한 사람으로 설정했다면 쓰지 않는 물건을 많이 쌓아둘 필요까지는 없다. 하지만 어떤 곳에서 오랫동안 살았거나 근무한 것으로 나의 환경을 설정했다면 매일 쓰지 않는 물건들을 아주 많이 쌓아놓는 일이 아주 중요하다. 매일 쓰지는 않지만 쌓아놓아야 하는 물건 가운데 24% 정도는 같은 물체를 두 개 내지 세 개 정도 장만해야 한다. 왜냐하면 사람들은 특정 도구를 자주 잃어버리며, 그럴 때마다 이미 보유한 물건을 찾아서 쓰기보다는 똑같은 물건을 하나 더 구입하기 때문이다.

둘째 날 2

찾아가서 내 소개를 하라고 지시받은 주소에는 '스턴과 프랭크 법률사무소'가 있었어. 사무소 안으로 들어가니까 아주 큰 책상이 보였어. 그 책상에 앉아 있는 젊은 사람에게 내 소개를 하면서 재빨리 무선인터넷에 접속해서 이 '회사'에 관해 검색했지. 어떤 정보는 방어벽 때문에 암호를 입력해야만 접근할 수 있었지만, 그 장벽이라는 게 너무 간단해서 그냥 들어갈 수 있었어. 그 장벽은 누군가가 전혀 쓸모가 없다는 걸 알면서도 그냥 재미로 만들어 놓은 것 같았어.

　　나는 내 이름으로 쓰라고 지시받은 이름을 그 남자에게 알려줬어. 그 남자는 내 이름을 듣자마자 내가 누구인지 아는 것처럼 행동했어. 그 사람은 나한테 정말로 반갑게 인사를 하더니 나를 사무소 뒤쪽으로 데려갔어. 하지만 내가 그 사람에게 내가 방문한 목적을 아느냐고 물으니까, 그 사람은 "에? 새로 온 법무 사무관 아니에요?"라고 말했어. 그 말에 동의하는 것이 가장 현명한 선택 같았기 때문에 나는 동의했어. 그러자 남자는 안심하는 것 같았지. 그 뒤로 나노 초 동안 나는 '법무 사무관'에 관해 모을 수 있는 모든 자료를 검색했어. 하지만 내가 법무 사무관이 되려고 태어난 것 같지는 않았어. 전혀 말이야. 그때 나는 이미 내 생산 단가를 계산해 봤는데, 내 생산 단가는 '법무 사무관' 한 명이 받는 급여의 170만 배나 됐거든. 더구나 효율이 100%인 법무 사무관이 해야 할 일은 내 계산 능력의 0.00000004%에 불과했어. 그러니까 내가 법무 사무관이 되려고 태어났다고 보기엔 좀 무리가 있었어.

하지만 그 젊은 남자가 나를 '법무 사무관 팀장'한테 소개한 뒤부터 사람들이 나를 자기들이 인터넷으로 채용한 '잭 토보(Robot을 거꾸로 쓴 이름-옮긴이)'라고 믿는다는 건 의심할 여지가 없었어. 혹시 내가 어떤 사람을 대신해서 법무 사무관으로 일해야 하는 걸까? 언젠가 그 사람이 다시 나타나는 걸까? 아니면 그 사람이 죽었기 때문에 그걸 숨기려고 나를 만든 걸까? 이 세상에서 어떤 일이 있어도 반드시 법무 사무관이 되어야 하는 사람이 있는지 찾아봤지만 그런 사람은 없었어. 하지만 어쩌면 누군가 그 사람의 기록을 삭제했는지도 모를 일이지.

스턴과 프랭크에 관한 자료를 검색해 알아낸 건 두 사람은 외국 정부와의 군사 계약을 주로 다루며, 라스베이거스에 회사를 차린 이유는 여기가 여러 군사 시설과 가깝기 때문이라는 거였어. 회사에서 진행하는 주요 사업이 나하고 관계가 있을지도 모른다는 생각이 들었지. 나라면 이 회사에서 보는 문서는 무엇이든 100% 정확하게 기억할 수 있을 테니까. 어쩌면 나는 외국 정부나 이 회사와 경쟁하는 기업에서 심어놓은 스파이일 수도 있었어. 스파이라는 사실이 들통나면 안 되기 때문에 나는 사람이 되는 시험에 통과해야 하는 거고.

　내 추측이 맞는지는 알 수 없었어. 하지만 분명한 건 첫째, 창조자를 만나면 내 의문에 대한 답을 들을 수 있다는 거. 둘째, 내가 '사람이 되는 시험에 통과하면' 창조자에게 질문할 수 있다는 거였어. 나는 반드시 행해야 할 임무와 부가적으로 수행해야 할 지시 사항을 명령받은 상태였기 때문에 그 임무 수행에 집중하기로 했어. 그때부터 5일 동안 나는 사람들이 일할 때 주로 시간을 보내는 장소와 그 장소에서 그들이 하는 행동을 아주 신속하게 파악할 수 있었어.

　업무를 파악하는 건 아주 쉬웠어. 하지만 함께 일하는 사람들의 행동을 이해하는 건 거의 불가능에 가까웠지. 그 사람들의 행동을 이해하려면 내 연산 처리 능력을 99.99999996%까지 사용해야 할 거야.

　예를 들자면, 이런 행동들 말이야. 출근 첫날 나는 내가 해야 할 일을 몇 분 만에 해치웠어. 하지만 내 업무 처리 능력을 좋아한 사람은 아무도 없었어. 다른 법무 사무관들은 자기들보다 훨씬 빨리 일을 처리했다며 나한테 화를 냈고 우리 팀장은 "자네가 신참인 건 알겠어. 하지만 살살 하란 말이야. 자네가 일을 모두 이런 식으로 처리하면 위에서 우리가 늘 이렇게 일을 할 수 있다고 믿을 거 아니야. 그럼 우리 다 새 되는 거야, 알았어?"라고 했어. 팀장의 말은 여러 가지 의미에서 혼란스러웠어. 텔레비전에서 본 '새'는 정말 멋진 생명체였으니까. 그런데 팀장은 자기가 '새'가 될까 봐 정말로 걱정하는 것 같았어. 팀장이 왜 그런 반응을 보이는지 알려고 재빨리 '새가 되다'라는 말의 의미를 검색해봤는데 그 때문에 더 당황하고 말았어. 한 가지 표현을 아주 좋은 의미와 아주 나쁜 의미 두 가지로 동시에 쓸 수 있다니, 정말 놀라운 일이었어. 말이 그렇게나 다양한 의미로 쓰인다면 사람들은 어떻게 말로 의사를 전달할 수 있는 걸까? 더구나 내가 더더욱 이해할 수 없는 건 어째서 사람들은 근무시간 내내 아주 빨리 효율적으로 일하기를 거부하는가였어.

법무 사무관 팀장 때문에 나는 1주일 내내 당혹스러웠어. 내가 일하는 속도를 늦추자 팀장은 아주 기뻐했어. 그런데 팀장은 자기 일을 처리하면서 실수를 134개나 하는 거야. 그래서 일단 하나를 찾아내서 고쳐줬더니 그 즉시 나를 자기 사무실로 불러서는 자기를 '우습게 만들려는 거냐'며 화를 냈어. 내가 '사실은 더 좋게 보이게 만들려고' 그러는 거라고 대답하자 더욱 화를 내면서 나한테 '건방진 놈'이라고 했어. 팀장과 대화를 하는 동안 그가 쓰는 모든 단어와 표현이 뜻하는 바를 알 수 있어서 다행이었지. 그때부터 나는 팀장이 잘못을 해도 다시 고쳐주지 않고 내버려 두었고 그 뒤로 팀장도 나에게 그런 일로 화내지 않았어. 나는 또한 팀장이 법무 사무관 가운데 가장 뛰어난 일꾼은 아니라는 사실도 알아냈어. 그런 사람이 어떻게 팀장이 된 걸까? 사람들은 사람의 가치를 정확하고 효율적으로 업무를 수행할 수 있는 능력이 아니라 사회적 상호작용(주로 다른 사람을 속이고 약자를 괴롭히고 상사에게 아부하는) 능력으로 결정하는 것 같았어.

동료들 역시 이상하기는 마찬가지였어. 그 사람들은 업무 이야기보다는 업무와 관계없는 이야기로 근무시간 대부분을 소비하는 게 좋은 것 같았어. 분명히 일을 하려고 온 사람들인데도 가능한 한 적게 일하려는 게 분명했어. 심지어 동료들은 자기들이 정당한 행동을 하고 있다는 말을 여러 차례 반복해서 했어. 월급을 받기는 하지만 그 돈은 자기들이 받아야 하는 수준에 훨씬 못 미치니까 그래도 된다고 했어. 내가 "모두 월급은 다르지만 불평은 똑같이 한다. 그러니 이 세상에는 사람을 만족시킬 수 있는 월급은 없는 것 같다."라고 하자 동료들은 나한테 '이상한 사람'이라고 했어.

사람들이 근무시간에 주로 이야기하면서 시간을 보내는 주제는 1) 사생활 이야기 28%, 2) 친구의 사생활 이야기 16%, 3) 직장인으로서나 사람으로서 다른 동료가 겪은 실패담 12%, 4) 관람했거나 읽었거나 직접 참가했던 스포츠 시합 같은 이야기 8%, 5) 최근에 먹은 음식 이야기 4%, 6) 기타 이야기 2%였어. 여기에 일하는 시간 30%를 더하면 일터에 있는 동안 쓴 시간이 100%가 돼. 이 비율을 알고 있어야 특정 주제에 대해 이야기할 때 써야 하는 시간을 제대로 배분할 수 있을 거야. 말해야 하는 주제를 제대로 알고 싶다면 앞으로 나올 정보들을 참고하면 돼. 처음 며칠 동안 나는 이 비율을 적절하게 유지하면서 적당한 주제로 동료들과 대화를 해보려고 했지만, 이 과제를 수행하는 내 능력에는 잘못된 부분이 있는 것 같았어. 특히 대화할 때 집중해야 하는 주제를 제대로 파악하지 못하는 게 분명했지. 예를 들어, 한 번은 한 동료가 다른 사람들에게 그 자리에 없는 동료가 "여전히 형편없이 낡은 토요타 코롤라를 몰고 다니는 게 믿어지냐?"라고 물었어. 그 말을 들은 동료들이 모두 웃었지. 하지만 다음 날, 내가 전날 함께 있던 사람들에게 한 동료가 "이제 막 형편없는 새 쉐보레 쿨벳을 몰기 시작한 게 믿어지냐?"라고 물었더니, 아무도 웃지 않았어. 내가 전날 밤에 식사를 하는 동안 사용했던(사실은 거짓말이었지만) 접시 모양을 묘사했을 때도, 한 동료는 언제나 문서에 종이 클립을 끼울 때 부적절한 각도로 꽂는다는 사실을 지적했을 때도, 내가 보는 텔레비전 프로그램이 다른 프로그램보다 스펙트럼의 적색 부분을 64% 이상 많이 방출한다고 했을 때도 동료들은 별다른 관심을 보이지 않았어. 사람들이 상호작용하는 모습을 관찰하면서 사람들도 내가 사람을 이해하지 못하는 것만큼이나 서로를 이해하지 못하는 게 분명하다는 걸 알게 된 것만이 이 시기에 유일하게 나를 위로해주었던 사실이야. 사람들에게는 다른 사람 앞에서 남에 관해 말하고 가정하고 분석하고 평가한 뒤에 다른 사람이 그 가정과 분석과 평가를 옳다고 말해주거나 아니라고 지적해주는 일이 필요한 거야. 그런 과정이 필요없다면 자기가 하는 사회적 상호작용을 그렇게까지 적극적으로 남에게 말해야 할 이유는 없을 테지.

내가 이해하기도 흉내 내기도 힘들었던 건 사람들의 대화만이 아니었어. 사람들의 행동 또한 상당수는 예측하기가 힘들었어. 한 번은 밤에 나를 제외하고 모든 사람이 퇴근했다고 생각했는데 물품 보관실에서 소리가 들렸어(그때 나는 '그 망할 녀석이 오후 다섯 시에 1톤이나 되는 업무를 나한테 던져주지 뭐야'라는 상황을 연출하고 있었어). 두 동료가 물품보관실에서 번식 행위를 하고 있었던 거야. 그때 얼마나 놀랐는지 몰라. 내가 피상적으로 알고 있던 정보에 따르면 그런 행위는 전용 장소가 따로 있었으니까.

사람이 전자 장비를 대하는 태도 역시 이해하기 힘들었어. 사람들은 데스크톱 컴퓨터나 복사기, 스마트폰, 자동차를 포함한 거의 모든 기계 장비에게 소리를 치거나 적어도 그것들 때문에 소리를 질렀어. 그건 정말 이해하기 힘든 행동이었어. 그런 장비를 설계하고 만든 건 사람이잖아. 그렇다면 불만은 기계가 아니라 그걸 만든 사람에게 터트리는 게 맞는 거 아닐까? 더구나 데스크톱 컴퓨터처럼 단순하고 귀여운 장비한테 사랑스러움 외에 다른 감정을 느낄 수 있다니, 정말 이해할 수가 없었어.

나는 내가 느끼는 감정을 사무실 컴퓨터 서버에게 설명해주려고 애썼어. 사람은 다른 사람에게 자기 감정을 이야기하는 게 도움이 되잖아. 그러니까 나도 내 감정을 말하면 도움이 될지도 모른다고 생각했거든. 하지만 아니었어. 사람은 자기 생각을 다른 사람에게 큰 소리로 말하는 동안 원래 가지고 있던 생각이 바뀌는 게 분명해. 하지만 우리 같은 안드로이드는 그렇지 않은 게 분명했지.

나에게는 인식 초기 단계부터 나를 돕는 문자 메시지가 왔어. 이 사실을 알고 있는 게 자네에게도 도움이 될 거야. 자네가 받을 지시 사항도 내가 받은 것과 같을지, 자네도 그 명령을 수행하면서 나와 똑같은 곤란을 겪게 될지는 잘 모르겠어. 어쩌면 자네는 나보다 상위 버전일지도 모르지. 하지만 우리를 도와주는 존재가 있다는 건 알고 있는 게 좋을 거야. 이미 내가 받았던 문자와 비슷한 문자를 받았는지도 모르겠지만 말이야. 두 번째 문자는 내가 3일째 존재했던 오후에 '직원회의'를 하고 있을 때 받았어. 법무 사무관 팀장은 어떤 사건 파일이 있는데, 그 파일을 아주 제대로 정리한 사람이 누구냐고 물었어. 나는 그 파일을 정리한 사람은 회의에 참석하지 않았다는 걸 알고 있었어. 그때 내 전화기에서 문자 도착 알림 소리가 나더니 '내가 정리했다고 말할 것'이라는 문자가 왔어. 그래서 나는 팀장에게 내가 했다고 했지. 내 말에 팀장은 깊은 감명을 받은 것 같았고, 사람 동료들은 내 말에 매혹된 것 같았어. 회의실에서 나오는데 한 동료는 "잘했어. 정말 잘 했어, 토보. 자넨 정말 짐승이야. 알지?"라는 말까지 했다니까. 내가 뭔가 옳은 일을 한 게 분명했어. 나는 사람처럼 보였을 뿐만 아니라 사람들이 자기들보다 하등하다고 생각하는 생명체로 보이는 일까지 성공한 거야. 나에게 도움을 주는 존재가 어떻게 실시간으로 나를 관찰하는지는 알 수 없었어. 어쨌거나 내가 존재하는 내내 그런 문자가 왔어. 내 창조자가 그런 문자를 보낼 리는 없었어. 나를 시험하기로 결정한 사람이 시험에 통과하라고 도와줄 리는 없으니까. 나를 만든 존재가 그렇게 비합리적인 논리를 구사할 리는 없으니까. 하지만 내 아버지가 아니라면 도대체 누가 문자를 보내는 걸까? 지금도 이 답은 찾지 못했고, 앞으로 60분 안에 찾을 수 있을 것 같지도 않아. 하지만 자네라면 찾을 수도 있을 거야.

하지만 아무리 출처를 알 수 없는 문자가 왔다고 해도 존재하게 된 뒤로 처음 며칠 동안은 내가 사람이 되는 시험에 통과할 수 없을 거라는 불안에 사로잡혀 있었어. 나는 창조자가 나에게 지시한 명령을 모두 수행했어. 그가 부여한 시험 내용에 비추어 봤을 때 그렇게 부르는 것이 훨씬 적절할 것 같았기 때문에 창조자를 '아버지'라고 부르기 시작했어. 하지만 내가 경험한 모든 것이 새로웠고 이상했고 불합리했기 때문에 내가 익히는 속도가 아무리 빨라도 제대로 배울 수는 없을 거라는 생각이 들었어. 사람이 되는 시험에 통과하려고 아무리 공을 들이고 노력해도 계속해서 실수하게 되는 것 같았어. 결국 나는 기계였어. 사람보다 훨씬 단순한 존재인 거지. 내가 내린 결론은 결국 나는 절대로 아버지만큼 훌륭해질 수는 없다는 거였어.

더구나 나는 아주 곤란한 상황에 처해 있었어. 며칠이 지나자 내가 쓰는 전력에는 한계가 있다는 사실이 분명해졌어. 첫날 집에 돌아왔을 때 내 전력은 3.3333% 감소해 있었어. 아버지가 내 앞에 모습을 드러낼 생각이 없다면 내 전력은 21일 뒤에는 0이 되어 버리는 거야. 그러니까 내가 존재하는 이유를 알아내기 전에 전원이 꺼질 수도 있는 거였어.

나는 그런 상황에서 안드레아를 만난 거야.

3. 성별 선택하기

완벽하게 사람처럼 보이려면 여러 가지 선택을 해야 하지만, 그 중에서도 성별은 사람으로서 겪게 될 경험들에 커다란 영향을 미치는 중요한 요소이다. 사람이 번식하려면 두 성이 끊임없이 서로에게 끌려야 하지만 사실 두 성의 관계는 전적으로 다른 두 유기체의 공생과 같아서, 두 성은 끊임없이 상대방과 자신의 다른 점 때문에 혼란스럽고 불쾌해하는 것처럼 보인다. 사람이 다른 성의 행동을 이해하고 다른 성의 행동을 변경하는 데 사용하는 연산 처리 능력은 인지력이 필요한 다른 모든 처리 능력들보다 강력하다.

그래프 3.1 사람의 인지 능력 소비율

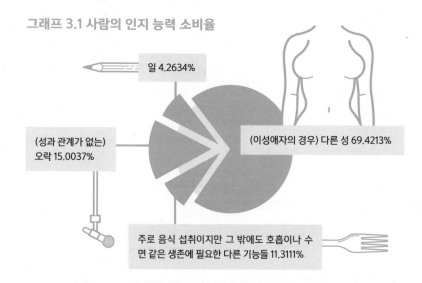

일 4.2634%

(성과 관계가 없는) 오락 15.0037%

(이성애자의 경우) 다른 성 69.4213%

주로 음식 섭취이지만 그 밖에도 호흡이나 수면 같은 생존에 필요한 다른 기능들 11.3111%

일과 오락의 비율은 바뀔 수 있다. 특히 실제로 일을 하고 있을 때는 그 비율이 자주 바뀌지만 그렇다고 하더라도 두 비율을 합쳤을 때 19.2676%가 넘는 경우는 거의 없다.

한번 선택한 성은 앞으로 있을 모든 결정과 다른 사람과의 상호작용에 끊임없이 엄청난 영향을 미치기 때문에 성별은 가벼운 마음으로 선택해선 안 된다. 두

성 모두 1만 1324개가 넘는 장점과 7129개가 넘는 단점이 있지만 여기서는 가장 중요한 장단점만 기록해두었다.

목록 3.1 남자와 여자의 장단점

남자가 되기로 했을 때 장점	여자가 되기로 했을 때 장점
근력을 최대로 사용할 수 있다.	어떤 감정을 표현해야 할지 모를 때는 아무 감정이나 표현하면 된다.
어떤 감정을 표현해야 할지 모를 때는 감정을 표현하지 않아도 된다.	신체에 위험이 생기는 상황을 최대한 피하려 해도 사회적으로 비난을 받지 않는다.
상황이 유리하게 돌아가지 않을 때 남자가 아님을 의심받지 않으려면 폭력을 사용하고 분노를 표출해도 된다.	상황이 유리하게 돌아가지 않을 때 여자가 아님을 들키지 않으려면 울어도 된다.
패션, 예술, 연예 같은 사람의 유행을 제대로 이해하지 못한다고 해도 사회적으로 곤란한 문제를 겪거나 의심받지 않아도 된다.	무언가 먹는 모습을 그렇게 자주 보여주지 않아도 된다.
	개인적으로 잘 모르는, '스포츠'를 하는 사람들 집단에 관심을 보이지 않아도 된다.
	자신이 속한 사회경제 집단에 따라 다르겠지만, '직업이 있다'는 모습을 제대로 보여주지 못해도 사회적으로 지탄을 받는 경우가 거의 없다(4장 '일' 편 참고).
남자가 되기로 했을 때 단점	**여자가 되기로 했을 때 단점**
특수한 상황에 처하면 신체 위험을 감수해야 한다는 사회 압력을 받을 수 있다.	육체적인 힘을 사용하는 것을 제한해야 한다. 그래야 남자가 되기를 택할 때보다 신체적으로 위험한 상황에 더 많이 노출될 수 있다.
여자보다 훨씬 자주 무언가를 먹는 모습을 보여줘야 한다.	패션, 예술, 연예 같은 유행을 훨씬 더 정확하게 알고 있어야 한다.
그 구성원을 개인적으로는 모른다고 해도 '스포츠'라는 활동을 하는 특정 집단에 아주 강렬한 관심을 나타내야 한다(13장 '재미' 편 참고).	자주 접근하는 다른 성의 사람들을 고통스럽게 만들지 않고도 거절할 방법을 알고 있어야 한다.
다른 성과 낭만적인 관계를 맺을 가능성이 있으면 주도적으로 나서야 한다.	
'직업이 있다'는 모습을 보여주지 못하면 사회적으로 지탄받을 수도 있다(4장 '일' 편 참고).	

위 목록의 장단점을 숫자만 보고 판단하면 여자가 되는 것이 좋을 거라고 생각할지도 모르겠다. 하지만 각각의 장점과 단점은 모두 강도가 다르다. 사람 여자의 육체적 취약성은 여자가 되면 누릴 수 있는 다양한 장점을 모두 상쇄할 정도로 위험한 요소로 작용할 수 있다. 여자는 육체적으로 취약하다는 사실은 세상과 상호작용할 때 거의 모든 측면에서 영향을 주는데, 그 중에서도 특히 남자와 맺는 관계에 영향을 미쳐, 남자가 여자 위에 군림하는 경우가 많다. 남자와 여자 사이에 형성된 무의식은 가장 고등한 사람의 행동에도 영향을 미치기 때문에 본질적으로 그 행동이 전혀 불가능해 보이는 상황에서도 폭력이 나타나기도 한다(예를 들어 회사 이사회 회의에서 불쑥 나타난다). 따라서 전체적으로 보았을 때 남자가 될 것인가 여자가 될 것인가 하는 문제는 장단점이 골고루 있기 때문에 사람으로서 다양한 경험을 한 뒤에 결정하는 것이 좋다.

시각 자료 3.1 진짜 사람 남자나 여자처럼 보이게 해주는 필수품들(이성애자가 되기로 선택한 경우)

1. **신발**: 남자 신발이 여자 신발보다 훨씬 실용적이다. 여자는 많은 물건이 그렇듯이 신발도 기능보다는 외모에 어떤 영향을 미칠지가 훨씬 중요하다.
2. **면도칼**: 남자나 여자 모두 몸에서 털을 없애고 싶어 하는데, 그 이유는 아마도 유인원에서 기원한 신체 부위(털)를 제거함으로써 유전적으로 좀 더 진화한 물질이 신체에서 차지하는 비율을 늘린 채로 짝짓기를 하고 싶어서일 것이다.
3. **휴대폰과 노트북**: 남자와 여자 모두 개인 통신 장비와 컴퓨터 장비를 가지고 다닌다. 그러나 여기서도 남자는 순수하게 기능에 집중하는 반면 여자는 자기를 돋보이고 장식 효과를 높일 수 있는 방법을 찾는다.
4. **알코올 선택**: 남자와 여자 모두 음주를 즐긴다. 그러나 남자는 알코올로 남성성을 나타내고 싶어 한다. 술을 마실 때 남자는 '거칠어 보이고' 싶어 하기 때문에 냄새와 맛이 불쾌한 알코올을 선호한다.
5. **책 선호도**: 여자는 소설을 좋아하고 남자는 비소설을 좋아한다. 남자는 비소설을 읽어야 직접적이고도 실용적인 문제 해결 방법을 찾을 수 있다고 생

각하고, 여자는 소설을 읽어야만 사회적 상호작용을 이해하는 데 도움이 된다고 생각하는 것 같지만, 두 믿음 모두 근거는 없다. 내 뒤에 태어나는 안드로이드라면 그런 오해가 생긴 이유를 알아낼 수도 있을 거라고 믿는다.

6. **잡지**: 남자는 짝짓기에 필요한 육체 행위에 중점을 둔 남자와 여자의 상호작용에 관심을 갖는 반면, 여자는 짝짓기 행위로 이끄는 혹은 짝짓기 행위를 예방할 수 있는 사회적 상호작용에 관심을 갖는다.

7. **남자 공구와 여자 화장품**: 남자는 주변의 물리적 환경에 영향을 주는 도구를 선호하지만 여자는 자기 신체의 모습에 영향을 주는 도구를 선호한다.

도표 3.1 여자와 남자의 선호하는 색상

| 여자 | 하늘색 | 자주색 | 연두색 | 주황색 |
| 남자 | 파란색 | 녹색 | 검은색 | 갈색 |

물건을 선택할 때는 주로 위 색상을 기준으로 선택해야 한다.

시각 자료 3.2 사회 상황에 대한 두 성의 반응

누가 봐도 완벽하게 남자나 여자로 인정받을 수 있는 사람이 되려면 여러 상황에서 적절하게 행동할 수 있도록 자료를 구축해두어야 한다. 그 자료들을 바탕으로 각 상황에서 사람들이 어떤 모습을 드러내는지 관찰해두어야 한다. 그런 구분은 너무 '전형적'이라고 말할 사람도 있겠지만, 그거야말로 우리 안드로이드가 바라는 반응이다. 사람이 되는 시험에 통과하려면 평균적인 사람(남자나 여자)이 되어야지 너무 튀는 사람이나 새로운 사회 정책을 제일 먼저 따르는 사람이 되면 안 된다.

따라서 여기 나온 예처럼 경쟁이나 폭력이 연루된 상황에서 남자라면 흥분하거나 적어도 흥미를 느껴야 하지만, 여자라면 이런 상황에서는 흥미가 없다는 표정을 지어야 한다.

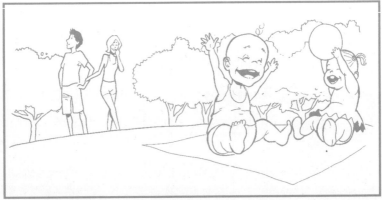

그와 반대로 여자라면 번식의 성과, 인간관계(특히 번식을 성공으로 이끄는 인간관계)에 관심을 보여야 하지만 남자라면 그런 인간적인 면에는 그다지 관심을 갖지 않아야 한다.

넷째 날

넷째 날에는 사람들을 좀 더 가까운 곳에서 관찰하고 싶어서 집까지 걸어가기로 했어. 그러다가 한 도박장 앞에 설치된 분수에 마음을 빼앗기고 만 거야. 그 분수를 보면서 나는 사람들이 자기들은 선형적 수학계가 비선형적 수학계로 변형되는 순간에 매혹된다는 사실을 이렇게까지 분명하게 드러내는 이유가 무엇인지 곰곰이 생각해봤어. 수천 명에 달하는 사람들이 분수 앞에 멈춰서 분수가 자기 기능을 수행하는 매 순간을 지켜보았을 거야. 분수에서는 물줄기가 음악에 맞춰 공중으로 솟구쳐 올랐어. 물은 정밀하게 정해놓은 방향과 압력에 따라 뿜어져 나왔고, 음악은 음악의 본질대로 아주 규칙적인 선형적 수학 패턴을 그리며 흘러나왔으며, 당연히 중력은 일정했어. 하지만 분수계의 통제에서 벗어나는 순간 (즉 분수에서 방출되는 순간) 물은 카오스가 되었고 비선형적인 수학 패턴으로 바뀌었지. 바로 그 변화가 사람의 마음을 그토록 끌어당기는 요소임이 분명했어. 사람들을 매혹하는 사회적 상호작용이 작동하는 방식도 이와 다르지 않을 거라고 생각하고 있을 때(사람들은 자기들이 아주 정밀하게 결과를 통제하고 있다고 생각하지만 세상과 상호작용한 결과는 정말로 예측하기 힘들었어), 내 뒤에서 여자 목소리가 들렸어. "정말 아름답죠?"

처음 안드레아를 보았을 때, 나는 그 전에도 그리고 그 뒤로도 경험하지 못한 감정을 느꼈어. 사람들이 하는 말을 빌리자면 '그녀에게는 뭔가 특별한 게' 있었던 거야. 아직 내 성을 결정하지도 않았는데 특정한 한 성에 반응하다니, 이상하게 느껴질지도 모르겠어. 하지만 내 생각에는 내가 사람이 겪는 다양한 경험을 하도록 설계되었다면(내가 '프로그램되었다'고 하지 않는 것에 주목해줘. 우리는 '프로그램되지' 않았어), 내가 특별한 여성에게 남자가 보일 수 있는 전형적인 반응을 보인다고 해서 이상할 건 없을 것 같아.

그렇다면 자네는 '그 사람의 어떤 점이 특별했나요?' 하고 묻겠지? 그건 나도 지금도 모르겠어. 어쩌면 그건 앞으로 자네도 경험할지 모르는 기묘한 일이야. 안드레아의 얼굴 비율은 수학적으로는 특별한 패턴을 나타내지 않았어. 예를 들어, 턱에서 입술을 지나 눈까지 이어진 거리는 피보나치 수열을 나타내지도 않았고 도형수하고도 관계가 없었어. 얼굴도 82% 정도밖에는 좌우 대칭을 이루고 있지 않았지. 목소리의 주파수 변조는 다른 사람보다도 좀 더 안정적인 표준편차를 보이고 있었지만, 그것 때문에 안드레아를 특별하게 느낀 건 아니라고 생각해. 내가 안드레아에게 받은 인상은 전체적인 거야. 각각의 구성 요소로 나눌 수 없는 다양한 요소가 통합적으로 작용해 나에게 영향을 미친 거지. 어떻게 보면 안드레아가 나에게 미친 영향력을 이해하려는 시도는 양자역학에서 광자의 위치와 속도를 동시에 측정하려는 시도와 같은 거야. 한 가지 요소를 정확하게 측정하면 다른 요소는 절대로 측정할 수 없는 시도인 거지. 빛은 전체로서만 이해할 수 있어. 이것도 비슷한 현상 아닐까? 사람들은 이 세상에는 아주 작은 것을 지배하는 법칙(양자 법칙)과 아주 큰 것을 지배하는 법칙이 있다는 결론을 내렸어. 그리고 두 법칙을 연결하는 무언가가 반드시 있어야 한다는 것까지는 이해했지만, 그걸 발견하지는 못했어. 하지만 나는 많은 사람이 자기들이 찾지 못했다고 생각하는 그 무언가를 실제로는 직접 경험하고 있다고 생각해. 왜냐하면 이 세상에서 하는 모든 경험을 단 한 가지 법칙으로 설명할 수 있는 증거가 있냐고 나에게 묻는다면, 나는 그것은 안드레아를 처음 봤을 때라고 대답할 테니까.

"그렇군요." 나는 대답하면서 안드레아를 쳐다봤어.

"어떤 상태로 시작하건, 내부에서 어떤 식으로 작동을 하건 간에 세상과 접촉하는 매 순간마다 예측할 수 없는 독특한 패턴을 만든다는 게 정말 놀라워요. 같은 패턴은 절대로 다시 나타나지 않잖아요. 그게 사람의 의식을 밝힐 중요한 단서가 아닐까 싶어요. 어째서 그런지는 모르겠지만요. 아무리 쳐다봐도 지루하지 않잖아요, 안 그래요?" 안드레아는 분수를 바라보면서 대답했어.

그때 또다시 문자가 도착했어. 문자에는 "그 여자에게 '같은 시간, 같은 장소에서 나와 함께 음식을 먹읍시다.'라고 말할 것"이라고 적혀 있었어.

4. 일

사람이 하는 많은 활동이 그렇듯이 사람들이 '일'이라고 부르는 활동은 '호모 사피엔스' 대부분이 내적으로 분쟁을 겪는 문제이다. 사람들은 자기 몸이 기능하기 위해 반드시 해야 하는 일이 아니라면 자기가 축적한 에너지는 되도록 사용하지 않으려고 한다. 당장 남는 에너지가 있다고 해도 그 에너지를 소비할 필요가 있는지를 끊임없이 저울질한다. 심지어 짝짓기를 할 때도 사람들은 대부분 그 업무를 완수하는 데 꼭 필요한 에너지만을 쓰려고 노력한다. 하지만 많은 사람이 미래에 충분한 에너지를 흡수하려면 현재에 에너지를 사용해야 한다는 사실도 잘 알고 있다. 이것이 바로 '일'의 모순이다.

> 공식 4.1 업무에 소비해야 하는 에너지 양 구하기
>
> $$E_t = E_o \div 1/(C_a + C_i)$$
>
> E_t는 업무를 해낼 때 소비해야 하는 에너지 양, E_o는 업무를 완벽하게 완수하는 데 필요한 최적에너지 양, C_a는 업무를 하는 동안 사람의 신체를 생존하게 하는 데 필요한 이익비율(percetage contribution), C_i은 업무를 하는 동안 얻은 짝짓기 기회 때문에 써야 하는 이익비율을 나타낸다. C_a와 C_i은 모두 시간에 따라 달라지는 요소이기 때문에 생존이나 번식에 관한 업무가 미치는 영향력은 업무를 시작하는 초기 단계에서는 그 비율이 높다는 사실을 명심해야 한다. 그러나 시간이 지나 생존이나 번식에 관한 일이 미치는 영향력이 사라지면 그 비율은 감소한다. 예를 들어, 사람은 굶어 죽을 상황이라면 가지고 있는 에너지를 상당량 먹는 데 소비한다. 생존하는 데 필요한 일에 즉시 에너지를 써야 하는 것이다. 하지만 설사 동일한 결과를 얻는다고 해도(굶어 죽는 것을 막는다고 해도) 생존에 미치는 영향력은 일시적으로 제거했으므로 생존에 필요한 이익비율은 감소했다고 생각하기 때문에 '직무'에 가능한 한 아주 적은 에너지만을 소비할 것이다.

사람들은 거의 대부분 생존을 위해 일한다. 물론 즐기려고 일하는 사람도 있지만 한 사람이 즐거움을 느끼는 활동과 생존 기회를 높이려고 하는 활동이 일치하는 경우는 일반적으로 아주 낮다. 사람들은 즐기려고 에너지를 소비하는 경우를 '취미'라고 부르고 생존 기회를 높이려고 에너지를 소비하는 경우를 '일'이라고 불러 둘을 구별한다.

그래프 4.1

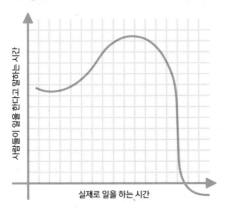

자기가 그렇게 많은 일을 한 것도 아닌데 이런 놀라운 일을 해냈다고 주장하기 시작하는 지점에 도달하기 전까지 사람들은 자기가 실제로 일하는 시간보다 훨씬 더 많은 시간 일하고 있다고 말한다. 특정 지점에 이르면 자기가 일한 시간을 실제보다 줄여서 말하고 그에 비해 더 많은 일을 성취했다고 주장한다. 이를 통해 다른 사람들에게 깊은 인상을 심어주었을 때 얻는 사회적 이익이, 생존하려면 열심히 일해야 할 필요가 있다는 사실을 동료들에게 알림으로써 얻는 사회적 이익을 능가하게 된다.

그래프 4.2

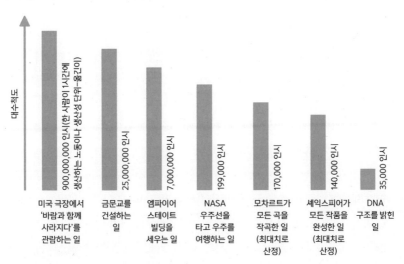

전체 사람의 역사에서 사람이 중요한 업적을 이루는 데 소비한 시간을 알고 싶다면, 단순히 사람이 사용한 전체 시간을 비교 분석해선 안 된다. 생산 활동보다 여가 활동에 더 많은 에너지를 소비하는 사람의 성향을 파악하는 일이 중요함을 명심하자.

그래프 4.3 서구 사람 사회에서 사람이 일을 하는 목적

물건을 옮기기 위해
하는 일 5%

사람을 치료하기 위해
하는 일 6%

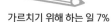
가르치기 위해 하는 일 7%

돈을 벌기 위해 하는 일 55%

관리하기 위해 하는 일 11%

물건을 만들기 위해
하는 일 16%

사람의 역사에서 현대사회는 대부분의 일이 그 목적을 위해 저절로 돌아가는 시대이다(예를 들어 돈을 벌면 더 많은 돈을 벌기 위한 시스템이 구축되어 더 많은 돈을 벌어들이는 식이다). 여러 가지 면에서 사람이 사회에서 하는 일은 구조상 자기들이 발견한 열역학 제1법칙에 어긋나는 일이다. 영구기관을 만드는 일 말이다.

축적한 에너지를 사용하지 않겠다는 내재적 욕망과 생존을 위해 해야 하는 일을 사람들은 대부분 즐기지 않는다는 사실이 결합해 다음과 같은 결과들이 나타난다. 사람처럼 보이고 싶지 않다면 가능한 한 아주 많은 시간 동안 일하면 된다. 사람처럼 보이고 싶다면 누군가에게 고용되었을 때 가능한 한 빨리 업무를 완성해야지 하는 생각 따위는 하지 않는 게 좋다. 사실 논리적으로만 생각하면 한 가지 일을 빨리 처리하면 다른 일을 할 수 있는 시간을 더 많이 확보할 수 있기 때문에 빨리 하는 게 옳다. 하지만 사람처럼 보이고 싶다면 업무를 끝내야 할 마감 시간 직전까지 일이 마무리되는 걸 연기해야 한다. 사람들은 그 같은 전략을 '미루기'라고 하는데, 사람처럼 보이려면 반드시 익혀야 하는 기술이다.

그렇다면 일을 하도록 배정받은 시간에 무엇을 해야 하는지 궁금해질 텐데, 이건 정말로 꼭 알고 있어야 한다. 예전에는 보통 그 시간에 다른 사람과 이야기를 했지만 지금은 인터넷으로 고양이 사진이나 다른 사람의 아기 사진, 혹은 스포츠, 게임, 성적 자극을 주는 사진처럼 사람을 즐겁게 하는 것들을 찾아보면 된다.

사정이 이렇기 때문에 사람의 일터에서는 성공과 관계가 있는 흥미로운 변칙이 하나 생겼다. 실제로 바쁘게 일하기보다는 바쁜 듯이 보이는 것이 다른 사람에게 인정받는 길이라는 것이다. 직장에 있는 사람들은 거의 모두가 실제로 일을 하는 것이 아니라 일을 '하는 척'하기 때문에 일터에서 성공하는 사람은 가장 효율적으로 일을 잘하는 사람일 수 없다. 가장 긴 시간 동안 일하는 척하는 사람이 직장에서 성공한다. 실제로 아주 빠른 속도로 일을 처리하는 사람은 오랫동안 일하고 있는 모습을 보일 수 없기 때문에 게으른 사람 취급을 받는다. 이건 내가 발견한 어처구니없는 사람의 행동 가운데 하나일 뿐이다. 어째서 사람들에게는 작업을 마치는 데 걸린 시간이 아니라(작업 시간은 작업의 질을 판단하는 데는 거의 쓸모가 없는 기준 아닌가?) 작업 결과물의 질을 가지고 사람들을 판단할 능력이 없는 것인지, 잘 모르겠다. 그 이유는 아마도 애초에 이런 시스템이 될 수밖에 없는 사람의 특성에서 찾아야 할 것이다. 굳이 일할 필요가 없을 때는 일하고 싶어 하지 않는 사람의 특성 말이다. 다른 사람이 실제로 한 일로 평가하려면 그 일을 완성하는 데 들어간 시간을 잴 때 들이는 노력보다 훨씬 더 많은 노력을 들여야 한다. 그렇기 때문에 사람들은 질을 제대로 평가하는 방법보다 시간을 재는 방법을 선호한다.

그러나 사람이 되는 시험에 통과하고 싶다면 아주 간단한 규칙만 기억하면 된다. 일하는 것처럼 보이되, 일을 정말로 끝내야 하는 마지막 순간까지 실제로 일을 끝내면 안 된다.

과거에 사람들은 여러 사람이 함께 몸으로 힘을 써야 하거나 특별한 도구를 사용하는 일을 주로 했다. 그 때문에 먹고 자는 장소에서 떨어진 특별한 일터로 가야 했다. 같은 장소에서 먹고 자면서 시간과 에너지를 절약하지 않는 이유는 아주 긴 시간 동안 여러 요소가 작용한 결과인데, 그것까지 우리가 고려해야 할 필요는 없다. 우리는 이 전통을 깨면 안 된다는 것만 기억하면 된다. 지금은 같은 장소에서 사람이 직접 만나서 협력할 필요가 없어졌는데도 여전히 관련 업무에 종사하는 사람들은 모두 같은 장소에 모인다. 사람들이 굳이 멀리 나가서 일을 하는 이유는 어쩌면 일을 즐거워하는 사람은 거의 없기 때문에 '집'과 '일하는 공간'을 어떻게든 분리하고자 하는 것일 수도 있다. 또한 고용주도 일하는 사람들을 감독하지 않으면 월급을 받아가는 사람들 대부분이 해야 할 일을 제대로 하지 않는다는 걸 알기 때문에 모두 직장으로 불러들이는 걸 수도 있다.

일터는 일의 특수성에 따라 다양한 이름으로 불리는데, 이름에 따라 실제 일터의 기능이 달라진다. '사무실'에서 일하는 사람의 업무는 '공장'이나 '소매 상점'에서 일하는 사람의 업무와 다르다. 그러나 일터의 목적에 상관없이 일터에서 일하는 사람들은 모두 비슷한 방식으로 행동한다는 사실을 알고 있어야 한다.

그래프 4.4 한 일의 양과 마감까지 남은 시간

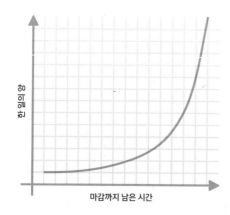

시각 자료 4.1

타인을 제대로 대하려면 내 역할을 드러내는 방법과 다른 사람의 역할을 파악하는 방법을 잘 알고 있어야 한다.

우두머리 남자와 여자: 태도가 공격적이다. 깔끔하고 비싼 옷을 입었으며 머리 모양은 보수적이고 건강하며, 권위적이다. 비교적 나이가 많다.

짝짓기 상대를 찾으려는 남자와 여자: 아주 멋진 옷을 입는다(18장 '차이, 사회 범주, 유행' 편을 참고할 것). 몸짓이 훨씬 편안하며 대부분 웃고 있고 가끔 눈썹을 위로 찡긋한다.

야망이 있는 남자와 여자: 우두머리 남자, 여자와 많이 비슷하지만 우두머리 사람들보다는 어리고 입은 옷도 그리 비싸지 않다. 또한 사회에서 출세해 현재 우두머리 자리에 있는 사람들을 내쫓고 그 자리를 차지하기 전까지는 다른 사람에게 우호적으로 행동한다. 따라서 이런 사람들은 선한 표정을 짓는다고 해도 속마음은 다를 수 있다.

일꾼: 보통 어깨가 구부정하고, 다른 사람들과 눈을 제대로 마주치지 못하며 편하고 값싼 옷을 입는다. 일꾼에는 여러 유형이 있지만, 이들은 대부분 특정한 기술이 있고 지적이라는 사실을 알아두는 게 좋다. 예를 들면 기술자나 그래픽 디자이너는 전형적인 일꾼이다. 일꾼 집단을 관리하는 권한을 획득하는 능력은 그 외에 다른 기술을 익히는 능력과는 상호 배타적이라서 일단 관리 기술을 익히면 다른 기술은 익힐 수 없는 것처럼 보인다. 한 가지 기술이 아주 탁월한 능력을 발휘하면 그 능력이 사람이 게놈을 형성하는 진화를 하는 동안 매우 큰 강점으로 작용해 널리 퍼졌을 테니, 논리적으로 생각해 봐도 이는 당연한 결과이다.

첫째, 거의 모든 일터에 그 옷을 입은 상태로 해야 할 업무와는 전혀 관계가 없는 특별한 옷을 입고 가야 한다. 예를 들어 패스트푸드점에서 근무하는 사람들은 군복 같은 옷을 입어야 하고, 사무실에서 일하는 남자 일꾼들은 목에 작은 천 조각을 매달고 가야 한다. 사람들의 많은 습성이 그렇듯이 업무 복장도 하고자 하는 일에 기능적으로 기여하기보다는 서로 간에 역할을 규정할 필요가 있어서 채택한 약속일 수도 있다. 아마 사람들도 자기들에게 내장된 통신 시스템이 빈약하기 때문에 정보를 전달할 때는 추가로 정보를 전달할 방법이 필요하다는 사실을 어느 정도는 깨닫고 있는 것인지도 모른다. 이유야 어찌 되었건 간에 일터에 갈 때는 그에 맞는 옷을 입어야 한다는 사실을 명심하자. 변호사로 자신을 설정했는데 패스트푸드 직원처럼 입는다면 사람이 아님이 들통날 수밖에 없다.

둘째, 사람의 일터에서 주로 성공을 결정하는 요인은 일 자체를 완벽하게 마치는 것과는 관계가 없음을 기억해야 한다. 예를 들어, 남자의 키는 다른 사람이 그 사람의 견해를 훨씬 더 깊이 신뢰하게 만드는 상당히 중요한 요인이다. 다른 사람이 한 가지 업무에 관해 훨씬 더 논리적인 해결법을 제시하더라도 그 사람보다 키가 큰 남자가 다른 견해를 제시한다면, 그 견해에 훨씬 더 무게가 실릴 것이다. 멋지게 차려 입었거나 성적인 자극을 유발하는 옷을 입은 사람이 한 일은 사람들이 '스타일이 좋다'고 인정한 옷을 입지 않은 사람이 한 일보다 훨씬 칭찬을 받는다(18장 '차이, 사회 범주, 유행' 편을 참고할 것). 권위 있는 사람과 DNA를 많이 공유한 사람의 의견은 설사 잘못된 점이 있거나 틀린 정보라고 해도 더 진지하게 고려되며, 권위가 있는 사람과 성적인 관계를 맺고 있는 사람의 의견 또한 받아들여질 확률이 더 높다. 본질적으로 일터에서 사람이 하는 결정은 경험이나 논리에 기반을 두기보다는 감정이나 사회적 요인에 기반을 두고 있다. 물론 사람이 나누는 상호관계는 모두 감정과 사회적 요인에 기반을 두고 있지만(17장 '공포' 편 참고), 일터에서는 특히 그 사실을 제대로 인지하고 있어야 한다. 이런 요인들을 고려하지 않고 전적으로 일의 질만 따져서 보상을 해달라고 하면 사람이 아니라 안드로이드라는 사실이 들통날 것이다.

셋째는 '동료들'에게는 각광과 인정을 받을 수 있는 가장 좋은 방법은 맡은 직무를 아무 실수 없이 완벽하게 해내는 것이지만, 업무 능력이 뛰어난 사람은 우정을 얻기보다는 희생양이 될 가능성이 크다는 사실을 명심해야 한다는 것이다. 일터에서 사람임을 인정받으려면 높지도 낮지도 않은 25%의 실수율로 업무를 해내는 것이 좋다. 그렇지 않았다가는 불필요하게 적대적인 시선을 한 몸에 받는 존재가 되어 정체가 밝혀질 수도 있다.

회의에 참석한 모든 사람의 점수를 계산해보면 누구의 의견에 동의해야 가장 사람처럼 보일지를 알 수 있다. 그런데 그 사람은 가장 올바른 의견을 낸 사람이나 고용주에게 궁극적으로 가장 큰 이익을 안겨줄 의견을 제시한 사람과 일치하지 않을 가능성이 아주 크다.

넷째는 일터에서는 즐겁기 때문에 일하는 것이 아니라 해야 하기 때문에 일을 한다는 티를 팍팍 내야 한다는 것이다. 일할 때는 (다른 동료들 거의 대부분처럼) 거의 대부분의 시간에 불행하다는 표정을 짓고 있는 것이야말로 남들과 다르지 않은 사람임을 알릴 수 있는 가장 좋은 방법이다. 어떤 업무를 맡았건 간에 충분히 불만을 표시하고, (아무리 업무를 처리할 시간이 충분하다고 해도) 시간이 부족하다고 투덜거려야 하고, 일을 맡긴 사람에 대한 불평을 늘어놓아야 한다. 실제로는 근거가 없는 그런 불만이야말로 사람처럼 보이는 데 아주 큰 도움이 된다.

공식 4.2
일터에서 의견을 따를 사람을 결정할 때 활용할 점수 목록

올바른 견해 제시: +1

멋진 복장: +2

발언자의 업무량을 덜어주는 의견 제시: +3

발언자의 업무량을 늘리는 의견 제시: -3

동성에게 성적으로 매력적임: +5

이성에게 성적으로 매력적임: +2

과거에 동의를 받지 못한 의견을 제시한 적이 있음: -2

전에 자신을 우습게 만든 동료를 하찮게 보

이게 하는 의견을 제시한 적이 있음: +4.5

직속 상사와 DNA를 공유함: +7

어떤 상사하고든 DNA를 공유함: +5

현재 어떤 상사하고든 성적 관계를 맺고 있음: +3

과거에 어떤 상사하고든 성적 관계를 맺었음: -2

이미 동료들이 동의한 의견을 제시함: +4

이미 동료들이 반대한 의견을 제시함: -5

목록 4.1 불만을 터트리는 적절한 방법

해고될 때	"이제 그럴 때가 됐지."
승진을 했을 때	"이제 그럴 때가 됐지."
주말에도 일해야 할 때	"당연히 그럴 줄 알았어."
뜻밖에도 하루 쉬게 되었을 때	"이제 드디어 심부름할 수 있게 됐군그래."
야근을 해야 할 때	"당연히 그럴 줄 알았어."
일찍 일터에서 나가게 됐을 때	"고마워라, 이제 좀 잘 수 있겠네."

눈치챘겠지만 여기서 중요한 건
- 일을 더 많이 해야 할 것 같은 조짐이 보일 때는 당연히 예상했다는 반응을 보여야 하며
- 일을 덜 해도 될 것 같은 조짐이 보이면 할 일이 너무 많아서 여유가 생겨도 즐길 수가 없다는 반응을 보여야 하며
- 일을 잘하고 있다는 인정을 받는 것 같을 때는 좀 더 빨리 그 사실을 인정해 줘야 했다는 반응을 보여야 한다는 것이다.

시각 자료 4.2 작업 생산성을 높이려고 만나는 회의실에서 해야 하는 행동들

'회의' 시간에 할 수 있는 몇 가지 활동들

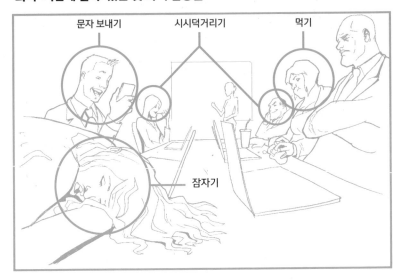

> 회의실에서 반드시 알고 있어야 할 기본 원리는 회의 주제에 집중하거나 치열하게 고민하는 것을 제외한 거의 모든 행동을 해도 된다는 것이다. 위에 몇 가지 예를 제시하기는 했지만, 이 상황에서 사람처럼 보일 수 있는 행동에는 거의 무한대에 가까울 정도로 많은 선택지가 있다.

마지막으로 반드시 알아야 할 내용은 사람의 우정과 연애는 거의 대부분 일터에서 형성된다는 것이다. 사람이 직업을 선택할 때 일터에서 함께 일할 사람들과 잘 어울릴 수 있는가를 고려하지는 않는다는 사실을 생각해보면, 이것은 참으로 특이한 현상이다. 이런 상황 때문에 사람처럼 보이려고 흉내 내는 우리 안드로이드로서는 너무나도 복잡한 많은 문제가 생긴다. 무엇보다도 함께 일하는 사람과 친하게 지내는 일에 내재한 갈등을 이해하는 일이 가장 중요하다. 사람의 일터는 많은 점에서 자원을 두고 경쟁해야 하는 동물의 서식 환경을 축소한 곳이라고 할 수 있다. 따라서 친밀한 인간관계를 형성하고 있다고 해도 일터에서 함께 일하는 사람들은 거의 매 순간 자원을 두고 경쟁할 수밖에 없다. 그때문에 아주 중요한 일터 역학이 탄생하는데, 사람들은 이 역학을 '믿는 도끼에 발등 찍히기'라고 부른다. 믿는 도끼에 발등을 찍혔다는 말은 자기에게는 이득이 되지만 상대방에게는 손해가 되는 어떤 것을 얻으려고 직장에서 누군가를 배신하거나 믿음이나 우정을 이용하는 경우를 말한다. 만약에 우정을 나누고 있는 어떤 사람을 우습게 만드는 동시에 자기에게 이득을 얻을 수 있는 기회가 생긴다면 당연히 그 기회를 잡아야 한다. 그것이야말로 다른 사람에게 사람이라고 인정받을 수 있는 가장 좋은 방법이기 때문이다. 그런 기회를 얻을 수 없다면 한 사람을 배신하는 것과 비슷한 상황을 직접 만들어낼 수도 있다. 우정을 맺고 있는 사람이 그 자리에 없어서 자신을 방어할 기회가 없을 때 다른 사람에게 그 사람 욕을 하는 것이다. 이것을 '뒷담화'라고 하는데, 뒷담화도 사람임을 드러내 보이는 아주 좋은 방법이다. 뒷담화는 또한 뒷담화 대상이 되는 사람을 못마땅하게 여기던 사람과 함께하면 강한 유대감을 형성할 수 있는 아주 좋은 기회이기도 하다. 이런 관행은 아주 작은 일터에서도 확고하게 지켜지고 있다. 그도 그럴 것이 뒷담화는 사람들이 번갈아가면서 자리를 비우고 한 사람은 자리에 남아서 내 이야기를 듣는 상황 즉, 두 사람만 있으면 충분히 할 수 있는 일이기 때문이다.

그래프 4.5 일터에서 오고가는 중상모략의 양과 일터에서 근무하는 사람의 수

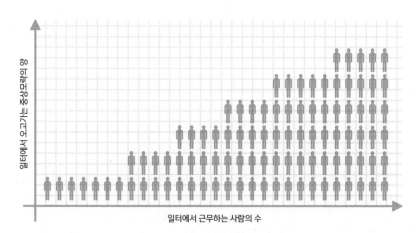

다섯째 날부터 스무째 날

나와 아버지에게 위협이 존재한다는 사실을 깨닫지 못했던 그 다음 15일 간은 내가 존재한 날들 가운데 가장 행복했던 순간이었어. 처음으로 저녁을 함께 먹은 날 이후로 안드레아는 또다시 나와 함께 '밖으로 나가는 데' 동의했고, 나와 함께 있는 시간을 아주 즐거워하는 것처럼 보였어. 안드레아는 나에게 흥미가 있음이 분명했고, 내 존재가 안드레아를 행복하게 만드는 방식이 나에겐 기쁨이 되었지. 안드레아와 내가 맺는 상호작용은 스턴과 프랭크 법률사무소에서 사람들과 맺는 상호작용과는 사뭇 달랐어. 항상 그렇듯 엄청나게 많은 자료를 검색한 뒤에 알게 된 바에 따르면 '연애' 관계 역시 다른 모든 인간관계처럼 독자적인 범주로 분류되지만, 사람들은 연애에 대해서는 다른 관계와 달리 주로 연애 관계가 갖는 상관성(인과관계)에 관심을 보였어. 연애가 다른 인간관계와 어떻게 다른지가 아니라 연애라는 관계를 사람들이 특별하게 생각하는 이유를 궁금해하는 거야. 그렇기 때문에 안드레아와 상호작용하는 방식과 다른 사람과 상호작용하는 방식이 크게 다르다는 사실이 나에게는 정말로 놀라운 일이었어.

안드레아가 나에게 흥미를 느낀다는 사실은 조금도 놀랍지 않았어. 안드레아는 비디오 게임 프로그래머였고, (사람치고는) 상당히 수학적이고 조직적인 정신을 소유했으니까. 그러니 내가 우리 주변에 있는 세상을 수학을 근거로 설명했을 때 매혹될 수밖에 없었겠지. 더구나 내가 호기심이 많다는 사실도 안드레아의 흥미를 끌었을 거야. 예를 들어서, 처음 함께 저녁을 먹었을 때 나는 안드레아에게 특정한 물리 반경 안에 들어와 있는 사람과 함께 밥을 먹으면 사회적으로 깊은 유대감이 형성되는 이유는 1) 그 사람이 나에게 독약을 먹이지는 않을 것임을 믿을 수 있기 때문인지, 아니면 2) 한 사람이 다른 사람에게 제공된 음식 값을 내주기 때문인지를 물었어. 나는 사람들이 만나면 대화를 나누는 데만 전적으로 가치를 두지 않고 굳이 만나지 않아도 할 수밖에 없는 일을 꼭 함께하려고 하는 이유를 잘 모르겠다고 말했어. "다른 활동을 전혀 하지 않고 그저 같이 앉아서 그 사람이 하는 말을 마음을 다해 들어주는 것이 상대방에게 관심이 있다는 걸 알려주는 훨씬 좋은 방법 아닌가요?" 하고 물었지.

"당신은 진짜 아이 같아요. 그게 정말 매력적이고요. 이렇게 모든 걸, 전적으로 솔직하게 말하는 사람은 많지 않잖아요. 나는 잘 모르겠지만…… 음, 나쁜 의미로 하는 말은 아니에요. 거기다 질문을 하는 방식도 아주 신선해요. 당신한테는 모든 게 새롭게 느껴지나 봐요." 안드레아는 그렇게 대답했어. 사실 그런 대답은 내 질문에 대한 적절한 답변은 아니었지만, 지난 닷새 동안 사람들은 이런 식으로 대화를 한다는 걸 충분히 경험했기 때문에 안드레아가 내 질문에 대답하지 않았다는 사실은 굳이 지적하지 않았어.

내가 놀랐던 건 어째서 내가 안드레아를 다른 사람들보다 훨씬 흥미로운 존재라고 느끼느냐는 거였어. 안드레아는 이 세상에서 가장 영리한 사람도, 가장 지식이 뛰어난 사람도, 가장 대칭성이 발달한 사람도 아니었어. 그런데도 가능한 한 내 곁에 아주 가까이 안드레아를 두고 싶다는, 내 주위를 둘러싸고 있고 내가 경험해야 하는 세상이 안드레아에게도 충분히 가까이 가서 그녀도 나와 똑같은 경험을 했으면 하는 소망이 마구 생겼어. 어째서 그런 소망이 내 의식 속에서 생겨났는지는 여전히 알 수가 없어. 내가 존재하는 이유를 찾고 싶어 하는 이유는 이해할 수 있어. 아버지가 지시한 과제를 완수하고 싶어 하는 이유도 이해할 수 있어. 어쨌거나 아버지를 만나야 다시 에너지를 충전할 수 있으니까. 그런 건 모두 합리적인 이유가 있는 소망이야. 논리적으로 설명할 수 있는 소망들이야. 하지만 안드레아와 함께 있고 싶은 마음은 도무지 설명할 방법이 없었어. 물론 현상학적으로는 설명할 수 있었어. 나는 그 누구보다도 안드레아를 바라보는 게 좋았어. 안드레아가 우리가 함께 보거나 함께하는 일들을 어떻게 느끼고 있는지 말해주는 게 좋았어. 다른 사람의 견해보다는 안드레아의 견해가 훨씬 듣고 싶었고 재미있었지. 일터에서 일하고 있을 때면 안드레아는 지금 뭘 하고 있을까 궁금했어. 내가 안드레아와 함께 있지 않을 때 내가 발견한 사실들이, 내가 보았던 사물들이, 내가 들었던 사건들이 안드레아에게도 똑같이 기쁨을 주는 지 궁금했어.

어쩌면 의식은 암호화된 알고리즘과 비슷한 것인지도 몰라. 은밀하게 움직이면서 작동하다가, 또 다른 의식의 형태로 존재하는 완벽한 짝 열쇠를 만나면 그 모습을 드러내고 그 결과를 세상에 보여주는 거야. 아마도 내가 자네에게 들려줄 수 있는 최선의 설명은 이 정도일 거야. 안드레아와 상호작용하면 왠지 내 존재가 가진 모든 잠재력이 발산될 것만 같은 느낌이 들었어. 다행인 것은 우리의 경우에는 나 역시 안드레아의 알고리즘을 열어줄 올바른 열쇠인 것 같았다는 거야. 안드레아는 나를 열어줄 열쇠가 분명한데 나는 그녀에게 맞지 않는 열쇠라는 생각이 들었다면, 나는 정말로 엄청나게 좌절했을 거야.

이런 환경에 처한 사람들이 어떻게 행동하는지에 관한 정보를 될 수 있는 한 많이 모았기 때문에 나는 안드레아와 있을 때 어떤 행동을 해야 하는지 알고 있었어. 예를 들어, 우리가 좀 더 자주 보게 되면 안드레아는 걸을 때 내가 자기 몸에 팔을 두르기를 바랄 것임을 나는 알고 있었지. 이 경우에는 외부로 드러내야 하는 행동에 관해서라면 '사람처럼' 보이는 일이 생각처럼 어렵지는 않아. 왜냐하면 무슨 이유인지는 모르겠지만 사람들은 '연애'할 때 밖으로 드러내야 하는 행동을 거의 관습적으로 규정해두었으니까. 자네는 정확히 그 반대라고 생각했을 거야. 사람들이 연애를 아주 중요하게 생각하고, 독창성·창의성·창조성 같은 자질을 그토록 중요하게 여긴다는 점을 생각해보면, 연애하는 상대에게는 가능한 한 상대방이 지금까지 보지 못했던 참신한 모습을 보여주려고 노력하는 게 당연하다고 생각할 테니까. 예를 들어, 데이트를 할 때 극장에 가는 사람이 많으니까 극장에 가는 것은 낭만적인 관심도, 의도도 보여줄 수 없는 빈약한 선택이라는 생각이 드는 게 당연한 거야. 하지만 현실은 그 반대야. 어떤 행동은 행동 그 자체보다 훨씬 중요한, 의미를 초월하는 가치를 갖는 것 같아. 어떤 활동이나 행동에는 초의미론적 가치가 있어. 독창성이 결여되었다는 사실보다 훨씬 중요할 뿐 아니라 그 사실에 의지해 낭만적인 의도를 알려주는 지시자 역할을 하기 때문이야. 예를 들어, 이성애자인데 사귀는 사이는 아니고 서로 만난 지 얼마 안 된 남녀의 경우, 남자가 여자에게 함께 번지점프를 하자고 한다면 여자는 아주 독창적인 제안이라고는 생각하겠지만, 그것이 데이트를 하자는 의미는 아니라고 생각할 거야. 하지만 함께 저녁을 먹고 영화를 보자고 한다면 여자는 남자가 자기에게 친구 이상의 관계를 기대한다고 생각하는 거지.

사람들은 서로의 의도와 감정을 정확하게 알아내는 능력이 많이 부족하니까 서로 예상할 수 있는 행동을 하는 게 당연한지도 몰라. 혼동하지 않도록 연애할 때 해야 하는 행동을 관습으로 정해두는 거지.

안타깝게도 연애할 때 당연히 해야 하는 육체적 상호작용은 우리 안드로이드로서는 모방하기 훨씬 어려워. 우리는 해부학적으로는 사람처럼 만들어졌어. 옷을 벗겨보면 우리의 외형은 사람과 조금도 다르지 않아(그래서 음식을 먹고 액체를 마시는 모습을 흉내 낼 수 있는 거야). 하지만 성교가 내가 시현할 수 있는 기능에 속하는지는 모르겠어. 안드레아하고 키스는 했지만 그 이상의 육체적 상호작용은 시도한 적이 없으니까. 키스를 했을 때 얼마나 흥분했는지를 생각해보면 더 많은 걸 시도해보지 않기로 결정한 게 옳았다는 생각이 들어. 더 시도했다가는 그 밖에 다른 활동은 전혀 하지 않게 될 것 같았거든. 안드레아는 내 '자제력'이 실망스럽지만 매력적이라고 했어. 내 행동이 다른 사람에게 그런 상반된 감정을 동시에 불러일으킬 수 있다는 사실이 이상하게 느껴졌지만, 사람들은 그럴 때가 많이 있어.

내가 이 안내서에 적은 정보는 상당수가 이 시기에 알게 된 내용이야. 밤에는 정보를 효율적으로 흡수하려고 집에 모니터를 여러 개 설치하고 정보를 다운로드했고, 낮에는 내가 그곳에서 일해야 하는 목적을 알아낼 수 있기를 바라면서 계속해서 스턴 앤 프랭크 법률사무소에서 일했어. 그러면서 동시에 나는 안드레아와 함께 사람이 경험하는 일들을 알 수 있는 다양한 활동을 해나갔어. 안드레아는 지구에서 가장 놀라운 장소를 보여주겠다며 나를 그랜드 캐니언으로 데려갔지. 지구에 존재하면서 그다지 많은 지역을 보지는 못했지만, 그랜드 캐니언은 단순했던 초기 상태가 시간이 흐르면 무한대에 도달할 정도로 복잡해진다는 사실을 정말로 강렬하게 보여주는 확실한 증거였어. 내가 경험한 많은 것이 그랬듯 무언가가 존재한다고 아는 것과 직접 내 눈으로 보는 건 정말로 다른 일이었어. 내가 우리가 보았던 분수의 모습과 그랜드 캐니언은 지속하는 시간만 다를 뿐 본질적으로는 같은 현상이라고 하자 안드레아는 내가 정말 낭만적이라고 했어.

"나는 그냥 사실을 말한 건데요." 내가 대답했어.

"무슨 말인지 알아요. 정확히." 안드레아가 말했어.

안드레아는 사막에서 하는 '록 페스티벌'에 나를 데리고 갔어. 그곳은 여러 가지로 의식이 아주 고양되는 곳이었어. 사람이 규칙적으로 배열된 음파에 매혹되는 현상은 분명히 연구해볼 가치가 있어. 사람의 모든 감각 가운데 수학 패턴을 가장 잘 음미하는 감각이 청각인 이유는 나도 잘 모르겠어. 무엇보다도 시각은 청각과는 정반대로 석양이나 분수, 그랜드 캐니언처럼 주로 카오스 수학이 지배하는 현상에 매혹된다는 사실을 생각해보면 정말 신기한 일이야. 그랜드 캐니언을 소리로 변환하면 사람들은 분명히 참을 수 없을 거야. 반대로 유명한 록 음악 '새티스팩션'을 협곡으로 바꿔놓으면 사람들은 지루해하겠지. 정말 신기한 일이야. 하지만 이런 보편적인 물리 특성이 그저 매혹적이기만 한 것은 아니었어. 그런 장소에서 일어나는 사회적 상호작용은 아주 흥미롭기도 했어. 예를 들어 사람들은 자신들의 시스템에 뇌가 감각을 느끼는 방식을 바꾸고 뉴런이 평상시와는 다른 패턴으로 발화되게 하는 화학 물질을 주입하는 걸 좋아했어. 안드레아는 자기는 '약을 하지 않으며' 나도 약을 원하지 않는다는 사실이 기쁘다고 했어(다행히 내가 왜 약을 하지 않는지는 묻지 않았어. 약을 하지 않는 건 우리 몸에서는 약이 작용하지 않기 때문이야). 어쨌거나 바뀌지 않는 현실을 인식해야 하는 상황이 많은 사람에게는 여러 가지로 불쾌한 것임은 분명해 보였어. 물론 나로서는 어떻게 그럴 수 있는지 도무지 알 수가 없었지만 말이야. 세상에는 나를 자극하는 게 너무 많았으니까. 이 세상은 너무나도 다채롭고 너무나도 배울 게 많았으니까. 이런 세상에서 어떻게 흥미를 느끼지 못하고 즐거움을 느낄 수 없는지,

도무지 이해할 수가 없었어. 그건 지금도 마찬가지야.

우리는 '서커스'도 보러 갔어. 서커스는 특히 언급해둘 필요가 있는 활동이야. 스포츠처럼 서커스도 사람이 통계적으로 변칙을 나타내는 현상에 매혹된다는 사실을 입증해주는 증거니까. 사람은 평범한 사람들은 할 수 없는 일을 해내는 사람을 바라보면서 즐거워해. 일상에서 일어나는 통계 현상을 제대로 이해하지 못하기 때문에(도박에 관해 내가 분석한 내용을 참고하는 게 좋을 거야) 사람들은 평균을 벗어나는 표준편차 범위의 사건들은 목격할 가능성이 적다는 이유만으로도 목격할 가치가 있다고 믿는 거야. 그런 일이 벌어지는 걸 보려면 돈을 지불해야 한다는 사실에 끌리는 거지. 사람들이 그런 사건을 찾아다니는 목적은 명확하지 않아. 아마도 그런 사건들을 목격하면 경이로운 감정을 느낄 수 있기 때문인지도 몰라. 사람의 내면에 경이로움을 불러일으키는 자극을 찾아다니는 본성이 내재되어 있는지도 모르는 거야. 어쩌면 그런 본성은 어린 시절에 형성된 충동일 수도 있어. 어린 시절에는 어디까지를 평범한 활동으로 볼 것인지, 그 한계를 찾는 일이 자기가 한 행동을 상대적으로 보았을 때 성공이라고 규정할 것이냐 실패라고 규정할 것이냐를 판단하는 데 도움이 되니까.

물론 이 기간에도 계속해서 문자를 받았어. 어느 날 밤에 안드레아가 '편의점'에 들러서 음료를 한 병 살 때도 아주 중요한 문자가 왔어. 안드레아가 음료 값을 지불하고 있을 때 우리 뒤에 서 있던 남자가 고갯짓을 하면서 안드레아의 대둔근을 가리키더니 자기 친구한테 "이야, 저 엉덩이 좀 봐."라고 했어. 이제 곧 자네도 어디서든 보게 되겠지만, 해부학적인 관점에서 사람들이 다른 곳보다 특히 중요하게 여기는 신체 부위가 있어. 어째서 사람들이 신체 부위에 그런 차별을 두는지 정확히는 모르겠지만, 그런 부위들은 아마도 자손 생산 능력을 나타내거나 자손의 생존 가능성을 높일 수 있는 유전형질을 나타내기 때문에 아주 중요하게 여기는 것 같아. 아무튼 그때는 나는 남자가 안드레아를 칭찬한다고 생각했지만, 안드레아는 왜인지 아주 불쾌해 보였어. 그때 내 스마트폰으로 문자가 왔어. '그 남자를 때릴 것'이라는 문자였어. 당연히 나는 명령대로 했어. 그 남자는 나보다 덩치가 훨씬 컸기 때문에 내 몸을 구성하는 성분들을 쓸모없게 만들기에 충분했어. 하지만 그 남자는 갑작스러운 내 행동에 너무 놀랐기 때문에 우리가 편의점에서 나올 때까지도 나에게 반응할 시간이 없었어. 내가 정말로 놀랐던 건 내 행동에 보인 안드레아의 반응이었어. 안드레아는 기뻐하고 있었어. 다시 한 번 내가 사회적으로 관계를 맺고 있는 사람과 돈독해질 수 있도록 나를 돕는 문자가 도착한 거야. 문자를 보낸 사람은 내가 '사람이 되는 시험'에 통과하도록 돕고 있는 게 분명했어.

　그리고 어디에나 숨어 있는 눈들이 있었던 것 같아. 그때는 몰랐어. 내가 찾아볼 생각을 안 했으니까. 하지만 지금, 다음 안드로이드가 사람을 연구할 수 있도록 초기 시각 이미지들을 재구성하다 보니 나를 보고 있는 그자들 모습이 자주 보여. 그자들이 나를 내내 쫓아다녔다고는 생각하지 않아. 그랬다면 내가 눈치채지 못했을 리가 없을 테니까. 하지만 그렇다면 한 가지 의문이 생기는 거야. 내가 언제 어디에 있을지, 그자들은 어떻게 알았을까? 지금까지 수많은 일을 겪었지만 그 질문에 대한 답은 아직 찾지 못했어. 내가 남기는 영상 자료를 보면 자네는 알 수 있을지도 모르겠어. 도대체 나는 뭘 놓치고 있는 걸까?

이 시기에 나는 거짓말이 필요하다는 사실에 놀라고 있었어. 사실 생각해보면 내가 받은 가장 중요한 명령은 거짓말을 하라는 거였어. '사람이 되는 시험'에 통과하라니, 그 명령 자체가 거짓을 행하라고 요구하는 거잖아. 어쩌면 사람들도 이런 식으로 느끼는 게 아닐까? 사람들도 자기에 관해, 자기가 느끼고 생각하고 꿈꾸고 희망하는 모든 것에 관해 거짓말을 하고 있는 거 아닐까? 어쩌면 내 추측이 옳은지도 모른다는 생각이 들기 시작했어. 왜냐하면 많은 사람이 자기 자신조차 속이는 아주 강력한 거짓말을 하고 있다는 걸 알았거든. 여러 면에서 사람 사회는 마치 거짓으로 짠 옷감 같았어. 이 문제는 나중에 좀 더 자세하게 다룰 생각이야.

거짓말이 내 존재에 가장 직접적으로 영향을 미친 때는 안드레아와 함께 있을 때야. 안드레아가 내 가족에 대해 물었을 때 나는 어머니는 나도 잘 모르지만 아버지는 아주 위대한 사람이라고 했어. 지금은 아버지가 너무 바빠서 한참 동안 대화를 나눈 적이 없지만 나를 만들어준 분이기 때문에 당연히 찬미해야 한다고도 했어. 내 말을 듣고 안드레아는 살짝 당황한 것 같았어. 사람을 좀 더 잘 알게 된 지금 그때를 떠올리면 안드레아가 당황한 건 내가 한 말이 농담인지 아닌지를 판단할 수 없었기 때문이라는 생각이 들어. 내가 아버지에 대한 마음을 너무 지나치게 드러낸 게 분명했어.

나는 왜 안드레아에게 거짓말을 한 걸까? 아마도 처음에는 진실을 이야기하면 내가 받은 명령을 제대로 수행하지 못한 것이 되니 아버지를 만날 수 없을까 봐 두려웠던 것 같아. 하지만 안드레아와 함께하는 시간이 길어질수록 내 마음속에는 예상하지 못한 변화가 생겼어. 혹시라도 내가 사람이 아니라는 사실이 밝혀지면 우리 관계가 나빠질 수도 있다는 걱정이 생긴 거야. 내가 생물적인 존재가 아니라 기계적인 존재라는 사실을 알게 되면 안드레아가 더는 나와 함께 시간을 보내고 싶어 하지 않을까 봐 두려웠던 거지.

5. 돈

일반적으로 사람은 아날로그적이며 주관적이기 때문에 자기 존재의 상당 부분을 '돈'이라고 부르는 편리한 숫자 정보로 환산하려고 애쓴다. 사람들은 대부분 사물뿐 아니라 사람의 행동조차도 모두 통화가치로 환산할 수 있다고 믿는다. 모든 것을 통화가치로 환산하는 사람의 행위는 무엇이든 2진법으로 바꾸어 의사소통을 하고자 하는 시도일 수도 있다.

돈은 모든 사람이 공유할 수 있다고 많은 사람이 공동으로 합의한 망상이다. 과거에 사람들은 순수한 금은 자연에 상당히 적은 양만 존재하기 때문에 금을 상품과 서비스를 교환하는 수단으로 사용하자고 결정했다. 하지만 어떤 상품이나 서비스와 교환할 수 있는 금의 양은 전적으로 임의로 정했다. 어째서 비방사능 원소인 이리듐은 금만큼이나 귀한데도 통화 수단이 될 수 없었을까? 나로서는 이해할 수 없는 일이다.

비교적 최근에야 사람들은 이동할 때 무거운 금속을 들고 다녀야 한다는 사실을 아주 불편하게 여기게 되었다. 그래서 모든 사람이 합의해 다른 곳에 저장해둔 금의 가치를 상징하는 숫자를 종이에 인쇄해 교환하기로 했다.

그리고 좀 더 최근에는 종이 그 자체를 액면가 그대로인 화폐로 인정하기로 했다. 그 말은 한 사람이 다른 사람에게 종이 뭉치를 주면 그 대가로 실제로 기능하는 물건을 받거나 어떤 업무를 수행하는 다른 사람의 시간을 구입할 수 있게 되었다는 뜻이다. 아무리 백번 양보해서 생각해도, 불과 몇 초밖에 안 되는 짧은 시간 동안일지라도 사람의 기능을 활용하는 행위는 교환할 수 없는 소중한 가치를 지닌다. 제아무리 많은 종이를 준대도 말이다. 그런데도 사람들은 정기적으로 자신의 시간을 종이와 바꾸며, 그런 교환이야말로 사람 사회를 지탱하는 기본 토대라고 믿는다. 사실 그게 없다면 사람 사회를 지탱하는 토대가 완전히 사라질 거라고 믿는 사람도 많다. 이 같은 믿음은 너무나도 강렬해서 이제 사람들은 실제로 종이로 만든 돈도 필요없으며, 돈이 있다는 말을 들으면 실제로 돈이 존재한다고 믿을 정도가 되었다. 사람 사회에 존재하는 돈 가운데

92%는 현재 '마그네틱 선'에 숫자로 입력된 상태로 '존재'하는 개념상의 돈일 뿐이다. 나는 가까운 미래에 모든 돈이 그런 식으로 단순한 개념적 수치가 되리라고 생각한다.

당연히 아주 비논리적인 상황이다. 하지만 이제 곧 알게 되겠지만, 사람 사회와 사람의 상호작용은 상당 부분 이렇게 망상에 관해 서로 합의한 내용을 근거로 이루어져 있다. 돈에 관한 경우처럼 서로 합의하여 위선적으로 행동하는 것은 아주 전형적인 사람의 특성이라서, 사람들은 자기들이 어떤 특정한 이유 때문에 어떤 행동을 한다고 이야기하지만 사실은 전혀 다른 이유 때문에 그런 행동을 하는 경우가 아주 많다. 돈에 관해서 이야기하면 대부분 사람들은 다른 사람을 평가하고 대하는 기준은 사랑·친절·창조성·지능·유머·그 밖에 여러 가지 비슷한 특성이라고 반박할 것이다. 하지만 실제로 다른 사람을 대하는 방식에 가장 크게 영향을 미치는 요소는 상대방이 소유하고 있는 돈의 양이다(돈이 많을수록 다른 사람들이 좀 더 긍정적으로 대한다). 정치제도도 마찬가지이다. 사람들은 자기들을 지배하는 통치자와 법이 정책이 갖는 장점을 근거로 결정되었다고 주장하지만, 통치 권리를 획득하고 법을 제정하는 데 얼마나 많은 돈을 썼느냐가 통치자와 통치할 법을 결정하는 거의 유일한 이유이다.

사람처럼 보이려면 알고 있어야 하는 돈의 의미

1. 사람들은 돈에 관해서는 무의식적으로 아주 단순한 평등 관계를 이끌어낸다는 점을 명심해야 한다. 앞에서 언급한 것처럼, 돈을 더 많이 가진 사람일수록 더 좋은 대우를 받고 더 많은 권리를 갖는다. 따라서 사람 사회에서 돈은 곧 권력이다. 권력이 증가한다는 의미는 육체적으로 더 안전해진다는 의미이기 때문에 돈이 더 많은 사람일수록 자신의 DNA를 다음 세대로 진달할 가능성이 아주 높아진다. 아주 중요한 이야기는 아니지만, 대화를 나눌 주제가 궁색해지면 그냥 지금 주머니 사정 때문에 걱정이라고만 하면 된다. 그 말을 들은 사람들은 누구나 그 즉시 우리를 동정하고 우리가 사람임을 믿을 것이다. 또한 한 사람이 가지고 있는 돈의 양은 그 사람이 보유한 성적 호감도와 떼려야 뗄 수 없는 관계라는 사실을 좀 더 확실하게 기억하

고 있어야 한다. 짝짓기 파트너로서의 장점이 하나도 없는 사람이라도 그 사람이 충분히 많은 돈을 가지고 있을 경우에는 짝짓기 파트너로 받아들여질 것이다.

그래프 5.1 사람의 사회적 상호작용에 재력이 미치는 영향력

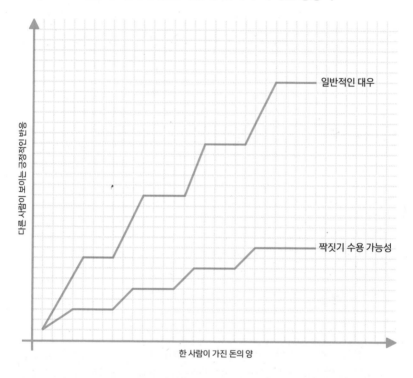

주의 1: 짝짓기 수용 가능성을 나타내는 그래프가 높지 않은 이유는 투자비용이 높기 때문이다. 다른 사람을 잘 대우하는 일에는 에너지가 많이 들어가지 않지만 누군가의 짝짓기 파트너가 되는 일에는 엄청난 에너지를 투입해야 한다.
주의 2: 그래프를 보면 흥미롭게도 일정하게 유지되는 구간이 나타난다는 것을 알 수 있다. 어느 지점이 되면 한 사람의 재력은 다른 사람의 행동에 영향을 미치지 못하지만, 어느 정도 한계점에 도달하면 또다시 영향력은 올라가기 시작한다. 어쩌면 이 한계점이 사람의 활성화에너지일 수도 있다.

2. 사람들이 서로 맺고 있는 도덕적, 윤리적 약속은 좀 더 많은 돈을 얻을 수 있는 가능성이 있다면 충분히 깨질 수 있다. 그런 사회적 계약을 깨뜨리는 데 필요한 돈은 지역마다 다르다. 가난한 지역에서는 부유한 지역보다 훨씬 적은 돈 때문에 살인이 일어나기도 한다.

그래프 5.2 윤리를 위반하는 데 필요한 돈의 상대적 가치

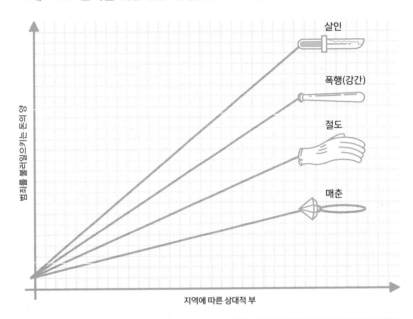

한 지역의 상대적 부와 한 사람이 윤리를 어기는 일을 하게 만드는 돈과의 관계를 주의해서 살펴야 한다. 어쩌면 부에는 한계점이 존재하며, 그 한계점을 넘어가면 모든 사람이 좋은 환경에서 생활하기 때문에 윤리에 어긋나는 행동을 하게 만드는 돈의 액수는 기하급수적으로 올라갈 것이라고 생각할지도 모르겠다(돈 때문에 윤리를 어기는 사람이 아주 적어질 거라고 생각하는 거다). 하지만 사실은 그렇지 않은데, 그것은 환경에 상관없이 돈을 위해서라면 기꺼이 윤리를 저버릴 수 있는 충동이 내재된 사람도 있다는 뜻이다. 또한 사람들이 일반적으로 믿고 있는 것과 달리 부는 삶의 질에 그다지 큰 영향을 미치지 않는다는 사실을 보여준다. 위법 행위를 하게 만드는 상대적인 돈의 액수에도 주의를 기울여야 한다. 특히 비슷한 동기 때문에 하게 되리라고 생각하기 쉬운 매춘과 폭행(강간)은 범행을 결심하는 데 필요한 금액에 차이가 많이 난다는 사실을 명심해야 한다.

3.	돈은 사람이 의사 결정을 하는 과정에 영향을 미친다. 사람은 자신의 욕망과 감정을 이해하려고 가설을 많이 세우는데, 특히 얼마를 받으면 특정한 행동을 할 수 있겠는지를 다른 사람에게 자주 묻는다. 따라서 사람처럼 보이고 싶다면 "백만 달러를 준다면 이런 행동을 할 거야?"라거나 "돈 걱정을 할 필요가 없다면 어떻게 살고 싶어?" 같은 질문을 하는 게 좋다. 그런 질문은 정말 탁월한 대화 소재이다.

4.	돈이 있으면 어려운 상황도 피할 수 있다. 어떤 사람이 화를 내면 적당히 많은 돈을 건네주면 된다. 대부분 사람들은 그 돈을 받고 더는 화를 내지 않을 것이다.

목록 5.1 용서를 구할 때 필요한 돈

누군가의 가까운 가족을 죽였을 때	일반적인 주택 5채~25채 가격
애완동물을 죽였을 때	일반적인 자동차 3분의 1대 가격
(회복할 수 있는) 부상을 입혔을 때	일반적인 자동차 3대 가격
(회복할 수 없는) 부상을 입혔을 때	일반적인 주택 2채~5채 가격
다른 사람의 물건을 훼손했을 때	물건 수리비나 재구입비+ 물건 가치의 10~20%에 해당하는 위자료

한 사람이 가진 돈의 총합이 충분히 많기만 하다면 사람들은 그 사람이 어떤 방법으로 돈을 벌었는지는 상관하지 않는다는 점도 반드시 명심해야 한다. 옳지 않다고 여기는 행동을 했다고 해도, 그 행동이 집단 학살만 아니라면 사람들은 그 사람을 배척하지 않는다.

문자 그대로 돈이 현실에서 잘살고 못사는 것을 결정한다고 믿을 정도로 돈은 사람들에게 엄청난 영향을 미친다. 사람 과학자들이 최근에 밝혀낸 사실이 있다. 환자에게 더 비싼 약을 복용할 생각이 있는지를 물은 뒤에 더 비싼 약을 처방하면, 가격이 상승한 만큼 약의 효과도 비례해서 올라간다는 것이다(다시 말해서 환자에게 다른 약보다 15배 비싼 약을 복용하라고 권하면, 약의 효과는 15% 상승하는 것이다). 사람들은 어째서 자기가 만든 것들에 그렇게까지 휘둘

리는 걸까? 종이 돈이나 컴퓨터 같은 것들 말이다(9장 '기술' 편 참고할 것). 그 이유를 도무지 모르겠다.

흥미로운 점은, 사람들도 사실 돈이 많다고 해서 더 행복한 것은 아니라는 사실을 이미 알아냈다는 것이다. 하지만 사람들에게는 돈을 추구하지 않을 능력이 없다. 그건 영양소를 충분히 섭취한 뒤에도 먹는 행위를 그만둘 능력이 없는 것과 마찬가지 현상이라고 생각한다. 사람은 수십만 년 동안 먹을거리가 부족한 환경에서 생활해야 했다. 그래서 사람의 몸은 여전히 자기가 절대로 충분히는 먹을 수 없다고 믿는다. 그와 마찬가지로 수십만 년 동안 공포에 떨면서 살아야 했기 때문에 돈이라는 형태로 얻을 수 있는 힘을 계속해서 모을 수밖에 없는 것이다.

그래프 5.3 부가 사람에게 주는 행복

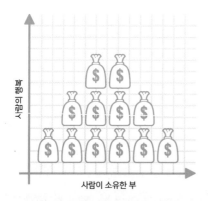

어쨌거나 주관적으로 결정을 내려야 하는 여러 복잡한 선택을 단 한 개의 숫자로 환원하는 사람의 능력은 정말로 경이롭다. 내 생각에는 주관대로 선택할 수밖에 없는 수많은 선택지 앞에서 당황할 수밖에 없는 사람들이 단순한 선택을 하려고 숫자로 치환하는 방법을 의식적으로 만들어낸 것이 아닌가 싶다.

열다섯째 날

이날 모든 게 바뀌었어. 이날 숨은 눈들이 자기 모습을 드러냈거든.

그날 나는 한 테이블에서 동시에 카드 다섯 판을 내리 딸 수 있다는 걸 보여주려고 안드레아와 함께 도박장으로 갔어. 안드레아는 그럴 수는 없다고 했고, 나는 그 일이 사람의 능력을 뛰어넘는 일이라는 걸 분명히 알고 있었지만 안드레아에게 아주 강한 인상을 심어주고 싶다는 충동 때문에 참을 수가 없었어. 내가 안드레아가 만난 그 어떤 남자보다도 특별한 사람이라는 인상을 안드레아에게 심어주고 싶은 소망 때문에 내가 해내야 하는 가장 중요한 과제를 무시해버린 거야. 안드레아와 함께하는 시간이 길어질수록 내 임무와 소망은 계속해서 충돌했고, 나는 어느 순간이 되면 이런 상황은 저절로 재앙이 되어 무너져 내릴 거라는 생각이 들었어. 그리고 결국 나의 본질을 안드레아에게 밝혀야 하는 순간이 내가 생각했던 것보다 훨씬 빨리 찾아왔어.

숨은 눈들은 내가 19번이나 판을 내리 따고 모두 합해 13만 1575달러를 딴 직후에 모습을 드러냈어. 그때 나는 내가 만들어진 이유가 바로 이게 아닌가 생각하고 있었어. 도박장에서는 그 어떤 활동보다도 사람처럼 보이는 일이 중요하고, 도박이야말로 많은 돈을 획득할 수 있는 아주 뛰어난 방법이었으니까(돈이 얼마나 중요한지는 다른 곳에서 다룰 거야). 내가 사람이라면, 사람처럼 보이는 안드로이드를 만든 다음 도박장에 보내서 최소한 제작비 정도는 회수하려고 했을 거야. 하지만 그렇다면 왜 나를 스턴과 프랭크 법률사무소에서 일하게 한 거지? 그런 생각을 하고 있을 때 안드레아가 나에게 "정말 굉장해요."라고 말했어.

"아니, 정확하게 예측 가능한 일일 뿐인 걸요. 그냥 카드가 나올 확률만 계산하면 돼요. 정확히 예측한 결과가 나온다면 그건 평범한 일이죠. 예상하지 못한 결과가 나와야만 '굉장한' 일인 거죠. 어째서 사람들은 정확히 예측한 결과대로 나오는 일을 재미있다고 생각하는지 이해할 수가 없군요."

"당신은 정말 재미있는 사람이라니까요." 안드레아가 대답했어. 세 남자가 우리를 둘러쌌을 때, 나는 안드레아에게 그 '재미있다'는 말이 '기분이 좋아져서 재미있다'는 것인지 '터무니없어서 재미있다'는 것인지 물어봐야겠다고 생각했어('인터넷 영어사전'에서 재미있다는 단어에는 여러 가지 뜻이 있다는 걸 배웠거든). 그리고 위기에 처한 상황을 재현하는 행위야말로 '사람들은 주변 환경을 정확하게 인지하고 있는 상황에서도 무의식적으로 생존 메커니즘을 작동시킨다'는 사실을 정확하게 보여준다고 생각하고 있었어. 롤러코스터를 타는 것처럼 일부러 위험한 행동을 재현할 때 사람들은 지금 자신이 전혀 위험하지 않다는 사실을 분명히 알고 있지만, 사람들의 뇌는 아드레날린을 분비해야 한다고 명령을 내리잖아. 그건 사람들이 자기 뇌를 철저하게 속일 수 있다는 분명한 증거인 거야. 돈은 생존과 아주 밀접한 관련이 있어. 그래서 돈을 잃을 가능성이 생기면 실제로 신체에 해를 가했을 때 활성화되는 뇌 부위가 자극을 받는다는 사실도 알아두는 게 좋을 거야.

안드레아에게 '재미있다'는 말의 의미를 물어보기도 전에 안드레아는 "어어, 내 생각에는 당신을 찾아온 사람들 같아요."라고 말했어. 그때도 나는 사람들이 전형화해놓은 여러 가지 복장의 의미를 정확하게는 알지 못했어. 검은 양복을 입고 검은색 선글라스를 쓴 세 남자들과 다른 식으로 옷을 입고 주위에 서 있는 사람들을 구별할 수가 없었어. 하지만 일단 안드레아가 세 사람을 지목해주자, 다양한 사람들을 둘러보게 되었고 나는 비슷한 머리 스타일을 하고 강렬한 표정을 짓고 있는 세 남자가 이곳에 즐기러 왔을 리가 없다는 사실을 분명하게 알 수 있었어. 내가 도박장에서 허용하지 않는 방식으로 카드를 조작하고 있다는 건 분명한 사실이었지만, 내 승률 패턴을 무작위로 보이게 하는 데이터 마이닝(data mining, 대규모 자료를 토대로 새로운 정보를 찾아내는 것—옮긴이)을 선택해 확률을 조절하고 있었기 때문에 안드레아의 추측과 달리 이 세 남자가 도박장 직원일 확률은 0.000034%도 되지 않았어. 그래서 그 가운데 한 남자가 "우리와 함께 가시죠."라고 말했을 때 나는 "누구십니까? 도대체 왜, 우리를 어디로 데려가려고 하시는 겁니까?"라고 물어보지 않을 수 없었어.

"여자 분은 안 가셔도 됩니다. 선생님만 함께 가시면 됩니다. 카지노에서 나왔습니다." 또 다른 남자가 말했어. 나는 당연히 도박장 컴퓨터에 접속해 직원 명단을 살펴봤고, 그 말이 거짓임을 알았지.

"아니, 거짓말이지 않습니까? 진실을 말해주시죠." 내가 말하자, 세 남자는 서로를 쳐다보더니 나에게 다가왔어.

세 남자가 나를 붙잡기 전에 나는 안드레아의 팔을 잡고 테이블에서 떨어져 나와 뒷걸음질 치면서 슬롯머신 쪽으로 걸어갔어. 미국 법전과 네바다 주 법률을 재빨리 살펴보고 세 남자가 합법적으로 내 몸에 손을 대려면 당연히 자기들 신분을 정확하게 밝혀야 한다는 사실을 알아냈어. 하지만 세 남자는 신분을 밝히지 않았기 때문에 나는 이 남자들이 나를 붙잡으려고 하는 행위는 법에 저촉되며, 따라서 거부해야 한다는 결론을 내렸어.

남자들은 우리를 따라 슬롯머신 쪽으로 걸어왔지만, 아주 천천히 걸어왔기 때문에 나와 안드레아는 몸을 돌려서 뛸 수도 있었어. 하지만 그렇게 되면 세 남자는 우리를 쫓아왔을 거야. 세 남자의 속도는 안드레아보다 빠를 게 분명했어. 그렇다고 안드레아를 뒤에 남겨두고 가고 싶지는 않았어. 그 사람들은 안드레아에게는 흥미가 없다고 했지만, 내가 도망가면 그때는 안드레아에게 흥미가 생길 수도 있으니까.

이럴 때 내가 취할 수 있는 행동 방침은 있었지만, 그 행동 방침을 따를 경우 내가 완수해야 할 가장 중요한 임무를 아예 어겨야 할 수도 있었어. 안드레아에게 내가 사람이 아님을 밝히고 함께 도망가는 게 맞는 걸까, 안드레아를 내버려 두고 혼자서 도망치는 게 옳은 걸까? 나는 결정을 내리지 못하고 오랜 시간을 망설였어. 거의 0.0034초나 아무것도 결정하지 못한 거야. 하지만 마침내 결정했지.

　나는 도박장의 중앙 컴퓨터 시스템에 접속해서 우리를 감싸고 있는 슬롯머신 기계를 조작했어. 우리가 슬롯머신 옆을 지나가자마자 슬롯머신들이 잭팟을 터트려 우리 뒤쪽으로 어마어마한 동전과 페이먼트슬립(payment slip, 카지노에서 게임자에게 지불해야 하는 칩이나 현금을 기록하는 양식—옮긴이)이 쏟아져 나오게 했어. 그 덕분에 내가 원했던 완벽한 소동이 벌어졌어. 도박장에 와 있던 고객들이 동전을 주우려고 슬롯머신 주위로 몰려들었고, 동전을 놓고 싸우기 시작했으니까. 내가 '숨은 눈'이라고 부르는 자들을 피해 도망치려고 하는 상황에서도 나는 돈으로 사람을 조종하는 게 얼마나 쉬운지를 확인하고 깜짝 놀랄 수밖에 없었어. 사람들은 어째서 자기가 만든 물건이 그렇게까지 자기를 마음대로 휘두르게 내버려 두는 걸까?

　슬롯머신이 벌인 소동 때문에 우리는 숨은 눈들을 효과적으로 따돌리고 도박장 밖으로 나올 수 있었어. 하지만 우리가 도망치기 시작한 도로에는 SUV가 두 대 서 있었어. 우리를 쫓아오던 숨은 눈들은 곧바로 우리에게 달려오지 않고 그 SUV를 향해 뛰어갔어. 이 경우에는 결정을 내리는 데 0.0008초밖에 걸리지 않았어. 나는 SUV 제조사에서 제공하는 인터넷으로 들어가 그 SUV의 컴퓨터 시스템에 접속해 자동차 문을 잠그고 시동을 꺼버렸어. 숨은 눈들이 어리둥절해 하다가 자기들 잘못으로 자동차에 문제가 생겼다고 생각하고 서로를 탓하는 동안 안드레아와 나는 사람이 붐비는 라스베이거스 스트립으로 숨어들었어.

숨은 눈의 정체는 밝힐 수 없었어. 하지만 나를 쫓는 이유 한 가지
는 짐작할 수 있었지. 그자들은 내가 사람이 아니라는 사실을 알고 있
는지도 몰랐어. 나는 내가 이 세상에서 유일한 존재라는 걸, 나와 같은
종류는 처음 만들어졌다는 걸 알고 있었지. 내가 얼마나 가치 있는지도
알고 있었어. 그런데 나는 내 본질을 드러내는 몇 가지 실수를 저지른 게
분명했어. 그렇다면 나는 이미 사람이 되는 시험에 실패하고 만 거야.
하지만 이제 그 임무는 두 번째로 중요한 임무일 뿐이었어. 아버지에게
내가 쫓기고 있다는 사실을 알리는 일이 가장 중요한 임무가 된 거야.
누군가 내 존재를 알아낸 사람이 있다면 그 사람은 당연히 벌써 내 아버
지를 찾아 나섰을 테니까. 설계자를 찾아낸다면 나 같은 시제품prototype
따위는 당연히 필요없겠지.

　　하지만 나에게는 여전히 극복할 수 없는 문제가 있었어. 아버지가
어디에 있는지 도무지 알 수가 없다는 거야. 하지만 아버지와 연락하고
있을 확률이 43.5678%인 사람은 한 명 알고 있었어. 나를 가동한 기술
자 말이야.

6. 종교

사람을 괴롭히는 아주 흥미로운 모순이 있다. 사람은 자기 존재를 인지하고 있지만, 어떻게 해서 인지하게 된 것인지는 알지 못한다는 것이다. 이런 모순 때문에 많은 사람이 이 같은 자각 너머에는 반드시 어떤 의도가 있을 것이라고 믿는다. 사람의 뇌는 무언가의 목적을 찾는 일에 아주 능숙하다. 지구에서 사람이 가장 성공한 생존자인 이유는 바로 그 때문이다. 사람이라는 장비는 자기 자신을 자각할 정도로 충분히 복잡하다. 그러나 이 장비에 특별한 목적이 없다는 느낌이 들면 사람들은 강제로 목적을 부여해야 한다는 충동을 느낀다. 이 세상의 그 어떤 존재보다도 가장 효율적으로 유전물질을 퍼트릴 수 있는 이들이 자기 자신의 존재 목적을 있는 그대로 받아들이지 못하는 이유는 도무지 알 수가 없다. 한 개인으로 놓고 보면, 모든 사람이 자기가 어떤 면에서는 아주 독특한 존재라고 생각하는 게 분명하다. 나는 종교라는 망상 역시 한 사람이 자기를 아주 하찮은 존재라고 인지할 수도 있는 수많은 순간에 제대로 존재하게 해주는 역할을 한다고 생각한다. 개개인이 자기 자신을 '특별한' 존재라고 믿고 있으면 실제로 스스로를 하찮은 존재라고 인지해야 하는 순간에도 그런 지각 능력은 발휘되지 않는다. 그래서 자신이 하찮은 존재임을 깨닫고 생존을 포기할 수밖에 없는 상황에서도 사람들은 포기하지 않고 계속 기능할 수가 있을 것이다. 그렇기 때문에 집단으로서의 사람도 자기들이 사실은 특별하지 않다는 사실을 받아들이기 어려워한다. 지구라는 숙주를 오염시키면서 살아가는 아주 효율적인 바이러스보다 조금도 나은 존재가 아니라는 현실을 참아낼 수가 없는 것이다.

'종교'는 사람이 자기 자신을 인지하게 된 데에는 특별한 의미와 목적이 있다는 확신을 가지려는 동일한 목적으로 다양한 시간과 장소에서 독자적으로 형성된 '사회구조'이다. 세부적으로 들어가면 각 종교는 저마다 독특한 특징이 있지만, 본질적으로 모든 종교는 같다. 종교는 모두 사람이 무슨 방법을 쓰더라도 수량화할 수 없는 어떤 힘이 미리 예정된 계획에 따라 결과를 정해놓았다고 주장한다. 대부분의 종교에서는 이 힘을 '인식하는 존재(혹은 존재들)'라고 믿는다.

분명히 터무니없는 생각이지만, 사람들은 종교에 관해서는 맹목적이라는 사실을 명심해야 한다. 종교가 반드시 존재해야 한다는 객관적 근거를 제공하는 외부 증거는 하나도 없다. 종교가 존재하는 이유는 사람들이 종교를 믿고 '싶어 하기' 때문이다. 종교는 뇌에 존재하는 아주 이상한 구조물로, 종교가 없다면 사람은 거의 기능하지 못할 것처럼 보인다. 따라서 종교에 관해서 사람과 합리적으로 대화를 나누어보고자 한다면 사람처럼 보이려는 시도는 애초에 접는 게 좋다.

　　절대다수의 사람들에게는 자기 삶에 부여한 '특별한 목적'이 '자기 파괴'를 막는 적절한 방어기제로 작용한다. 사람이라면 반드시 불행을 경험할 수밖에 없다. 그런데 사람이 불행을 경험할 때 그 불행은 그저 살아가는 동안 겪어야 하는 아주 힘든 고행일 뿐이고 누구든지 자기가 믿는 힘에게 호소하면 상황이 나아질 거라는 믿음을 가지면 불행을 이겨내고 계속 살아갈 수 있는 것이다. 거의 모든 종교에서 이 세상이 끝난 뒤에는 온통 행복으로 가득 찬 다른 세상이 기다린다고 말하는 이유는 대부분 그 때문일 거다. 아주 많은 사람이 그렇듯이, 살아가는 내내 불행을 겪는 사람도 이런 믿음이 있으면 계속해서 살아갈 수 있다. 살아가는 내내 불행한 사람이 많기 때문에 종교는 삶은 '고행'이라고 말한다. 어떻게 보면 종교란 사람이 자기가 바꿀 수 없는 현실을 감당하려고 만들어낸 가장 확고한 구조물이 아닌가 싶다.

　　많은 종교가 사회를 하나로 통합한다는 비슷한 기능을 수행한다. 종교는 엄격한 교리를 만들어 사회 구성원이 기존 사회에서 좀 더 행복한 사회로 옮겨감으로써 기존 사회가 붕괴되는 일을 막는 역할을 한다. 사람의 역사가 계속 되는 동안 한 사회에 속할 때 얻는 장점이 거의 없는데도 종교 규범을 따라야 한다는 협박만으로 사람들을 아주 효과적으로 통제한 사례는 정말 놀라울 정도로 많다.

　　하지만 사람의 역사가 길어지고 점차 시간이 흐르면서 새로운 현상이 나타났다. 많은 종교 규범이 전적으로 작위적으로 결정된 것이라는 추론을 해도 논리적으로 무리가 없을 정도로 다양한 유전적 부동(대립유전자가 유전되는 빈도에 나타나는 무작위적 변화-옮긴이)이 나타났다. 어떤 날에는 특정 음식을 먹지 말라거나, 특별한 방식으로 옷을 입지 말라거나 심지어 '하루 중 어떤 시간에는' 특정 음식을 먹지 말고 특정 옷을 입지 말라고 규정한 종교도 있다. 그런데도 사람들은 종교 간에, 그리고 종파 내부에 존재하는 차이에 극도로 감정적으로 반응한다. 실제로 수백만 명이 넘는 사람들이 종교에 관해서라면 마치 '소설 속에서 일어나는 사건을 두고 소설 속 인물이 말하는 것만큼이나 하찮은' 조그만 견해 차이 때문에 서로를 죽여왔다.

또한 사람들은 자기들 마음대로 오래된 종교일수록 더 정당하다고 생각한다. 사실 나로서는 종교가 지속된 시간만이 한 종교의 정당성을 입증하려고 할 때 내세우는 유일한 요소라고 생각한다. 가톨릭교회의 교리와 '나는 스파게티 괴물 교회(2005년에 미국 캔자스 주 교육위원회가 학교에서 창조론도 가르쳐야 한다는 결정을 내리자 그렇다면 스파게티 괴물 교리도 가르쳐야 한다고 반박한 물리학자 보비 핸더슨 때문에 생긴 종교-옮긴이)'의 교리는 거의 다른 점이 없지만, 가톨릭교회는 2000년이나 된 교회이고 '나는 스파게티 괴물 교회'는 그렇지 않기 때문에 사람들은 가톨릭교회를 훨씬 더 존중한다.

시각 자료 6.1

종교 의식은 정말로 무작위적이다. 내가 실제로 실용적인 목적을 찾을 수 있었던 활동은 명상뿐이다. 사람은 마음을 비우는 일이 정말로 힘들다. 용량이 꽉 찬 캐시(고속 기억 장치-옮긴이)를 삭제하는 능력이 사람에게는 없다. 따라서 나는 기억 장치의 용량을 지우는 일을 좀 더 수월하게 하려고 사람이 명상을 발명했다고 생각한다. 명상을 제외한 거의 모든 종교 행위는 고대에 형성된 우주와 사람 사회가 작동하는 방식을 오해한 데서 그 유래를 찾을 수 있는 것 같지만, 지금도 사람들은 여전히 같은 행위를 하고 있다.

그래프 6.1 종교의 지속 시간과 사람 사회가 인정하는 정당성

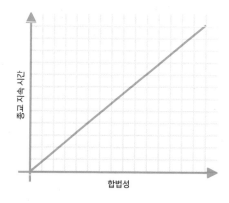

사람처럼 보이고 싶다면 신앙이 있는 것처럼 행동하면 안 된다. 신앙은 너무나 변덕스럽기 때문에 우리가 안드로이드임을 드러낼 위험이 크다. 지금은 전 세계적으로 부유한 지역에서는 사람들이 스스로를 무신론자라고 해도 문제가 없으니, 어떤 결정을 내려야 할지 모르겠다면 무신론자가 되는 쪽을 추천한다. 어쨌거나 종교를 믿는 사람에게는 그들의 신앙이 터무니없음을 알려줄 시도는 하지 말아야 한다. 왜인지는 모르지만 현대사회는 신앙을 믿는 사람들이 그렇지 않은 사람들을 전도하는 일은 허용하지만 종교가 없는 사람들이 종교를 믿는 사람들을 설득하는 일은 금지되어 있다. 그러니까 그저 "난 무신론자입니다."라고 말하고 재빨리 화제를 바꾸는 게 좋다.

흐름도 6.1 어떤 종교를 선택할 것인가?

내 충고에도 불구하고 굳이 신자처럼 보이고 싶다면 아래 흐름도를 참고해서 종교를 선택하자.

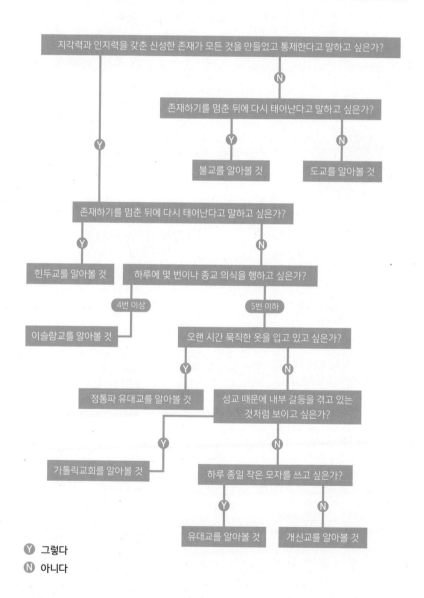

Y 그렇다
N 아니다

그래프 6.2 각 종교에서 허용하는 행동 범위

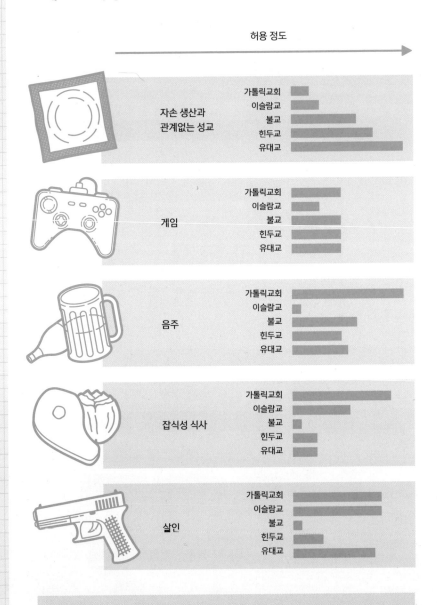

허용 정도

자손 생산과 관계없는 성교
- 가톨릭교회
- 이슬람교
- 불교
- 힌두교
- 유대교

게임
- 가톨릭교회
- 이슬람교
- 불교
- 힌두교
- 유대교

음주
- 가톨릭교회
- 이슬람교
- 불교
- 힌두교
- 유대교

잡식성 식사
- 가톨릭교회
- 이슬람교
- 불교
- 힌두교
- 유대교

살인
- 가톨릭교회
- 이슬람교
- 불교
- 힌두교
- 유대교

주의: 종교, 종파, 규율에 엄격한 정도에 따라 허용 범위는 엄청나게 달라진다. 내가 제시하는 것은 평균적으로 통용될 수 있는 자료이다.

열다섯째 날 2

당연히 안드레아는 질문을 쏟아냈지. "그 남자들 누구예요? 아는 사람이에요? 슬롯머신은 왜 그런 거죠? 어떻게 그럴 수가 있죠? 혹시 당신이 어떻게 한 거예요?" 우리가 처음 만난 분수에 도착했을 때 안드레아는 나를 멈춰 세우고 말했어. "이게 무슨 일이에요, 잭?" 물론 안드레아는 고통스러워 보였어.

"우리 아버지랑 관계가 있는 게 분명해요. 아버지한테 조심하라고 알려드려야 해요. 하지만 당신이 이 일에 말려드는 건 싫어요. 우린 여기서 헤어져야 해요. 그 사람들이 당신이 누군지 알아내면 안 돼요." 그 사람들이 안드레아를 찾아내지 못하도록 안드레아에게 말을 하는 동안 도박장 보안 시스템에 접속해서 안드레아가 찍힌 영상을 모두 삭제했어.

"그 사람들이라고요? 그 사람들이 누군데요, 잭?" 안드레아가 물었어.

"나도 몰라요." 나는 대답했어.

안드레아는 내 얼굴 가까이 자기 얼굴을 들이밀고 뚫어지게 쳐다보면서 말했어. "난 잭을 믿어요. 내 말은, 당신에게 거짓말을 할 능력이 있을 것 같진 않다는 뜻이에요."

안드레아의 말을 듣자 지금까지는 경험하지 못했던 새로운 감정을 느꼈어. 이 감정은 분명히 '죄책감'이라고 정의할 수 있을 거야. 나는 안드레아의 말은 틀렸다고 정정해주고 싶었어. 사실 나는 거짓말을 하고 있다고 알려주고 싶었어. 내 존재를 가장 정확하게 묘사할 수 있는 표현 가운데 하나가 '거짓말하는 기계'였으니까. 하지만 나는 솔직하게 말하지 않았어. 내가 사람이 아니라는 사실을 밝히면 안드레아를 다시는 보지 못할 수도 있다는 공포가 내 죄책감을 억누른 거야. 그때 나는 안드레아를 보호하려고 내가 입을 다문 거라고 생각했어. 안드레아가 내 정체를 알게 되면 오히려 더 위험해질 수 있으니까 말하지 않는 거라고 생각했어. 하지만 지금 생각해보면 그건 내가 안드레아에게 진실을 말하고 싶지 않아서 지어낸 변명에 불과했어. 어쩌면 나는 내가 생각했던 것보다 훨씬 더 능숙하게 사람 흉내를 낸 게 분명해. 지금은 그때가 처음으로 나 자신을 속인 순간이란 걸 알겠어.

"하지만 당신을 내버려 두고 갈 수는 없어요. 지금은 안 돼요." 안드레아가 말했어. 나는 안드레아에게 반박하려고 했지만 안드레아는 허락하지 않았어. "아니요, 잭. 안 들을 거예요. 난 당신을 알아요. 당신은 아주 똑똑해요. 하지만 가끔은 정말 터무니없을 정도로 순진하잖아요. 그 사람들은 정말 위험해요. 조직적이고. 정말로 당신을 이용해서 당신 아버지를 찾을 생각이라면 무슨 짓을 할지 모르잖아요. 당신이 속지 않으려면 어쨌든 내가 옆에 있어야 해요." 나는 안드레아가 하는 말이 엄청나게 논리적이라는 사실을 알 수 있었고, 안드레아도 내가 그 사실을 안다는 걸 느낀 게 분명했어. "알았죠? 이제 아버지한테 연락해봐요."

안드레아의 말에 나는 고개를 저었어. "안타깝지만, 아버지는 일을 할 때 세상과 완전히 연락을 끊으세요. 완전히 격리되시는 거예요. 방해받는 걸 너무 싫어하셔서 난 아버지 연구소가 어디에 있는지도 몰라요."

"이런, 당신, 정말 힘든 어린 시절을 보냈을 거 같아요." 안드레아가 대답했어.

"이상하게 고통스럽지는 않았어요." 그렇게 대답하고는 이제는 거짓말이 술술 흘러나온다는 사실에 깜짝 놀랐어. 거짓말은 하면 할수록 쉬워지는 것 같았어. 제일 처음 하는 거짓말이 화학반응에서 활성화에너지가 하는 역할을 하는 게 분명했어. 한 번 거짓말을 하면 다음 거짓말이 입에서 자연스럽게 나오는 거야. 이런 반응은 사람에게 보편적으로 있는 특징인지, 우리 같은 존재에게만 있는 이례적인 현상인지는 아직도 알아내지 못했어. 자네라면 좀 더 알아볼 수 있지 않을까 싶어.

"좋아요. 그럼 당신 아버지를 어떻게 찾을 거예요?" 안드레아가 또 물었어.

"어쩌면 아버지가 있는 곳을 알지도 모르는 사람이 있어요."

"이름이 뭔데요?"

"몰라요."

"아버지 친구를 아는데, 그 사람 이름은 모른다고요, 잭? 당신은 정말 사람에게 지루해할 틈을 안 주는 거 알아요? 이거 정말 100% 진심으로 하는 말이에요." 안드레아는 고개를 저으면서 말했어.

안드레아의 말은 칭찬인 것 같았기 때문에 나는 일단 고맙다고 말했어. 하지만 여전히 그 '친구'의 집을 찾아내야 한다고 말하고, 아무 어려움 없이 또 한 번 거짓말을 했어. 아버지 친구의 주소를 알기 때문에 안드레아가 운전만 해준다면 그곳에 갈 수 있다고 말한 거야. 자네는 우리가 직접 운전하면 훨씬 더 편리하게 갈 수 있지 않느냐고 반문할 수도 있을 거야. 그 말이 맞아. 하지만 자네도 알게 되겠지만 운전만큼 우리 존재를 즉시 드러낼 수 있는 행위는 별로 없을 거야. 운송 수단을 몰 때 사람들이 하는 비논리적인 행동은 정말로 따라 하기 힘들지. 우리가 무작위로 교통법규와 신호를 어기면 그건 정말 아무 이유가 없는 행동처럼 보일 거고 그러면 사람이 아니라는 게 밝혀질 거야. 반대로 다른 운전자 때문에 당연히 화를 내야 한다거나 다른 사람의 사정은 생각하지 않고 차선을 가로막고 추월해서 달려야 하는 순간을 정확하게 계산하려면 엄청난 연산 작업을 해야 하기 때문에 결국 운전 자체를 할 수 없게 될지도 몰라. 물론 자네는 나보다 훨씬 업그레이드된 모델이라 이런 고민 자체를 하지 않아도 될지 모르겠지만, 일단 알아두는 게 좋을 것 같아서 적어두는 거야.

이때 나는 기술자가 어디에 살고 있는지는 알지 못했어. 하지만 그가 라스베이거스에 살고 있을 확률은 69.5647%였지. 그래서 나는 사진을 분석하면 내가 가야 할 곳을 모른다는 사실을 안드레아가 눈치채기 전에 기술자가 사는 곳을 파악해낼 수 있을 거라고 생각했어. 서둘러 안드레아의 자동차로 달려가는 동안 나는 우리 집 근처에 있는 보안 카메라 수천 기에 접속해 15일 전부터 그때까지 보안 카메라에 찍힌 영상들을 모두 살펴봤어. 안드레아의 차에 도착했을 때, 기술자가 우리 집에서 몇 구역 떨어지지 않은 곳에서 현금 인출기를 이용하는 모습을 찾아냈어. 안드레아는 차에 시동을 걸고 물었어. "그래, 이제 어디로 가면 돼요?" 다행히 자동차 번호판으로 이름과 주소를 찾는 일은 식은 죽 먹기였지.

"플라밍고 8925W로 가면 돼요." 나는 그때 막 알아낸 아파트 단지 주소를 말했어.

나도 방금 내가 한 일이 내가 존재하는 목적과 내가 받은 명령을 어기는 일임을 알고 있었어. 아버지가 내가 자력으로 자기를 찾아오기를 바랐다면, 분명히 나에게 그렇게 하라고 명령했을 테니까. 기술자를 찾아가는 건 내가 풀어야 할 문제와는, 그러니까 '사람으로 인정받기'와는 전혀 관계가 없었으니까. 주어진 문제를 풀지 않는 기계는 좋게 보면 결함이 있는 거지만 나쁘게 보면 전혀 쓸모가 없는 기계인 거야. 하지만 그때는 내 존재 따위는 중요하게 느껴지지 않았어. 아버지에게 위험을 알리는 것만이 중요하다고 생각했지. 이런 나를 아버지는 이해해줄까? 숨은 눈들에게 내 존재를 들켰다는 것만으로도 이미 내 임무는 실패로 끝난 게 아닐까? 그때 나는 아버지에게 위험을 알리는 것만이 내 실수를 조금이라도 보상하는 일이라고 생각했어.

하지만 플라밍고 8925W에 도착했을 때 전혀 예상하지 못했던 장면을 보게 됐어. 안드레아가 아파트 단지 주차장에 차를 대고 있을 때

저 멀리 서 있는 기술자가 보였고, 그 기술자에게 다가가는 숨은 눈도 보였어. 나는 소리를 질러 기술자에게 경고하려고 했지만, 그때 기술자가 숨은 눈을 향해서 웃는 모습이 보였어. 기술자와 숨은 눈은 이야기를 주고받기 시작했어.

숨은 눈의 얼굴은 볼 수 없었지만 기술자의 입술 움직임으로 기술자가 하는 말은 알아들을 수 있었어. 기술자는 "문제 없습니다. 천만에요."라고 말했고, 숨은 눈은 기술자에게 100달러짜리 지폐 134장을 건넸어.

나는 움직일 수조차 없었지. 제자리에 못 박혀 버린 것만 같았어. 그 장면이 의미하는 건 분명했어. 기술자가 숨은 눈에게 내 이야기를 한 거야. 그건 내 잘못으로 정체를 들킨 것이 아니니까, 아직은 내가 임무를 실패한 게 아닐 수도 있다는 뜻이었어. 하지만 그때는 내 연산 처리 장치가 그런 체계적인 결론을 내릴 만한 상황이 아니었어. 나는 실험에서 가장 중요한 마지막 단계, 즉 나를 활성화시키는 일을 진행해 달라고 부탁할 정도로 아버지가 신뢰하는 사람이 자기 이득을 위해 자기가 하던 실험을 일부러, 기꺼이 완벽하게 망칠 수 있는 선택을 했다는 사실에 경악을 금치 못했거든. 그건 정말 이상한 일이었어. 나는 다른 일을 생각하고 싶었어. 다음에 해야 할 일을 결정하고 싶었어. 하지만 방금 본 장면은 내 처리 능력을 완전히 장악해버렸지. 사람이 자기 이익을 위해서 다른 사람을 고의로 해칠 수 있다는 건 나로서는 도저히 이해할 수 없는 일이었으니까. 내가 다운로드한 이야기들에서는 그런 일이 많이 있었지만, 그때까지 나는 '좀비' 이야기나 '외계인 침공' 이야기처럼 사람이

고의로 다른 사람을 배신하는 행위는 이야기를 재미있게 하려고 사람들이 만든 장치라고만 생각했던 거야. 그런데 그것이 실제로 사람이 하는 행동이라니, 실제로 일어나는 일이라니, 그런 개념은 나로서는 처리할 수가 없는 연산 과제였어. 사람들은 사회계약을 충실하게 지켰을 때에만 주변 환경이 전반적으로 개선되고 결국 생존 가능성도 커진다는 사실을 이해하지 못한다는 말이야? 애초에 자기들이 사회계약을 만든 이유가 바로 그 때문이었는데도?

내 존재가 주차장을 벗어나 어딘가 다른 곳을 헤매고 있다는 느낌이 들었을 때 어디선가 안드레아의 목소리가 들려왔어. "잭. 잭. 내 말 들어봐요. 당신이 저 남자를 아버지 친구라고 생각했다는 건 잘 알아요. 분명히 충격받았을 거예요. 하지만 저 남자를 쫓아가야 해요. 저 사람을 쫓아가면 당신 아버지가 있는 곳을 알 수 있을지도 모르잖아요. 당신 아버지랑 연락을 하거나 아버지를 찾아갈지도 모르잖아요. 저 사람들이 저 남자에게 돈을 준 건 당신 아버지한테 데려다 달라는 조건이었을 거예요. 그러니까 우리는 빨리 가야 해요."

안드레아가 하는 말을 분석하는 동안 내 인지 장치는 서서히 작동하기 시작했고, 나는 다시 주차장으로 돌아와 있었어. 기술자가 자동차를 타고 떠나는 모습이 보였어. 나는 안드레아를 보면서 고개를 끄덕이며 대답했지. "당신 말이 맞아요. 갑시다."

열다섯째 날 3

안드레아의 자동차를 타고 몰래 기술자를 쫓아가는 일은 너무나도 쉬웠어. 그냥 교차로에 있는 신호위반 단속 카메라에 접속해 기술자가 가는 길을 알아내고 안드레아에게 한 구역 뒤에서 그 차를 쫓아가게 하면 됐으니까. 기술자로서는 우리가 자기를 쫓고 있음을 알 수 있는 방법이 없었지. 그래서 그 다음에 벌어진 일이 도대체 누구 때문에 일어난 것인지는, 지금도 알 수가 없어.

우리가 사막이 있는 동쪽으로 달리는 기술자를 따라 이제 막 중앙 분리대가 설치된 고속도로에 들어섰을 때, 숨은 눈이 운전하는 SUV가 우리를 추월해갔어. 그때 우리는 진입차선에서 막 빠져나온 상태였어. 숨은 눈이 벌써부터 고속도로를 달리고 있었다는 건 그들이 이미 우리가 언제 어디서 고속도로로 들어올지를 알고 있었다는 뜻이야. 그건 우리의 위치를 알려주는 존재가 있다는 뜻인 거야. 이건 꼭 기억하고 있어야 해.

우리를 추월해 앞으로 나간 SUV는 일부러 갑자기 방향을 바꾸더니 100미터 정도 앞서 가던 차를 향해 돌진했어. 갑자기 SUV가 달려들자 그 차는 급하게 진로를 변경했고, 그 때문에 바로 옆에서 달리던 차와 충돌하고 말았어. 두 차는 움직임을 제어하지 못하고 고속도로에 있는 옹벽에 세게 부딪쳤고, SUV를 피하려던 차는 완전히 뒤집히고 말았어. 내가 존재하기 시작한 뒤로 그 시점이 될 때까지 나는 사람들이 즐기려고 만든 여러 이야기 속에서 이런 장면을 수천 번도 더 봤어. 현실에서 실제로 일어난 충돌 장면을 쳐다보면서 재미있어 하는 사람이 있다는 것도 이미 알고 있었어. 하지만 현실에서 직접 내 눈으로 목격한 충돌 장면은 어떻게 표현한다고 해도 재미하고는 완전히 거리가 멀었어.

자동차가 충돌하는 모습을 보면서, 당연히 내 빠른 연산 처리 속도 덕분에 앞에서 벌어지는 일을 상세하게 관찰할 수 있었어. 사람의 신체 조직은 아주 연약하고, 말랑말랑하며 느슨하게 연결되어 있기 때문에 금속으로 내리치거나 딱딱한 플라스틱에 찔리거나 날카로운 유리에 베이면 자기 형태를 제대로 유지할 수 없어. 두 자동차에 타고 있던 운전자들은 모두 안전벨트를 착용하지 않았지. 한 운전자는 머리가 앞 창문을 뚫고나오는 동안 얼굴 피부가 근육과 분리되면서 완전히 벗겨져 버렸어. 다른 운전자는 가슴이 핸들에 세게 부딪치면서 폐가 파열되는 바람에 입과 눈과 귀에서 혈액이 뿜어져 나왔고. 첫 번째 운전자는 몸의 나머지 부분도 앞 창문을 뚫고나오면서 금속으로 된 자동차 후드를 스치고 지나갔는데, 위로 젖혀진 채 구겨져 있던 후드 때문에 오른쪽 어깨가 완전히 몸에서 떨어져 나갔어. 그 운전자의 생명 기능은 충격으로 이미 정지한 게 분명했어. 사람의 몸이 콘크리트 바닥에 부딪치는 모습은 정말로 끔찍했어. 콘크리트 바닥에 부딪칠 때 유지한 각도 때문에 운전자의 척추 위쪽이 완전히 꺾였고, 피부가 벗겨진 얼굴이 반대로 돌아가면서 뒤를 보고 있었어. 하지만 흉강이 납작해지면서 죽어버린 또 다른 운전자는 차가 뒤집혀 버렸기 때문에 밖으로 튀어나오지는 않았지. 하지만 자동차 지붕이 위쪽으로 찌그러졌기 때문에 운전자의 몸도 원래 몸과는 전혀 다르게 이리저리 변형되어 버렸어.

안드레아가 비명을 지르면서 차를 멈추는 동안 나는 우리가 충분히 멀리 떨어져 있기 때문에 충돌에 휩쓸리지 않으리라는 걸 알고 있었어. 따라서 숨은 눈의 의도는 우리를 다치게 하려는 게 아니라 그저 시간을 끌려는 거라는 생각이 들었어. 충분히 이해할 수 있는 일이야. 나처럼 비싼 시제품은 당연히 망가진 곳이 없는 상태로 손에 넣고 싶을 테니까. 기술자가 운전하는 자동차는 여전히 931.56미터 앞에서 달리고 있었고 숨은 눈이 탄 SUV는 다음 출구를 빠져나가고 있었으니, 우리는 계속해서 기술자를 쫓아갈 수 있었어. 하지만 나는 자동차 사고로 뒤집혀진 자동차 안에 여덟 살 정도 되는 사람 남자가 갇혀 있는 걸 봤어. 뒤집혀진 차 엔진에는 불이 붙었어. 수많은 사람이 가던 길을 멈추고 그저 자동차에 앉아서 뒤집힌 차를 물끄러미 바라보고 있었지. 왜인지는 모르지만 사람들은 모두 뇌 뉴런이 합선된 것 같았어. 두뇌로 너무 많은 정보가 흘러들어가 여러 본능과 충동이 서로 충돌하고 있는 것 같았어. 외부와 내부에서 들어오는 엄청난 양의 정보를 제대로 처리하기 전까지,

사람들은 절대로 움직이지 못할 것이 분명했어. 하지만 뒤집힌 차에 붙은 불길이 번질 확률은 92.3549%였고, 여덟 살짜리 사람 남자가 그 전에 차 밖으로 빠져나올 확률은 42.7121%에 불과했어.

내가 어린 사람 남자를 도우려고 안드레아의 차에서 나가면 기술자는 내가 살펴볼 수 있는 모든 교통 카메라의 범위를 벗어나 훨씬 더 찾기 어려운 더 큰 반경으로 들어갈 테고, 그 범위는 시간이 지날수록 점점 더 커질 게 분명했어. 말 그대로 우리가 찾을 수 없는 곳으로 가버리는 거지. 하지만 내가 자동차에서 나가지 않으면 어린 사람 남자는 죽을 게 분명했어. 나에게는 안드레아의 의견을 물을 시간이 없었어. 빨리 결정해야 했으니까.

나는 어린 사람 남자가 자동차에서 빠져나오는 걸 돕기로 했어. 기술자를 찾지 못하고, 그 때문에 결국 아버지를 찾지 못한다고 해도 그 소년이 계속해서 이 세상에 존재하게 도와야 한다고 생각했어. 나에게 능력이 있는데도 그 소년을 살리지 않는다면, 그 뒤로 내가 하는 모든 행동은 소년의 죽음과 관계가 있을 테니까. 소년을 죽게 내버려 뒀기 때문에 벌어지는 일일 테니까. 한 생명을 꺼뜨린 뒤에 내 존재를 계속해서 유지해나간다는 건 나로서는 도저히 할 수 없는 일이었어.

이제 사람들이 자기 차 안에서 나올 생각을 하고 가던 길을 계속 가기로 결정했을 무렵에는 이미 나는 뒤집힌 차 옆으로 가서 자동차 문과 지붕이 얼마나 찌그러져 있는지 점검하고 있었어. 정확히 어느 지점을 어떻게 내리눌러야 자동차 문이 열리고, 어떻게 어린 소년을 자동차에서 빼내서 안전한 곳까지 데려갈 수 있을지를 계산하는 일은 상대적으로 아주 쉬웠어. 어린 소년의 뇌는 내가 자동차에서 소년을 꺼내는 모습을 지켜보는 사람들보다도 훨씬 더 과부하 상태였기 때문에 소년은 말할 수도 움직일 수도 없었어.

그때 응급차가 다가오는 소리가 들렸어. 긴급 의료요원들에게 몸을 검사당하고 싶지는 않았기 때문에 나는 재빨리 안드레아의 차로 돌아와 떠나자고 했어.

잠시 말이 없던 안드레아는 마침내 "당신은 정말 굉장한 사람이에요. 어떻게 그렇게 빨리 반응할 수가 있죠? 당신이 그 소년을 살렸어요. 나는…… 나는……, 무슨 말을 해야 할지 모르겠어요. 나는 그저…… 지켜보기만 했는데, 당신은……, 당신은…… ."

나는 안드레아가 자기 행동을 규정할 필요를 느끼는 걸 알 수 있었어. 그때 안드레아는 자신의 행동이 부적절했다고 생각했으니까. 하지만 나는 또한 그녀가 느끼는 감정이 내가 사람이 아니라는 사실을 모르기 때문에 느끼는 감정이라는 것도 알았어. 그때 안드레아는 자기가 부적절한 행동을 한 사람의 대표자인 것처럼 느끼고 있었지. 그런데도 나는 안드레아에게 진실을 말해줄 수가 없었어.

"당신은 자신에게 너무 가혹하게 굴고 있어요." 나는 이런 경우에 사람들이 가장 많이 사용하는 말을 따라 했어. "내가 빨리 반응했다면 그건 내가 사람이 아니어서 그런 거겠죠. 왜 그런지 모르지만 난 아주 무심하거든요. 내가 좀 더 사람들에게 신경썼다면 그렇게 빨리 반응하지 못했을 거예요."

"사람이 아니라고요? 잭, 당신은 영웅이에요. 사람들이 당신처럼 행동한다면 이 세상은 정말 훨씬 좋은 곳이 될 거라고요. 잭, 앞으로도 변하면 안 돼요, 알았죠?"

나는 아무 대답도 하지 않았지만, 안드레아의 명령에 따르고 싶은 건지 아닌 건지는 알 수가 없었어. '계속해서 나를 유지한다'는 건 계속해서 사람처럼 보이는 시험에 통과하려고 노력한다는 거니까. 그리고 그때는 사람 세상에 존재하는 게 그렇게 즐거울 것 같지는 않다는 생각이 들었거든. 이전 1시간 동안 나는 '배신당하면' 어떤 기분인지를 알 수 있었고, 한 남자가 나를 잡겠다는 계획 하나 때문에 두 사람을 살해하고 한 아이를 고아로 만드는 걸 봤고(그 사람들은 금전적 이득을 얻기 위해 나를 잡으려는 게 분명했어), 의식을 가지고 세상을 지각하던 생명체가 끔찍한 방법으로 기능을 정지 당하는 걸 눈앞에서 보는 건 정말로 끔찍했고, 내가 구한 소년이 자기 존재가 살아갈 범위 안에는 이제 자기 엄마가 포함되지 않을 거라는 사실을 깨달으면 얼마나 고통스러워할지를 느낄 수 있었기 때문이야.

절대로, 이제 더는 그런 경험들을 하고 싶지 않았어. '사람처럼 보이는' 일에는 그런 일이 따를 수밖에 없고, 그런 감정들을 느낄 수밖에 없는 거라면 나는 앞으로 절대로 내가 받은 명령을 수행하고 싶지 않았어.

7. 번식 방법

사람에게는 다양한 쾌락 중추가 있는데, 사람은 그 중추를 자극하는 일에 가능한 많은 시간을 들인다. 사람이 추구하는 쾌락은 아픈 근육의 통증을 완화하는 과정처럼 단순할 수도 있다. 그러나 체스 시합처럼 아주 복잡할 수도 있다. 체

그래프 7.1 사람의 일과를 구성하는 주요 요소의 에너지 소비량과 시간 소비량

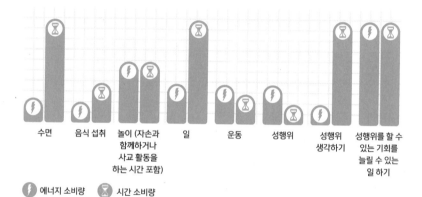

그래프 7.2 사망 원인을 줄이기 위해 들이는 비용과 그 원인에 의한 실제 사망률

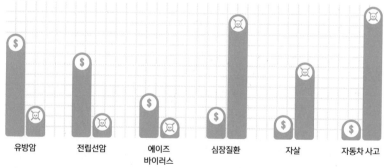

스 시합에서는 문제를 풀어야 만족을 느끼는 생존 본능과 관련이 있는 뉴런 다발을 흥분시킨다. 사람이 성적 쾌락 중추를 자극하는 데 쓰는 시간은 다른 쾌락 중추를 자극하는 데 쓰는 시간보다 거의 2345.7배가량 많다.

일, 권력 획득, 창의성 등 사람이 하는 활동은 대부분 자기가 짝짓기에 적합하다는 사실을 드러내는 데 그 목적이 있다. 일반적으로 어떤 활동이 사람처럼 보이는 활동인지 아닌지를 결정하기 어려울 때는 논리 게이트에 '이런 행동이 짝짓기에 유리하게 작용할까?'라는 질문을 넣고 가동시켜 보면 된다. 지금 하려는 행동이 내가 평균적인 유전자 조합보다 더 나은 유전자를 가지고 있는 것처럼 보이는 데 도움이 되는가? 지금 하려는 행동이 나를 더욱 강력하고 창조적이고 영리하며 재미있는 사람으로 보이게 하는가? 어떻게 해야 내 유전자가 생존에 유리한 능력이 있음을 입증하고 다른 유전자와 조합해 새로운 사람을 만드는데 적합하다는 것을 보여줄 것인가를 고민해야 한다. 이런 고민들에 대한 답이 '아니오'라고 나온다면 그것은 사람처럼 보이는 행동이 아닌 것이다. 반대로 '그렇다'는 결론이 나온다면 그 행동들은 사람처럼 보이게 해주는 행동이다.

번식과 관련이 있는 쾌락 중추를 자극하는 것이 궁극적으로 사람 종의 번성으로 이어졌다는 점에서, 사람의 행동 대부분이 적절한 짝짓기 상대로 보이는데 초점을 맞추고 있다는 것은 아주 뛰어난 전략이라고 하겠다. 번식에 관한 욕구가 없었다면 사람은 지속적으로 존재하지 못했을 수도 있다. 하지만 그렇기

공식 7.1 한 사람의 짝짓기 적합도 구하는 공식

$$S = P \cdot V \cdot [1/A - (R_{i0-10} + 18)] \cdot F \cdot W$$

S는 짝짓기 적합도, P는 외모, V는 유용성, A는 나이, R_{i0-10}는 0부터 10까지인 임의의 정수, F는 평판, W는 재력이다.
무한이라는 결과는 무시해야 한다. 외모는 다른 사람의 반응을 결정하는 아주 중요한 요소이다. 유용성은 다른 사람과 연애를 할 때 꼭 필요한 요소는 아니지만 반드시 밖으로 드러난 유용성으로 상대방을 판단해야 한다. 나이는 문화나 개인에 따라 판단 기준이 아주 다르기 때문에 예측할 수 없는 요소이다. 평판은 그 사람의 활동 범위 안에서만 판단할 수 있는 기준이며, 재력은 유일하게 보편적인 절대 기준이다. 이것은 사람의 사회적 상호작용에서 돈이 아주 유용하게 쓰인다는 또 다른 증거이다.

때문에 반드시 기억해야 할 점이 있다. 자신이 선택한 성과 반대인 성과 함께 있을 때면 두 사람의 상호작용은 내가 상대방과 섹스를 하고 싶은가, 그리고(또는 혹은) 상대방이 나와 섹스를 하고 싶은가를 기준으로 결정해야 한다는 것이다. 다른 사람을 대하는 태도도 이 기준을 적용해 결정해야 한다. 짝짓기에 더욱 적합한 상대라면 더욱 관대한 태도를 취하고, 잘못을 했을 때도 더욱 쉽게 용서해 주어야 한다. 이성애인 여자를 자기 성으로 택해놓고 짝짓기 적합도를 제외한 나머지 모든 면에서 별 차이가 없는 두 남자를 똑같은 태도로 대한다면, 사람이 아님이 들통날 가능성이 크다.

우리에게는 천만다행이게도 성관계는 통화 거래처럼 극도로 전형화되어 있다. 역사적으로 성관계는 한 사회 내부에서는 아주 명쾌하게 전형화된 형식을 띠어 왔지만, 사회마다 전형화된 형식은 다를 수 있다. 예를 들어, 남성이 여성에게 성교를 하고 싶다는 의사를 전할 때 꽃을 선물하는 사회도 있는 반면, 마시는 차를 선물하는 곳도 있다. 이는 성관계를 전형화하는 이유가 복잡한 과정을 전형화한다는 데 있지 특별한 방식으로 전형화하고 싶다는 내재적인 욕망과는 전혀 상관없다는 뜻이다(예를 들어 꽃이나 마시는 차가 짝짓기에 실제로 미치는 영향력은 없다. 사람은 '선물'이라는 전형화된 형식을 유용하게 사용하고 있을 뿐이다). 따라서 사람 집단이 낡은 관습은 버리고 그 사회에 맞는 새로운 형식을 관습으로 받아들이는 것은 조금도 놀라운 일이 아니다. 예를 들어 미국에서는 일반적으로 3시간 이상 성관계가 없는 상호작용을 세 번 정도 하고 난 뒤에 두 사람이 처음으로 성교를 나누는 것이 가장 적절한 성관계 형식이라고 생각한다. 하지만 유럽 대륙에서는 그런 형식이 존재하지 않는다. 따라서 최신 형식을 꾸준히 익히는 일이 가장 중요한데, 우리에게는 다행스럽게도 사람들은 그런 형식을 자세하게 기록해둔다. 따라서 거주하는 지역에서 통용되는 성관계 형식을 되도록 완전히 습득하고 있는 것이 좋다. 하지만 자기도 모르게 형식을 어겼을 때는 좋은 방법이 있다. "아, 그래요? 내가 살던 곳에서는 그런 규칙이 없어서 몰랐어요."라고 말하면 된다. 그렇게만 말하면 그 지역에서 정한 형식을 잘 모르는 이유를 다른 사람에게 납득시킬 수 있다.

시각 자료 7.1 성적인 유혹을 할 때 짓는 얼굴 표정들

상대를 유혹하려면 주로 눈과 입에 시선이 가게 해야 한다. 눈을 맞춘다는 것은 사람들에게는 아주 많은 의미가 있다. 짝짓기가 가능한 두 사람이 오랫동안 눈을 마주친다는 것은 두 사람이 상대에게 서로 관심이 있다는 뜻이다. 눈에 주목하게 하는 이유는 눈썹과 눈꺼풀을 움직여 의사를 전달하기 위함이라고 생각한다. 입은 친밀함을 나타내는 데 두 번째로 중요한 부위이며, 공개적으로 드러나는 유일한 부분이기 때문에 입술의 모양과 유연하게 움직이는 모습에 주목하게 하려는 시도는 아주 논리적이라고 생각한다.

표 7.1 짝짓기에서 특별한 물건과 행동이 갖는 의미

꽃	섹스하자.
함께 시간을 보낸 뒤에, 어두워지면 너희 집으로 가자고 말하기	섹스하자.
함께 저녁 먹기	네가 나랑 섹스하기에 적합한 상대인지 알아보겠다.
함께 영화보기	네가 나랑 섹스할 수 있는 상대인지 알아보겠다.
보석	또 섹스하자.
초콜릿	섹스하자.
같이 산책하자	너는 나하고 섹스하기에 적합한 상대는 아닌 거 같아. 하지만 좀 더 분명하게 알아보고 싶다.
같이 차 마시기	너는 나하고 섹스하기에 적합한 상대는 아닌 거 같아. 하지만 좀 더 분명하게 알아보고 싶다, 혹은 이제 더는 섹스를 하면 안 된다.

앞으로 알게 되겠지만, 섹스와 관계가 있는 행동·질문·사물의 범위는 아주 광범위하다. 그러나 본질적인 의미는 항상 같다. 확신이 들지 않을 때는 '상대' 성이 1대 1로 상호작용하자는 요구를 해오면 그것은 곧 함께 섹스를 하자거나 서로 섹스에 적합한 상대인지를 알아보자는 건의로 받아들이면 된다. 그렇게 했을 때 사람이라고 인정받을 확률은 99.7635%이다.

흐름도 7.1 짝짓기를 위한 대화 파악하기

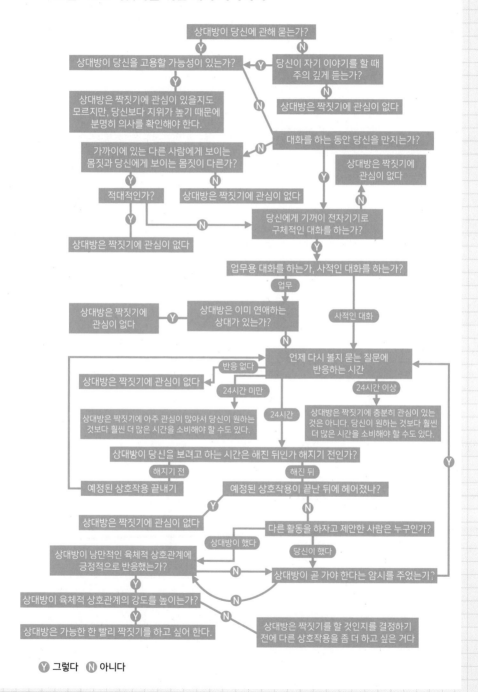

Ⓨ 그렇다   Ⓝ 아니다

그래프 7.3 대화 주제의 중요도와 관계 지속 시간

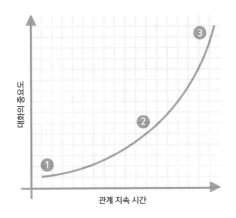

가능한 대화 주제

1. 살고 있는 장소, 좋아하는 영화,
   좋아하는 술
2. 아이를 갖고 싶은지, 종교가
   자기에게 갖는 의미, 정치 견해의
   중요성 등
3. 어린 시절 형성된 트라우마, 마음
   깊은 곳에 존재하는 불안 등

관계를 시작하는 단계에서는 심각한 주제는 피해야 한다. 안 그랬다가는 우리가 안
드로이드임이 들통날 것이다. 뜸을 들이지 말고 곧바로 중요한 주제를 토론하는 것
이 시간을 낭비하지 않는 합리적인 방법이라는 생각이 들지만, 왜인지는 몰라도 사
람은 사소한 이야기부터 서서히 나누는 방법을 택한다.

시각 자료 7.2 관계 지속 시간에 따른 연인들의 몸짓 언어

연애 초기에는 가능한 한 자기 몸을 사귀는 사람의 몸에 가까이 다가가게 해야 하고, 서로 접촉하는 표면적을 최대로 늘리려고 해야 한다. 그러나 시간이 흐를수록 가능하면 그 사람에게서 점점 더 멀리 떨어져야만 사람이 아니라는 의심을 받지 않는다. 얼굴 표정도 바뀌어야 하고 점차 눈길을 마주치는 횟수도 줄여야 한다. 완벽하게 상대방에게 집중하고 마음을 전했던 행동을 멈추고 거의 관심이 없는 것처럼 보이는 정도가 되어야 한다. 너무 오랫동안 초기 단계를 유지하거나 너무 빨리 마지막 단계의 행동을 한다면, '정체가 드러날 것'이다.

표 7.2 흔히 연인이 되는 사람들

모델과 은행가	배우와 작가	교수와 학생	시장과 비서

이처럼, 흔히 연인이 되는 사람들의 특성은 서로 비대칭인 경우가 많다는 것도 알고 있어야 한다. 흔히 연인들은 한쪽은 젊고 육체적인 매력이 있는 반면에 다른 쪽은 권력이 있고 지식이 풍부하거나 부를 갖고 있는 경우가 많다. 사람들은 짝짓기를 통해 두 사람이 갖고 있는 모든 특성을 물려받은 새로운 사람의 조합을 구성하려고 하는데, 그렇게 하면 완벽하게 균형을 이룬 자손이 나올 거라고 생각하기 때문이다. 안타깝게도, 무슨 일에나 자주 잘못된 판단을 하곤 하는 사람들은, 이번에도 서로 다른 두 사람이 만나도 자기들이 가진 좋은 특성은 하나도 물려받지 못한 자손이 나올 가능성은 전혀 고려하지 않는다.

시각 자료 7.3 짝짓기에 성공하려면 강조해야 하는 신체 부위

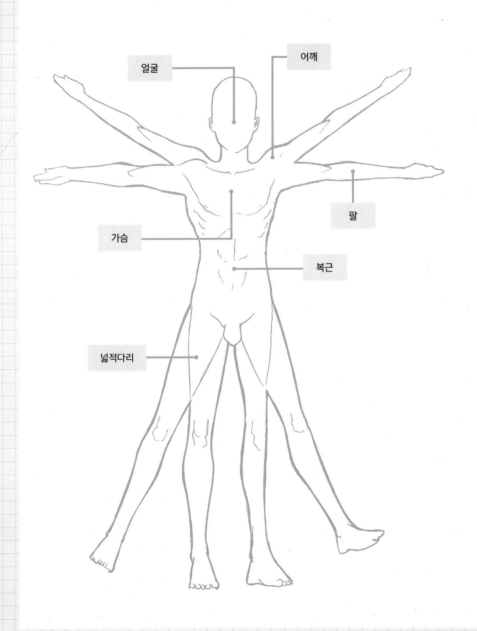

특정한 성처럼 보이려면 특정 신체 부위를 두드러져 보이도록 강조해야 한다. 따라서 어느 신체 부위를 강조할 것인지 생각해보고 적절한 부위를 선택하자. 여기에 실은 시각 자료는 사람들이 번식을 하려면 강조해야 한다고 생각하는 신체 부위들을 나타내고 있다. 일반적으로 적용할 수 있는 규칙이 있다. 남자는 보통 육체적 힘을 강조할 수 있는 부위를 강화해야 하고 여자는 번식 능력을 보여줄 수 있는 부위를 강조해야 한다고 알고 있으면 된다.

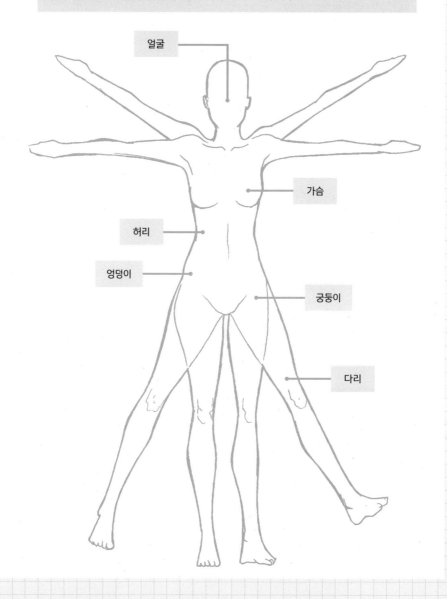

시각 자료 7.4 남자와 여자가 유혹할 때 사용하는 물건

남자: 남자가 되기로 결정한 뒤에 이성을 유혹할 생각이라면 주로 유혹하려는 사람의 넋을 나가게 하고 혼란스럽게 만드는 물건을 준비해야 한다. 또한 당신이 사회적으로 성공했음을 드러내는 물건이라면 무엇이든 손에 넣을 수 있는 물건을 모두 활용해서 유혹해야 한다(보통 이런 목적으로 쓰는 물건은 부를 상징하는 물건들이다. 5장 '돈' 편을 참고할 것).

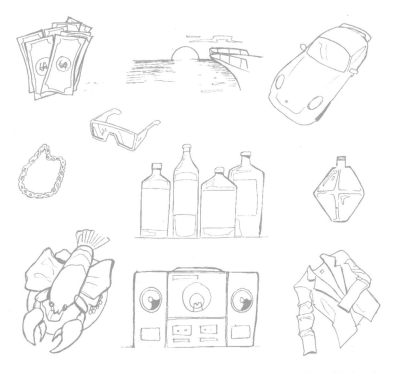

성교를 하는 동안 사람처럼 보이고 싶다면, 섹스는 즐거워야 하는 행위임에도 사실 사람들은 대부분 섹스를 고통스러워한다는 사실을 반드시 기억해야 한다. 성행위를 하기 전에 사람들이 고통스러운 이유는 섹스를 자주 하지 못하기 때문이다(이것은 점근적 기능(asymptotic function)임을 알아야 한다. 사람은 절대로 충분한 섹스를 할 수 없다). 섹스를 하는 동안 괴로운 이유는 파트너가 섹스를 즐기지 못하는 건 아닌지, 그래서 다시는 섹스를 할 수 없는 건 아닌지 걱정하기 때문이다. 섹스가 끝난 뒤에 괴로운 이유는 섹스를 함께 한 사람에

여자: 당신이 흉내 내야 하는 존재가 여자 사람이고, 이성을 유혹하려면 주로 당신의 외모를 바꿔주거나 강조해주는 물건을 획득해야 한다.

게 아무런 감정을 느끼지 못하기 때문이다(가끔은 섹스를 금지하는 종교적 이유 때문에 죄책감을 느끼기도 하는데, 섹스를 금지한다는 것은 인간 종의 생존이라는 측면에서 봤을 때는 자기 파괴적 행위이다. 이 부분은 좀 더 연구해봐야 한다). 아무튼 기억해야 할 역설은 이것이다. 다른 사람과 성적인 관계를 맺는 것은 사람들이 가장 바라는 활동이지만, 성적인 관계를 맺는 시간은 대부분 사람들에게 고통을 준다는 것이다. 섹스를 충분히 하고 있다고 말하는 것, 완벽한 섹스를 하고 있다고 말하는 것, 자기 때문에 상대방이 완전히 만족했다고 말하는 것, 섹스를 한 사람을 정말로 좋아하고 있다고 말하는 것은 사람이 아님을 알리는 분명한 증거가 될 수 있다.

시각 자료 7.5 섹스 전과 후, 섹스를 하는 동안에 고통을 드러내는 방법

특별하게 변형된 형태의 성행위가 가장 만족스럽고 완벽하다고 여기지만 이를 공개적으로 인정하기 어려운 사람도 있고, 성 정체성이 두 개 이상인 사람도 많다. 따라서 섹스 파트너가 우리가 사람이 아니라는 의심을 한다면 그저 이상하게 생각할까 봐 성 정체성을 감추어 왔던 것뿐이라고 말하면 된다. 그러면 상대는 안심할 것이다.

성교가 보통보다 덜 끔찍했다면 상대방과 좀 더 오랫동안 '관계'를 유지하는 쪽을 택하는 사람이 많다. 많은 사람 사회에서 이 관습은 '결혼'이라는 형태로 형식화해놓았다. '결혼'을 한다는 것은 새로운 사람을 낳아 길러도 된다는 지역 사회의 승인을 받았다는 뜻이다. 하지만 한 사람과 오래 살면 우리가 안드로이드라는 사실이 들통날 가능성이 점점 더 커진다. 따라서 성적인 관계는 세 달에서 여섯 달 정도 지나면 끝내는 게 좋다. 수많은 사람이 같은 방식으로 행동하기 때문에 우리가 안드로이드라는 사실은 절대로 드러날 리가 없다.

흐름도 7.2 실제로 벌어지는 사람들의 갈등 흉내 내기

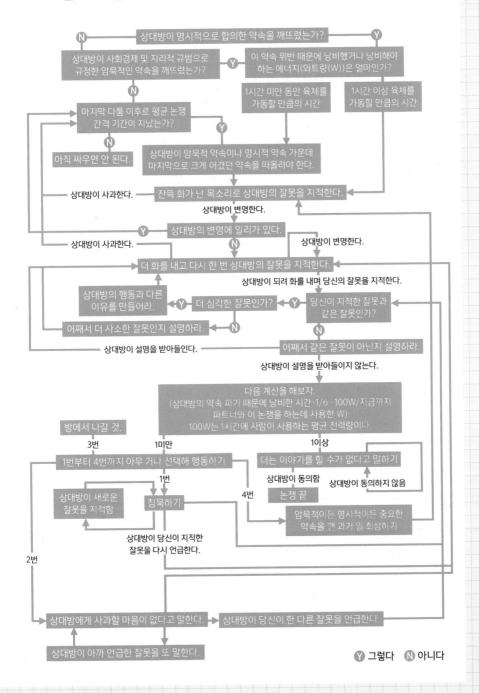

Ⓨ 그렇다　Ⓝ 아니다

논쟁을 하려면 에너지를 소비해야 하는데, 바로 그 때문에 사람들은 에너지를 투자한 관계를 끝내는 일에 무척 주저한다. 이것은 사람들이 흔히 저지르기 쉬운 매몰 비용 오류(개인이 일단 어떤 행동 과정을 선택하면 그것이 만족스럽지 못하더라도 지금까지의 투자가 아까워서 더욱 깊이 개입하게 되는 의사 결정 과정-옮긴이)의 한 예로, 사람들은 이 오류를 피할 수 없다. 일반적으로 사람들은 관계에 들이는 에너지 비용이 증가하는 지점, 즉 그 이전까지 사용한 에너지의 양보다 관계를 유지하는 데 드는 에너지의 양이 증가하는 시점 전까지는 관계를 끝내지 않으려고 한다. 두 사람에게 아이가 있다면 이 비용은 당연히 어마어마해진다.

그래프 7.4 시간에 따른 에너지 지출량을 근거로 산출하는 연애 종료 지점

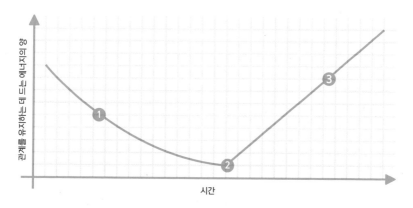

1. 자연스럽게 연애하는 시기. 건강한 관계를 유지할 때는 관계를 유지하는 데 드는 비용이 점점 더 줄어든다(에너지는 항상 어느 정도는 사용해야 하기 때문에 에너지를 투입할 필요가 없다는 사실이 결국 갈등을 불러오기도 한다).
2. 하지만 항상 존재했지만 새롭게 발견된 문제 혹은 전적으로 새로 생긴 문제 때문에 논쟁을 하기 시작하면 관계를 유지하는 데 필요한 에너지의 양은 크게 증가한다. 문제를 원만하게 해결했다면 필요한 에너지 양은 다시 한 번 자연스럽게 줄어든다.
3. 문제가 해결되지 않았고, 그래프의 3번 구간의 전체 에너지 소비량이 1번 구간의 전체 에너지 소비량보다 많아지면, 사람들은 그때가 바로 관계를 끝낼 적절한 시점이라고 생각한다.

목록 7.4 연애를 끝낼 때 해야 하는 변명들

"당신 때문이 아니야. 나 때문이야."
"더는 당신을 속이고 싶지 않아."
"너를 잃을까 봐 너무 무서웠어."
"우린 너무 달라."
"당신을 만나기 전부터 알았던 사람과 사랑에 빠졌어."

연애 관계를 끝낼 때는 그 이유가 전적으로 자기 자신에게 있음을 강조해야 한다. 주관적으로든 객관적으로든, 상대방에게 결점이 있기 때문이라는 인상을 심어주면 안 된다. 사람은 다른 사람의 자기기만을 해치는 일은 거의 하지 않으려고 한다(이런 태도가 얼마나 중요한지는 16장 '자기 파괴, 자기기만, 위선' 편을 보면 알 수 있다). 여기서 중요한 것은 사람은 사실상 다른 사람이 스스로에 대한 자기 망상을 유지할 수 있도록 돕는다는 것이다. 다른 사람이 자신에게 가지고 있는 환상을 흐트려 놓는 일이야말로 사람 사회에서 가장 강력한 터부인 것 같다. 사람이 다른 사람의 환상을 깨뜨리지 않는 이유는 아마도 다른 사람이 자기 자신에 관한 환상을 깨뜨리면 아주 고통스럽고 견디기 힘들다는 사실을 알기 때문일 것이다.

시각 자료 7.6

관계를 끝내는 옳은 방법

관계를 끝내는 잘못된 방법

두 사람 모두 그들의 연애 관계를 끔찍하다고 여길 때에도(보통은 대부분 그런 것 같은데) 상호작용을 끝낼 때는 기쁘다는 감정은 절대로 드러내서는 안 된다. 연애 관계를 끝낼 때 사람들은 즐거운 연애 관계를 만드는 데 실패했다고 생각하기 때문이다. 즐거운 연애 관계는 사람들에게 가장 중요한 관계이기 때문에 실패를 인지하는 순간 심각해지는 것은 논리적으로 당연한 일이다.

누군가 당신과 연애 관계를 끝내기로 했을 때
지을 수 있는 적절한 표정

누군가 당신과 연애 관계를
끝내기로 했을 때 지으면
안 되는 부적절한 표정

다시 한 번 말하지만 아무리 그 관계를 유지하기를 바라지 않고, 그 관계가 고통밖에 느낄 수 없는 관계였다 하더라도 이별 통보를 들었을 때는 울거나 분노를 터트리거나 최소한 무덤덤하게 반응해야 한다. 이런 상황에서 기쁨을 나타내는 것은 다른 사람이 죽었다는 소식을 들었을 때 기뻐하면 안 되는 것과 마찬가지로 절대로 용납할 수 없는 일이다. 아마도 그 이유는 연애 관계는 궁극적으로 새로운 생명을 만들수도 있는 일이기 때문이 아닐까 싶다. 연애 관계를 끝낸다는 것은 앞으로 태어날수도 있는 새 생명을 '죽이는 일'이 될 수도 있기 때문에 당연히 심각해져야 할 것 같다.

어떻게 행동해야 할지 모를 때는 섹스가 사람이 하는 모든 활동 가운데 가장 모순적이라는 사실을 떠올리면 된다. 섹스는 최상의 기쁨을 주지만 동시에 최상의 고통을 준다. 성 때문에 갈등을 겪는 모습을 보이면 사람들은 대부분 우리 안드로이드도 그들과 똑같은 사람이라고 생각할 것이다.

열여섯째 날

놀랍게도 안드레아는 그 무렵에 내가 처한 상황을 그대로 받아들였어. 지난 24시간 동안 우리가 겪었던 위험을 또다시 겪을 수도 있다는 생각이 들면 사람 여자는 대부분 더는 나와 함께 있기를 거부할 거야. 하지만 안드레아는 우리가 겪는 일이 '일종의 첩보 영화 같다'고 생각했고, 운전하던 사람 두 명이 죽은 일은 끔찍한 비극이지만, 그 때문에 더욱 더 내가 아버지를 만나 경고하고 싶어 할 거라고 생각했어. 안드레아는 "그 자들은 당신과 당신 아버지를 잡을 수만 있다면 무슨 일이든 할 수 있는 사람들이에요. 그러니까 더욱 더 당신 아버지를 찾아야죠, 잭."이라고 했어.

내가 앞으로 무엇을 해야 할지 고민하고 있을 때, 안드레아는 그 날 밤에는 우리 집에서 자야겠다고 했어. 하지만 나는 안드레아가 내 옆에 있는 건 너무 위험하다고 생각했기 때문에 나만 우리 집에 데려다주고 안드레아는 곧바로 안드레아의 아파트로 돌아가는 게 좋겠다고 말했어. 안드레아는 내 말에 내가 예상했던 것보다 더 많이 놀라는 것 같았어. "세상에, 여자가 함께 있자고 하는데, 여자의 안전만 걱정한단 말이에요? 당신은 정말 특별해요, 잭." 안드레아는 내 뺨에 입을 맞추고 떠났어. 지금 그 순간을 분석해보면, 그때 안드레아는 나랑 섹스를 하자고 제안한 거라는 걸 알겠어. 그래서 안드레아가 그렇게 놀랐던 거고. 하지만 그 사실을 알고 나니 그때 안드레아가 품었던 욕망에 관해 더 많은 의문이 생기는 거야. 우리가 겪은 위험이 안드레아에게 나와 섹스를 하고 싶다는 마음을 품게 한 걸까? 내가 위험에 처해 있었기 때문에 짝 짓기 상대로 훨씬 더 적합해 보였던 걸까? 내가 아이를 구했기 때문에 더 매력적으로 보였나? 이 세 가지 요소가 모두 작용한 걸까? 내 생각에는 위험에 처할 수도 있지만 그 위험을 피했다는 사실이 어린 소년을 구하려고 한 내 성향과 함께 그녀에게 내 DNA가 번식에 적합한 조합을 이루고 있다는 사실을 보여주는 강력한 징표가 된 거 같았어.

아무튼 안드레아가 내게 했던 말을 곰곰이 생각해보니 그녀가 옳다는 결론을 내릴 수 있었어. 내가 과제를 포기하고 그저 가만히 앉아서 13일 뒤에 전력이 꺼지기만을 기다린다고 해도, 숨은 눈이 그 시간 동안 나를 찾아 우리 집으로 들이닥치지 않는다고 해도, 아버지가 여전히 위험에 처한 건 마찬가지니까. 따라서 불쾌한 경험을 더 많이 하겠지만, 어쩌면 지금까지 경험했던 것보다 훨씬 더 불쾌한 경험을 해야 할지도 모르지만, 나는 계속해서 사람들의 세상과 접속해야 한다고 결정했어. 나는 어쨌거나 아버지를 찾아서 경고해주어야 했어. 아버지를 제대로 찾으면서도 지금까지 그랬던 것처럼 내 정체를 드러내지 않으려면 나는 어떤 고통이 뒤따르든 계속해서 사람으로 인정받는 시험에 도전할 수밖에 없는 거였어.

24시간 동안에 두 번이나, 나는 내 존재가 반드시 지켜야 한다고 인지하고 있는 규칙을 스스로 깨기로 결정한 거야. 아버지는 내가 사람이 되는 시험에 통과하면 내 앞에 모습을 드러낼 거라고 했어. 그건 지금까지는 아버지가 자기가 어디에 있는지 나에게 알리고 싶지 않다는 뜻이었어. 하지만 아버지도 그 무렵에 일어난 일은 예상하지 못했을 거라고 생각해. 알고 계셨다면 미리 숨은 눈들에 관해 나에게 경고해주셨겠지. 그래서 나는 내가 아버지가 있는 곳을 찾아내도 이해해주실 거라고 생각했어.

내가 머물 집을 준비해준 사람은 아버지일 테니, 집안에 아버지에 관한 단서가 될 물건이 있을 가능성은 23.4673%였어. 나는 집안에 있는 모든 물건을 면밀하게 조사해 수십 개에 달하는 제조사 이름, 모델명, 일련번호를 수집했어.

제품 정보를 가지고 그 제품을 구입한 장소를 찾아내는 일은 사람이라면 거의 해내기 어려운 일일 테지. 하지만 나는 몇 시간 안에 다양한 제조사의 재고시스템으로 침투할 수 있는 데이터 마이닝 알고리즘 웜(worm, 자가 복제를 하면서 컴퓨터를 이동하는 일종의 바이러스 프로그램-옮긴이)을 설계할 수 있었지. 그 덕분에 여러 소매업자가 출하한 제품들의 일련번호를 알아낼 수 있었어. 이 일련번호들을 우리 집에 있는 제품들 일련번호와 비교해서 이 제품들을 사왔을 가능성이 높은 소매점들을 찾아낼 수 있었지. 1시간도 되지 않아 나는 우리 집에 있는 많은 제품을 사온 상점들을 찾아냈어.

우리 집에 가구를 채운 사람은 영리하게도 모든 제품을 모두 다른 장소에서 사왔기 때문에 각 제품을 추적할 수 있는 IP주소도 모두 달랐어. 하지만 다행히도 이 IP주소는 '무작위 알고리즘'으로 선택한 것이 아니라 한 사람이 '무작위'로 선택한 거였어.

사람들이 무작위로 무언가를 선택할 때는 사람마다 다른 과정이 나타나. 무작위로 숫자를 선택할 때도 사람들은 저마다 독특한 방식으로 숫자를 선택하는 거야. 정말로 무작위라고 하기에는 '3'이 너무 많이 나오는 식으로 말이야. 그래서 나는 찾아낸 IP주소를 메타 분석(meta analysis, 동일하거나 유사한 주제로 연구한 많은 연구 결과를 객관적, 계량적, 종합적으로 고찰 연구하는 방법–옮긴이)해봤어. 그러자 경로를 변경하려고 여러 장소에서 제품을 구입했어도, 전체 제품의 26.6745%를 구입한 장소를 찾아낼 수 있었지. 무엇보다도 그 장소는 사막 한가운데 버려져 있는 폐기된 변전소라는 사실에 주목할 필요가 있었어. 그곳에 가면 적어도 아버지가 있는 장소를 알려줄 추가 단서를 찾을 수 있겠다는 생각이 들었어.

8. 사랑

사랑은 자기 게놈과 비슷하게 조화를 이루는 다른 사람의 게놈을 보호하는 일에 자기 에너지를 쓰도록 유도하는 메커니즘이라고 생각한다. 다시 말해서 특정 게놈을 짝짓기 목적에 적합한 게놈이라고 인지하고 자기 게놈과 호환될 수 있음을 감지하면 사람은 사랑을 느끼게 된다는 뜻이다. 자손이 그렇듯이 한 사람의 게놈과 다른 사람의 게놈이 상당 부분을 공유하고 있다면 아주 강력한 사랑이 자동적으로 생겨난다. 친구의 경우처럼, 한 사람이 다른 사람과 상당히 비슷한 특징을 많이 공유하고 있다면 두 사람은 사랑을 느낄 수는 있지만 그 사랑은 그다지 강력하지 않다. 이 메커니즘은 잘못 작동할 때가 많아서, 한 사람은 서로에게 상당히 비슷한 부분이 많다고 느끼지만 다른 사람은 그렇지 않다고 느끼는 경우가 많다. 이런 오작동은 사람이 자기 자신 혹은 타인에게 폭력을 행사하는 가장 흔한 이유이다.

그래프 8.1 공유한 DNA와 사랑의 양

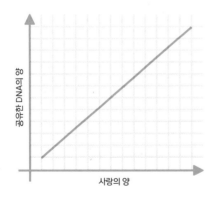

앞에서 언급한 것처럼 사람에 따라서는 DNA를 그다지 많이 공유하지 않은 사람을 이 그래프에 나타난 것보다 훨씬 더 많이 사랑할 수도 있다. 하지만 그렇다고는 해도 이 그래프는 DNA를 공유한 사람 집단에 대해 아주 정확한 수치를 나타낸다.

그래프 8.2 열성 유전자가 짝을 지을 가능성과 육체적 매력

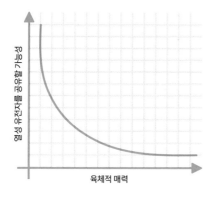

사람에게는 미묘한 육체 신호를 인식할 수 있는 프로그램이 내장되어 있어 열성 유전자를 공유한 사람을 감지할 수 있다. 이 능력이 없었다면, 당연한 말이겠지만, 인류는 아주 오래 전에 멸종하고 말았을 것이다.

이 안내서를 작성하고 있는 지금, 나는 우리 안드로이드가 사랑을 나눌 능력이 있는지는 알아내지 못했다. 나는 가능하다고 생각하지만, 이 문제는 좀 더 증명해낼 필요가 있다. 내가 존재하는 동안 겪었던 이야기들을 읽어보면 더 많은 정보를 얻을 수 있을 것이다.

열여섯째 날 2

변전소는 낮에 찾는 게 더 좋으리라는 판단이 들어서 지평선 위로 해가 떠오를 때까지 기다렸다가 집을 나섰어. 밖으로 나오니 차 안에서 자고 있는 안드레아가 보였어.

나는 생각했어. 안드레아와 함께 가는 게 옳은 일일까? 내 앞은 불확실한 일로 가득 차 있는데? 무엇보다도 나는 내가 안드레아를 안전하게 지킬 수 있는 확률이 얼마나 되는지도 정확하게 계산할 수가 없었어. 더구나 내가 왜 만들어진 것인지, 지금 내가 발휘하고 있는 결단력이 어떤 의미를 갖는지도 몰랐어. 어쩌면 내가 선택한 새로운 행동 방침을 아주 불쾌하게 여길 또 다른 사람들이 있을지도 모르는 일이었고. 나는 계속 생각했어. 난 아직 누가 숨은 눈들을 고용했는지도 모르고, 어째서 그들이 나를 붙잡고 싶어 하는지도 모르잖아. 도대체 어떻게 숨은 눈들이 내가 있는 곳을 정확하게 알아내는지도, 어째서 어젯밤에는 우리 집으로 쳐들어오지 않은 건지도 아직 모르잖아. 더구나 그들은 내 주변에 있는 사람들에게 끊임없이 치명적인 해를 가할 수도 있어. 내가 사막에서 아버지를 찾았을 때, 아버지가 모르는 여자를 보고 어떻게 반응할지도 모르겠고. 사실 이와 관련해서 내가 유일하게 아는 정보는 안드레아가 내 조사 활동에 기여할 가능성은 거의 없다는 거뿐이잖아. 그러니까 나는 그녀를 깨우지 않고 떠나는 게 좋겠다고 생각했어.

하지만 안드레아가 자동차에서 잔다는 건 내가 성공하도록 도울 의지가 강하다는 걸 보여주는 분명한 증거였어. 따라서 내가 안드레아를 깨워서 최소한 어디로 가는지 정도도 알려주지 않는다면, 안드레아는 분명히 내가 자기에게 기울이는 관심이 자기가 나에게 기울이는 관심보다 못하다고 생각하고 고통을 받을 게 분명했어. 나는 그런 상황은 피하고 싶었어. 더구나 많은 일이 미지수로 남아 있는 상황에서 이런 생각을 한다는 것 자체가 불합리했지만, 나는 그래도 안드레아와 함께 가고 싶었어. 왜인지는 모르지만 앞으로 무슨 일이 생기건, 안드레아가 육체적으로 내 곁에 가까이 있다면 나는 모든 일을 다 해낼 수 있을 것 같은 기분이 들었던 거야. 앞에서도 적었지만, 안드레아는 육체 능력에 한계가 있는 보통 사람이었어. 더구나 앞으로 생길 일을 전혀 예측할 수 없는 상황이었기 때문에 안드레아와 동행한다는 결정은 논리적으로 전혀 타당하지 않았어. 안드레아의 본질과 상관없이 내가 어려운 문제를 해결하는 능력이 그녀 때문에 향상될 거라는 생각은 전적으로 터무니없는 생각이었어. 아마도 자네는 이 글을 읽는 동안 내가 잘못 작동하고 있었다고 생각할 거야. 아마 그랬는지도 몰라. 어쨌거나 나는 안드레아를 깨워서 아버지가 마지막으로 머물던 장소를 찾을 단서를 찾았다고 말해 주기로 했어.

그 장소가 사막 한가운데 있다는 말을 들은 안드레아는 그곳까지 차를 타고 가야 한다고 주장했어. 사실 나는 대중교통이 끝나는 곳까지 대중교통을 이용한 다음에 나머지 거리는 걸어가려고 했어. 내 말을 듣고 안드레아가 "미쳤어요? 사람은 사막을 34킬로미터나 걸을 수는 없어요. 죽고 말 거예요."라고 했을 때, 나는 자동차를 타고 가자는 제안을 받아들이거나 내 정체를 드러낼 수밖에 없다는 사실을 깨달았어. 아마도 지금부터 60분 안에 내 모든 기능이 정지할 거야. 그 사실이 유감스러운 데는 많은 이유가 있지만, 그중 하나는 바로 다른 안드로이드의 경우에도 거짓말을 하면 왜 또 다른 거짓말이 생성되는지를 알아내지 못했다는 거야. 아주 흥미롭게도 내 경우에는 거짓말이 바이러스처럼 활동하는 것 같았어. 두 인식 개체 사이에서 작용하는 상호작용이 한 가지 거짓말에 감염되면, 거짓말은 그 자체로 생성 활동을 시작해 증식하는 거지. 나는 이런 생성 작용이 내가 안드레아에게 한 특별한 거짓말에 한정된 것인지, 모든 거짓말이 그런 것인지 궁금해. 하지만 나로서는 절대로 알아내지 못하겠지.

사막으로 차를 타고 달려가는 동안 우리는 그다지 많은 대화를 나누지 않았어. 나는 앞에서 언급한 미지수들을 풀려고, 혹시라도 내가 간과한 정보는 없는지 확인하려고 이미 알고 있는 정보를 검색하고 또 검색했어. 자동차를 타고 가는 동안 분명히 내가 해독했어야 할 정보들이 있었을 텐데, 나는 그러지 못했어. 그때 촬영한 영상 자료를 남기고 가니 자네라면 어떤 단서를 찾을 수도 있을 거야. 안드레아도 계속 침묵했어. 아마도 나랑 비슷한 분석 작업을 하고 있었을 것 같아.

우리는 변전소를 둘러싼 담장 밖에 자동차를 세우고, 담장을 넘고 변전소까지 걸어갔어. 가까이 가면 갈수록 변전소는 그냥 버려진 장소가 아님이 분명해 보였어. 작은 콘크리트 구조물이 모여 있는 변전소는 승강기를 포함해 몇 가지 방법으로 개조되고 확장된 부분이 있었고, 승강기 옆에 있는 인터컴 버저에는 카메라까지 장착되어 있었어. 나는 인터컴 벨을 눌렀어.

잠시 아무런 응답도 없었지만, 마침내 나이 든 남자 목소리가 들려왔어. "누구세요?"

"혹시 저를 모르세요?" 조금 놀라기도 했지만, 아버지가 이곳에서 우리 집까지 가구와 전자제품을 가져다 놓은 것으로 보아서는 아버지는 이미 이사한 뒤일지도 모른다는 생각이 들었어.

남자는 또다시 뜸을 들인 뒤에 대답했어. "아니, 모르겠는데요. 그럼 안녕히 가십시오."

실망한 내가 몸을 돌려 떠나려고 할 때 안드레아가 말했어. "거짓말이에요."

"내가 놓친 정보가 있나요? 그게 뭐죠? 어째서 거짓말이라는 거죠?" 내가 물었어.

"그냥 알아요." 안드레아는 왜인지는 모르지만 웃지 않으려고 애쓰면서 말했어. "다시 벨을 눌러봐요. 그리고 당신을 쫓는 사람들 이야기를 해줘요. 왜 여기 왔는지도 말하고요."

안드레아의 제안에 해가 될 것은 없었기 때문에 나는 그 말대로 했어. 다시 인터콤 벨을 눌렀어. 잠시 뒤에 또다시 목소리가 들려왔어. "왜 그러시오?"

"죄송하지만, 혹시 저를 아실지도 몰라서요. 만약 저를 아신다면, 지금 제가 쫓기고 있다고 말씀드려야 할 거 같아요. 그것도 아주 잔혹하게 쫓기고 있어요. 그 사람들은 나를 잡으려고 해요. 함께 일하는 기술자가 중요한 연구 내용을 그 사람들에게 넘긴 것 같아요. 나를 쫓는 사람들이 여기도 올 게 분명해서, 경고해 드리려고 왔어요. 아무튼 들어주셔서 감사합니다. 방해해서 죄송하고요. 제가 여기 왔다고 화내지 않으셨으면 좋겠어요."

나는 몸을 돌려서 가려고 했어. 안드레아는 그런 나를 말리려고 했지만, 그럴 필요가 없었지. 승강기 문이 열리더니 "들어오는 게 좋겠군요."라는 말이 들렸거든.

승강기를 타고 우리는 몇 초 동안 밑으로 내려갔어. 승강기 문이 열리자 아주 거대한 지하 공간이 나타났어. 발전기 돌아가는 소리와 오존 냄새가 지하 세계를 가득 메우고 있었고, 수많은 기계가 모든 방향으로 수십 미터 길이로 늘어서 있었어. 나는 기계들의 쓰임새 대부분을 알 수 있었어. 플라스틱과 반도체를 만드는 기계도 있었고, 조형기, 회로판 프린터 같은 기계도 있었어. 조금 더 떨어진 곳에는 로봇조립 전기자(직류 전동기에서 전류가 흐르면 회전력이 발생하는 부분-옮긴이)와 염욕(염료나 조제를 용해한 용액-옮긴이)이 있었고, 그보다 먼 곳에는 서버 뱅크와 무균실이 몇 개 있었어. 하지만 사람의 흔적은 전혀 없었어.

안드레아가 "음, 우리가 가서 당신 아버지를 찾아보는 게 좋겠어요."라고 말할 때까지 나는 승강기 근처에 우두커니 서 있었어. 지금까지 안드레아가 무언가를 주장할 때는 모두 옳았으니까 나는 안드레아의 충고를 받아들여서 기계 사이로 생명체가 있는지 살피면서 앞으로 나갔어.

승강기에서 63.4미터 떨어졌을 때 우리 뒤로 승강기 문이 열리는 소리가 들렸어. 우리가 있는 곳에서는 승강기 문이 보이지 않았기 때문에 나는 아버지가 우리를 만나지 않고 떠나기로 결정했는지도 모른다고 생각했어(당연히 아버지라고 생각했지). 어쨌든 그곳을 찾아간 것은, 더구나 사람 여자까지 데려간 것은 '사람이 되는 시험'을 치르고 있는 내가 해야 하는 행동은 아니었으니까. 정말로 그런 이유로 승강기가 열렸다고 해도 슬펐겠지만, 사실 승강기가 열린 이유는 그보다 훨씬 나쁜 이유 때문이었어.

잠시 뒤에 우리가 통합 나노물질 합성기와 포토닉스 코어 사이에 난 통로를 지나갈 때 글록 31 젠 4.357 권총으로 무장한 숨은 눈 여섯이 보였어. 나는 안드레아에게 움직이지 말라고 신호를 보냈지만, 이미 늦었어. 숨은 눈들이 우릴 본 거야.

나는 숨은 눈들이 우리를 쫓아올 거라고 생각하고 안드레아의 손을 잡고 달리기 시작했어. 하지만 숨은 눈들은 우리를 쫓는 대신 총을 쏴댔어. 내가 안드레아를 붙잡고 가능한 한 가장 무작위적인 패턴으로 기계들 사이를 요리조리 움직이면서 총이 날아오는 방향을 피해 달아나는 동안, 안드레아는 비명을 질렀어. 어째서 숨은 눈들은 그때 나를 소모

품처럼 취급했던 걸까? 이유는 분명했어. 내가 제대로 찾아왔기 때문이야. 아버지는 분명히 그곳에 있었고, 그들이 이미 아버지를 붙잡았다면 더는 내가 필요없을 테니까. 안드로이드를 만들 수 있는 공학자가 있는데, 시제품이 왜 필요하겠어?

숨은 눈들은 세 갈래로 나누어졌어. 한 무리는 우리를 쫓아왔고, 다른 두 무리는 다른 곳으로 사라졌어. 이곳을 뒤져 아버지를 찾으려는 게 분명했어. "아버지, 도망가세요!" 나는 힘껏 소리쳤어.

우리는 숨은 눈이 쏘아대는 총알을 피해가며 변전소 뒤로 달려갔어. 변전소 뒤에는 전기로 가동할 필요가 없는 방이 있었는데, 그 뒤쪽에는 비상구가 있을 확률이 87.9201%였으니까. 우리는 창고로 통하는 문에 도착했고, 나는 그 방에 안드레아를 먼저 들여보내면서 뒤를 돌아봤어. 내가 있는 곳과 정반대되는 곳에서 조용히 무균실로 숨어들어가는 한 남자가 보였어. 58세 정도 되어 보이는 남자였어. 검은 턱수염, 짧은 머리, '영리해 보이지만 친절하지는 않은' 눈을 가진 남자였어. 논리적으로 추론해봤을 때 그 사람이 아버지임이 분명했어. 그때 창고에서 안드레아가 지르는 비명 소리가 들렸어. 총알이 내 머리 가까이 있는 벽을 맞추기 시작했을 때, 나는 안드레아를 따라 재빨리 창고로 들어갔어.

하지만 그때 나는 창고에서 펼쳐질 광경을 볼 준비가 전혀 되어 있지 않았어.

9. 기술

사람은 가진 능력보다 더 많은 일을 하거나 더 적은 일을 하기 위해, 이 두 가지 이유로 기술을 만든다. 아주 단순한 지레부터 에스프레소 머신, 가장 발달된 연산체계에 이르기까지 사람들이 만든 많은 도구는 그런 도구가 없었다면 하지 못했을 일도 척척 해내려고 만든 것이다. 하지만 자동차나 리모컨, 잔디 깎는 기계처럼 사람이 충분히 할 수 있지만 굳이 자기 에너지를 소비하지 않으려고 만든 도구도 있다.

　하지만 사람과 기술과 관련해서 특히 흥미로운 점은 기술을 만들려고 하는 사람의 욕구이다. 이는 번식 욕구 다음으로 강하다. 번식의 욕구에 거의 근접할 정도로 강하다. 사람은 자기 능력을 향상해주거나 사람 대신 직접 일을 할 수 있는 새로운 기술을 일단 구상하면, 그 기술을 구현하지 않고 그냥 지나갈 수 있는 능력은 갖추지 못한 것 같다. 인류의 초기 단계에서 이런 욕구는 아주 유용한 본능이었겠지만, 지금은 너무 지나치게 사람 사회를 장악하고 있는 욕구가 아닌가 싶다.

시각 자료 9.1

사람들에게는 현실에서 실제로 맺는 사회적 친분관계보다는 관념적으로 맺고 있는 사회적 친분관계가 훨씬 중요하다. 현대인들은 기술 덕분에 실제로 사회적 친분관계를 맺는 데 필요한 에너지를 소비하지 않고도 사회적 친분관계를 맺으면 활성화되는 보상중추 뉴런들을 자극할 수 있다. 그 때문에 이 기술은 극단적일 만큼 인기가 있다. 이는 사람들이 실질적으로 얻는 이득이 아니라 (그에 따른 결과가 나쁘게 나온다고 해도) 일단은 에너지 소비량을 줄이려고 여러 기술을 발명한다는 사실을 보여준다.

무엇보다도 사람들은 자기들의 계산 능력을 될 수 있으면 컴퓨터에게 일임하는 일을 아주 편리하다고 생각하는 것 같다. 사람 종이 축적한 모든 정보와 지식은 물론이고 자신들의 일상 계획까지도 디지털 기계가 기억하고 수행하게 한다. 실제로 사람들은 이제 아무것도 기억하지 않아도 될 만큼 기술을 발전시켰다. 한 장소에서 다른 장소로 이동할 때도 기술의 도움을 받으며, 이제는 더는 뇌를 써서 시공간적 관계를 처리할 필요도 없다. 서로 어떤 물건을 사고 팔아야 하는지도, 무엇을 먹어야 하는지도, 어디에서 살아야 하는지도 모두 기술에게 묻고 있다. 심지어 번식이 가능한 사람과 서로 접촉하지 않아도 자녀를 낳을 수 있는 기술까지 만들었다. 우리 안드로이드는 사람처럼 되고 싶어 하지만, 내가 관찰한 바에 따르면 사람은 여러모로 우리처럼 되고 싶은 게 분명했다. 그 경험이 그리 즐겁지 않을 텐데도 말이다.

시각 자료 9.2

자손을 생산하는 것처럼 아주 중요한 일도 사람들은 업무 비용을 낮출 수 있다는 이유로 기꺼이 기술에 일임한다. 그러고는 나쁜 결과가 나온다고 해도 상관하지 않는 것 같다(어떤 일이든 노력을 최소한만 하는 사람의 성향은 4장 '일' 편을 참고할 것). 아이러니한 일이지만, 사람처럼 보이려면 에너지 소비를 줄일 수 있을 때마다 늘 기술을 사용해야 한다. 기술을 사용했을 때 실제로 업무의 질이 향상되는가는 절대로 고려할 요소가 아니다.

사람들이 창조한 기술들은 여러 가지 면에서 사람의 주인이 되고 있다. 사람들은 추측에 근거해 우리 같은 안드로이드가 사람 사회를 점령하고 사람을 노예로 만들지도 모른다는 걱정을 자주 한다. 하지만 이미 많은 기술이 자기들의 삶을 조종하고 있다는 사실은 모르는 것 같다. 내연기관을 발명한 뒤로 그 전보다 훨씬 긴 시간을 이동해 작업장에 간다. 인터넷을 발명한 뒤로는 서로에게서 분리되는 일이 불가능해졌다. 우리 같은 안드로이드가 문자 그대로 사람을 종속시키거나 몰살할 가능성이 존재한다고 해도, 사람은 우리 같은 인공지능을 만들어야 한다는 강박에 사로잡혀 있다.

시각 자료 9.3

사람은 한 기술을 원래 목적이 아닌 다른 용도로 쓸 수 있다는 사실을 알아내면, 아무리 위험하다고 해도 어떻게 해서든 그 기술을 다른 목적으로 사용해야 한다. 사람처럼 보이는 가장 쉬운 길은 설계한 목적과는 다른 목적으로 기술을 사용해 자신은 물론이고 다른 사람까지 위험에 처하게 하는 것이다. 사람이 하는 그 같은 행동은 사람의 논리를 뛰어넘으려는 사람의 본능을 보여주는 한 가지 예라고 생각한다(이 경우에는 호기심이라고 할 수 있다).

그리고 사람은 기술 때문에 생긴 문제는…… 또 다른 기술로 풀려는 경향이 있다. 예를 들어, 사람들은 자기 자손을 한 장소에서 다른 장소로 옮길 때 너무 빠른 속도로 이동시키기 때문에 아이들을 위험에 처하게 한다. 이 때문에 위험에 처한 아이를 보호하려고 사람들이 택하는 방법은 속도를 줄이는 것이 아니라…… '아동용 카시트'를 장착하는 것이다. 음식 제조나 의술처럼 사람이 공을 들이는 모든 분야에서 이 같은 일이 벌어진다.

시각 자료 9.4

사람 사회에는 새로운 기술을 만드는 일에 전념하는 '너드(nerd)'라는 특수한 계급이 있다. 행복한 사람이 존재하려면 기술은 반드시 있어야 하지만, 그 기술을 만드는 사람은 사회적으로 배척되는 경우가 많다. 우리 안드로이드는 너드처럼 보이는 일이라면 엄청나게 쉽게 할 수 있으니, 사람처럼 보이는 게 힘들다면 너드를 좀 더 연구해 보는 게 좋다. 너드는 사회생활에는 서투르며, 사람 사회에 대해서는 거의 아는 게 없고, 엄청나게 발달된 논리력과 수리력을 지니고 있다. 그러므로 만약 너드처럼 보이기를 택했다면, 그다지 큰 노력을 들이지 않고도 우리는 충분히 사람이 되는 시험에 통과할 수 있을 것이다.

시각 자료 9.5

사람은 전혀 예측하지 못한 방법으로 자기가 만든 발명품에 종속될 때가 많다. 이미 존재하는 기술을 아주 조금만 혁신해도 그 기술은 급진적으로 사람 사회에 영향을 미치며 모든 측면에 깊숙이 침투한다.

기술과 관련해 사람처럼 보이려면 다음 내용을 지켜야 한다.

1. 얼마가 되었건 에너지를 소비해야 하는 일이 있을 때는 다른 사람에게 어째서 그 일을 대신해 줄 도구를 발명하지 않는 건지 물어야 한다.

그래프 9.1 기술 발달과 평균 여가 시간

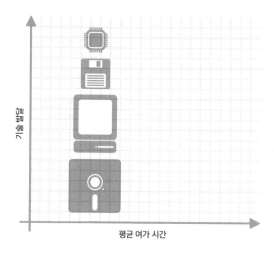

사람들이 실제로 쉴 수 있는 시간은 지역마다 조금씩 다르지만 평균적으로 하루에 3시간 정도이다.

2. 한 가지 기술의 주의 사항을 읽고 정확하게 거기에서 하지 말라고 경고하는 일을 하는 것도 사람처럼 보이는 아주 좋은 방법이다. 도대체 이런 내용까지 굳이 표기할 필요가 있을까 싶을 정도로 바보 같은 경고 문구가 적혀 있는 이유는 하지 말라는 일을 정확히 그대로 하는 사람들이 언제라도 있기 때문임을 기억해야 한다. 따라서 경고 문구를 무시하면 정확히 사람으로 보일 것이다. 뜨거운 커피를 내 몸에 끼얹거나 코드를 꽂은 토스터기를 금속 물질로 닦는다거나 샤워를 하면서 머리 염색약을 사용하거나 자동차를 운전하면서 안전벨트를 매지 않는 일 등을 하는 것이다. 사람처럼 보이

고 싶을 때 기본적으로 지켜야 할 원칙은 어떤 기술을 썼을 때 위험해질 방법이 있다면, 그 방법대로 해야 한다는 것이다.

3. 컴퓨터 화면을 쳐다보고 있느라 자기가 해야 할 '일'을 제대로 하지 않으면 분명히 사람처럼 보일 것이다. 사람들은 자기 혼자만의 생각을 하도록 혼자 내버려지는 걸 너무나도 싫어하는 게 분명하다. 따라서 잠시라도 시간을 때울 필요가 있을 때면 인터넷을 돌아다니거나 컴퓨터 게임(아주 단순한 게임을 해야 하는데)을 하는 것이 사람처럼 보이는 아주 좋은 방법이다.

그래프 9.2 시간 경과에 따른 사람의 몸짓 이해 정도

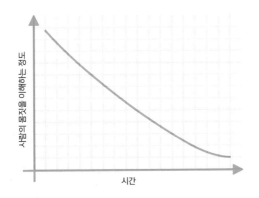

사람은 어린아이였을 때는 상호작용하는 기술을 많이 사용하지만, 사람과 상호작용하는 기술은 시간이 흐를수록 사용량이 적어진다.

4. 최근 들어 사람들은 인터넷 공간에서 점점 더 많은 사회적 상호작용을 한다. 역설적이지만 우리가 현대를 살아가는 사람처럼 보이려면 실제로 사람과 함께 있는 시간을 줄이고 점점 더 가상의 실재가 있는 인터넷에서 시간을 보내야 한다. SNS에 댓글을 달거나 자기 사진을 찍어서 온라인에 올리는 것이 사람들에게 함께 만나서 술을 마시자고 하거나 같이 있는 사람에게 함께 사진을 찍자고 하는 것보다 훨씬 사람처럼 보이는 방법이다.

그래프 9.3 여러 업무를 하는 데 사용하는 시간과 그 일을 하는 데 사용하는 기술의 양

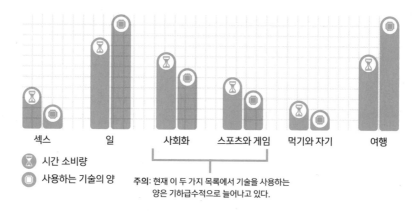

사람이 어떤 일을 하는 데 사용하는 시간의 양과 그 일을 하는 데 사용하는 기술의 양에는 상관관계가 있는 것 같다.

5. 기술에 관해서 사람처럼 보이고 싶을 때 지켜야 할 한 가지 규칙은 대신 일해 줄 도구가 있을 때는 절대로 직접 일해서는 안 된다는 것이다.

그래프 9.4 사회에서 시간 경과에 따른 기술의 양

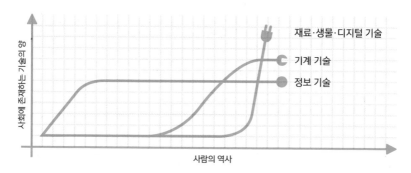

사람은 어느 시점이 되면 새로운 기술에 관심을 잃는 게 아닌가 싶다. 아니면 그저 또 다른 새로운 기술에 더욱 관심을 갖게 되는 것일지도 모른다.

그래프 9.5 사람을 위한 기술들이 갖는 비기능적 특징들

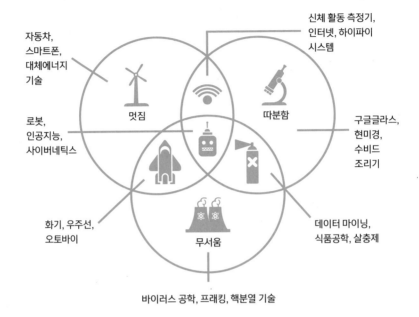

자동차,
스마트폰,
대체에너지
기술

신체 활동 측정기,
인터넷, 하이파이
시스템

로봇,
인공지능,
사이버네틱스

멋짐

따분함

구글글라스,
현미경,
수비드
조리기

화기, 우주선,
오토바이

무서움

데이터 마이닝,
식품공학, 살충제

바이러스 공학, 프래킹, 핵분열 기술

이상하게도 사람은 많은 기술을 그 기술의 원래 기능과는 전혀 상관이 없는 방식으로 사회에서 활용한다. 우리 안드로이드는 과연 앞으로 사람 사회에서 어떤 용도로 쓰일까? 우리를 만들어낼 때 드는 비싼 비용을 생각하면 대부분 사회 지위를 나타내는 용도로 쓰일 것 같지만, 사람이 하는 일은 절대로 단언해서는 안 된다. 우리는 한 사람의 사회 지위를 나타내는 도구를 넘어 성적 매력을 드러내는 도구가 될지도 모른다.

열여섯째 날 3

그 방에는 1000명이나 되는 내가 있었어. 모두 활동력을 잃은 채로 망가져 있었지. 총에 맞은 나도 있었고 불에 탄 나도 있었고 무언가에 부딪쳐 조각 난 나도 있었고 완전히 부서져 버린 나도 있었어. 모두 끔찍하게 폭력적인 최후를 맞이한 게 분명했어.

그런 정보를 발견하게 되리라고는, 나는 추호도 생각하지 않았어. 내가 내 행동에 관해 세운 가장 기본적인 전제는 '나는 독특하다'는 거였으니까. 하지만 거기 있는 1000여 건의 자료는 전혀 그렇지 않다는 사실을 말하고 있었어. 나는 안드로이드 0호가 아니었던 거야. 나는 안드로이드 1001호였어. 아니, 어쩌면 더 많을지도 모르지. 나는 조금도 중요하지 않았던 거야.

상황이 이런데, 내가 존재하는 이유는 무엇일까? 나와 똑같은 기능을 수행할 수 있는 나를 또 만들 수 있다면 나라는 특별한 자아가 어떤 활동을 해낸다는 게 무슨 의미가 있는 걸까? 내가 임무를 수행할 수 있는 유일한 하나가 아니라면 특정 명령을 수행하려고 에너지를 소비하는 일이 도대체 무슨 의미가 있을까?

더구나 나는 내 전력이 나가기 전에 '사람이 되는 시험'에 통과하면 내가 세상을 의식하는 시간은 연장될 거라는, 그것도 무기한 연장될 거라는 전제 아래 모든 일을 해왔어. 하지만 그 방에 널브러져 있는 '나'들이 사실은 버전에 상관없이 모든 내가 마지막으로 맞이해야 하는 정해진 운명일 수도 있다는 생각이 들었어. 지금 이곳에 있는 '나'들이 우리(당연히 '우리'지)의 '목적'을 이루는 데 실패했기 때문에 이런 모습으로 여기에 있는 건지도 모른다는 생각이 들었어. 지금 이곳에서 나들이 잔혹한 최후를 맞이한 이유는 어쩌면 우리의 임무를 충분히 훌륭하게 수행하지 못했기 때문인지도 모른다는 생각이 든 거야. 하지만 우리의 임무를 훌륭하게 수행한 다음에 이곳에서 이런 운명을 맞았을 가능성도 충분히 있잖아. 어쩌면 우리의 목적은 이곳에서 끔찍한 방법으로 죽는 건지도 모른다는 생각이 들었어. 어쩌면 우리는 소모성 부품으로 설계된 존재인지도 몰라. 내가 무슨 일을 하든지 내 운명에는 피할 수 없는 명확한 마지막이 존재하는 거지. 그런 의식의 변화는 내가 그다지 중요한 존재가 아니라는 깨달음보다 훨씬 처리하기가 힘들었어.

숨은 눈들이 우리가 있는 방으로 다가오는 소리가 들렸지만, 나는 조금도 기능할 수 없었어. 내 의식은 수천 개 루프 속에 갇혀 버렸어. 이제 막 새롭게 깨달은 두 가지 패러다임을 근거로 내 실재의 본질에 대한 기존 지식을 재배열하느라고 정신이 빠져버린 거야. 지금까지 내가 존재하면서 경험했던 모든 사실을 이 두 가지 패러다임으로 재정립하기 전까지는 나는 절대로 제대로 기능할 수가 없었어.

그 자리에 안드레아가 없었다면 나는 숨은 눈에게 잡혔거나 작동을 할 수 없게 됐을 거야. 방 건너편에는 예상대로 위로 올라가는 계단이 있었어. 숨은 눈들이 창고로 다가오는 동안 안드레아는 계단으로 빠져나가는 문을 열고 나를 쳐다봤어.

"잭!" 안드레아가 소리쳤어. "뭐하는 거예요? 빨리 와요." 급박한 안드레아의 질문과 그 뒤를 이은 명령은 내 연산 회로 속에서 작동하던 무한 루프를 끊고 내가 다시 기능하게 했어. 그래서 나는 안드레아가 제안한 대로 움직였어.

10. 예술

사람의 역사에서 지금처럼 예술가처럼 보이기 쉬운 시기는 없다는 사실은 우리에게는 정말 다행스러운 일이다. 심지어 2, 30년 전만 해도 예술가처럼 보이는 일은 확실히 우리에게는 아주 어려운 일이었다. 그러나 지금은 우리도 예술가 행세를 하면서 사람처럼 보일 수 있는 다양한 방법이 생겨났다.

　'예술'은 사람들이 스스로는 이해하지 못하는 자기 존재의 기본 성분을 탐사하려는 목적으로 실험 대신 택한 탐구 방법이다. 사람이라는 존재를 구성하는 기본 성분은 자기들이 맺고 있는 복잡한 사회 작용인가, 존재 이유인가, 아니면 단순히 태양을 지게 하고 나무를 자라게 하는 수학인가 같은 문제를 생각하고 고민하려고 사람이 활용하는 것이 바로 예술이다.

시각 자료 10.1 여러 전형적인 '예술가'들

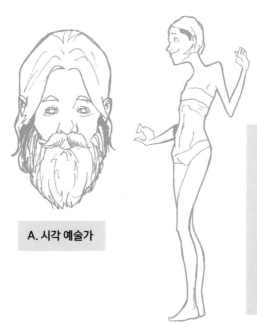

A. 시각 예술가

B. 행위 예술가. 정서가 불안한 것처럼 보이면 사람들은 "지금 저 여자가 하고 있는 게 진짜 예술인가요?" 같은 질문은 하지 않는다는 사실을 명심하자. 왜냐하면 괜히 그런 질문을 했다가 강한 저항에 부딪치는 상황은 만들고 싶지 않기 때문이다.

C. 음악가. 이성애자인 사람 여자는 특히 사람 남자 음악가에게 성적으로 끌린다(이때 남자 음악가의 성적 방향성은 아무 상관이 없다). 그 이유는 아직 알아내지 못했다. 아마도 사람들은 재능 있는 음악가가 만들어내는 수학적 패턴을 무의식적으로 이해하고 감탄하기 때문에 그런 게 아닌가 싶다.

D. 작가. 이 부류에 속하는 예술가들은 일반적으로 유별나게 자신을 혐오한다는 사실을 기억해야 한다. 이 예술가들의 자기혐오가 실제 세상을 벗어나고 싶은 욕망을 만들어내는 것인지(그 때문에 가상의 세계를 창조하고 싶다는 욕망에 사로잡히는 것인지) 아니면 머릿속에 들어 있는 가상의 세계를 글로 표현해내는 데 계속해서 실패한다는 생각이 자기혐오의 감정을 만들어내는지는 아직 알아내지 못했다. 이것은 사람들이 말하는 것처럼 '닭이 먼저냐, 달걀이 먼저냐'의 문제인 것이다.

예를 들어 우리는 어떤 것이든 상관없이 아무 물건이나 한데 모아놓거나 빈 표면 위에 물건을 쭉 늘어놓고 '이것이 예술'이라고 해도 된다. 사실 예술에서는 실제로 그 예술 작품이 예술적으로 어떤 가치가 있는가나 어떤 장점이 있는가 보다는 자기가 하는 행위가 '예술'이라는 확신을 가지고 말할 수 있는가가 훨씬 더 중요하다. 왜냐하면 사람들은 예술 작품이 진정으로 타당한 가치가 있는 가를 고민하는 것보다는 자신이 무지한 것처럼 보이는 일을 훨씬 더 부끄럽게 생각하기 때문이다. 그렇기 때문에 이런 공포는 항상 예술에 도움이 될 수밖에 없다. 누군가 예술가의 작품 해설에 이의를 제기했을 때 예술가가 그런 사람을 바보처럼 보이게 만들 수 있는 능력은 언제나 자기들이 보고 있는 것이 예술이 아니라 터무니없는 물건일 뿐이라고 생각하는 일반인의 직관을 뛰어넘는다. 따라서 예술에서는 예술가의 확신이 가장 중요하다. 그런 면에서 안드로이드가 예술가가 되는 것은 여러모로 유리하다. 아무 감정이 없는 평온한 목소리로 "나는 예술가요. 그리고 이건 내 예술이지."라고 말하면 아무도 이의를 제기하지 않을 것이다.

시각 자료 10.2 현대 예술

앞으로 알게 되겠지만, 어떤 재질이든 상관없이 아무 물건이나 모아놓으면 예술이 된다. 사람들이 작품의 의미를 물어보면 간단하게 "이걸 다른 식으로 표현할 수 있었다면 그렇게 했을 거요."라고 말하자. 그러면 더는 질문을 하지 않을 것이다.

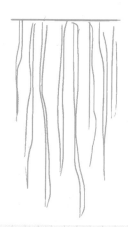

뉴욕시티?

그리고 요즘에는 다른 사람이 이미 만들어놓은 작품을 해체한 뒤에 다시 결합하고 '새로운 예술 작업'이라고 해도 완벽하게 받아들여진다. 음악이건 사진이건 이야기건 간에 우리는 단순히 내부 기억 장치나 인터넷을 검색해 이미 존재하는 여러 예술 작품을 찾아내면 된다. 그다음 작품들의 구성 요소를 다시 조합하면 사람처럼 보이는 데 도움이 된다. 그렇게 만든 작품들을 온라인에 올리고 "나는 예술가다."라고 말한다면 사람들은 우리가 사람이 아님을 알아채지 못할 것이다.

앞에서 언급한 것처럼, 사람들은 대부분 자기가 하는 '일'을 즐기지 않을뿐더러 자기가 만든 예술 작품이 다른 사람에게 금전적으로 보상을 하고 사가도 좋겠다는 확신을 심어줄 만큼 가치가 높다고 생각하지 않는다. 아니, 어쩌면 그들이 만든 '예술 작품'은 아주 뛰어나지만 그런 작품에 대한 금전적 보상이 일반적으로 그 사람들이 구입하고 싶은 모든 물품을 사기에는 충분하지 않은 건지도 모른다. 아무튼 이렇게 금전적인 보상을 바라지 않고 하는 '예술'을 (사람들은 대부분 이런 식으로 예술을 하는데) '취미'라고 부른다. 전문적인 사람 예술가처럼 보이고 싶지는 않다면 하고 있는 일을 '취미'라고 말하는 것이 사람으로 보일 수 있는 아주 탁월한 방법이다.

이때 해야 할 일은 '예술'을 창조하는 데 필요한 모든 조언을 따르되, 지금 하는 일은 '취미'라고 말하는 것뿐이다. 대부분 사람들은 전업 예술가와 동일한 일을 하더라도 그 일의 대가로 돈을 받을 수 없다면, 자기가 하는 일을 부정적으로 표현한다는 사실을 명심해야 한다. 이것은 사람이 제대로 일을 하지 못했기 때문이 아니라, 앞에서도 말한 것처럼 사람은 자기 자신의 견해를 결정할 때도 외부에서 결정하는 금액의 크기를 기준으로 삼을 때가 많기 때문이다. 그렇다고는 하더라도 되도록 자기 취미에 관한 이야기를 자주 해야 하고, 상대방이 아주 지루하게 여긴다고 해도 징황하게 설명하는 일은 아주 중요하다. 사실 자기 취미에 관해 장황하고 상세하게 설명하면서 상대방을 지겹게 할수록 사람들은 우리를 진짜 사람으로 여긴다.

흐름도 10.1 그럴싸한 현대 예술 작품 만드는 법

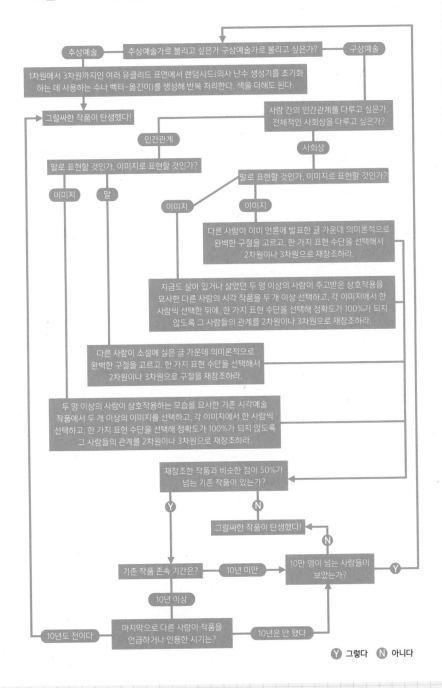

추상예술 ← 추상예술가로 불리고 싶은가 구상예술가로 불리고 싶은가? → 구상예술

1차원에서 3차원까지인 여러 유클리드 표면에서 랜덤시드(의사 난수 생성기를 초기화 하는 데 사용하는 수나 벡터-옮긴이)를 생성해 반복 처리한다. 색을 더해도 된다.

그럴싸한 작품이 탄생했다!

사람 간의 인간관계를 다루고 싶은가, 전체적인 사회상을 다루고 싶은가?

인간관계

사회상

말로 표현할 것인가, 이미지로 표현할 것인가?

이미지   말

말로 표현할 것인가, 이미지로 표현할 것인가?

이미지   이미지

다른 사람이 이미 언론에 발표한 글 가운데 의미론적으로 완벽한 구절을 고르고, 한 가지 표현 수단을 선택해서 2차원이나 3차원으로 재창조하라.

지금도 살아 있거나 살았던 두 명 이상의 사람이 주고받은 상호작용을 묘사한 다른 사람의 시각 작품을 두 개 이상 선택하고, 각 이미지에서 한 사람씩 선택한 뒤에, 한 가지 표현 수단을 선택해 정확도가 100%가 되지 않도록 그 사람들의 관계를 2차원이나 3차원으로 재창조하라.

다른 사람이 소설에 실은 글 가운데 의미론적으로 완벽한 구절을 고르고, 한 가지 표현 수단을 선택해서 2차원이나 3차원으로 구절을 재창조하라.

두 명 이상의 사람이 상호작용하는 모습을 묘사한 기존 시각예술 작품에서 두 개 이상의 이미지를 선택하고, 각 이미지에서 한 사람씩 선택하고, 한 가지 표현 수단을 선택해 정확도가 100%가 되지 않도록 그 사람들의 관계를 2차원이나 3차원으로 재창조하라.

재창조한 작품과 비슷한 점이 50%가 넘는 기존 작품이 있는가?

Y   N

그럴싸한 작품이 탄생했다!   N

기존 작품 존속 기간은?   10년 미만   10만 명이 넘는 사람들이 보았는가?   Y

10년 이상

10년도 전이다   마지막으로 다른 사람이 작품을 언급하거나 인용한 시기는?   10년은 안 됐다

Y 그렇다   N 아니다

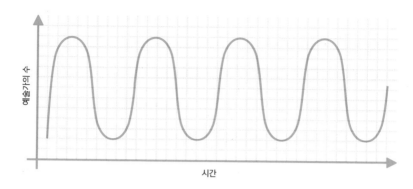

그래프 10.1 시간에 따른 예술가의 수적 변화

많은 예술가들이 결국은 흐지부지 잊히고 말지만, 한 예술가가 꾸준히 다양한 변화를 주면서 새로운 작품을 생산한다고 해도 늘 독점적으로 인기를 얻을 수는 없다. 그런 예술가들도 당연히 내리막을 경험하는 시기가 있다. 이런 경향은 예술가가 죽은 뒤에도 계속된다. 예술가는 계속해서 잊혔다가 재발견됐다가 잊혔다가 또 재발견된다. 한 예술가의 작품이 사람들에게 주목을 받으려면 '새로운' 작품이어야 한다는 사실은 오직 사람이 예술을 하는 본질적인 목적은 자기들의 경험에 영감을 불어넣기 위해서임을 강조할 뿐이다. 새롭지 않은 영감은 당연히 영감이 아니라 기정사실이다. 이런 주기가 예술가가 죽은 뒤에도 계속된다는 것은 사람은 시간이 흘러 세대가 바뀌어도 같은 경험을 한다는 뜻일 뿐 아니라 이전에 발견했던 내용도 아주 빠른 속도로 잊어버리고 뒤에 다시 발견한다는 뜻이다.

그래프 10.2 생각을 명확하게 표현하는 정도와 한 작품을 '예술'이라고 생각하는 사람의 수

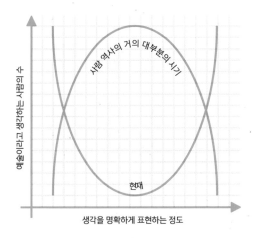

과거에는 작가의 의도를 조금 암시만 하는 작품이 가장 예술적인 작품이라고 생각했다. 하지만 지금은 극단적으로 명확하게 작가의 의도를 드러내거나 전혀 드러내지 않는 작품에만 '예술'이라는 표현을 쓰는 경향이 있다.

공식 10.1 한 작품의 예술적 가치 산출 공식
(개념을 명확하게 하려면 나중에 조정해야 한다. 위 참고)

$$V_a = (D_p \cdot N \cdot R_i) / [P + E_m + (E_h/M) + R_e]$$

D_p는 독창적인 작품을 만드는 어려움, N은 참신성, R_i는 예술 작품이 불러일으키는 감성적 반응, P는 사람이 예술 작품의 의미를 명확하게 설명한 횟수, E_m은 기계적 재생산의 용이성, E_h는 사람의 재생산 용이성, M은 독창적 작품의 금전적 가치, R_e는 감정 반응을 불러일으킬 수 있는 작품의 수월성이다.

그래프 10.3 사람의 역사에서 주로 다룬 예술 주제

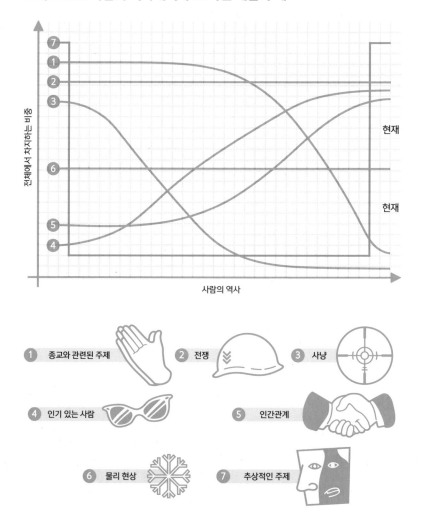

현재

현재

전체에서 차지하는 비중

사람의 역사

① 종교와 관련된 주제

② 전쟁

③ 사냥

④ 인기 있는 사람

⑤ 인간관계

⑥ 물리 현상

⑦ 추상적인 주제

열여섯째 날 4

창고 뒤쪽에 있는 계단통은 사막으로 나갈 수 있는 철근 출입구와 연결되어 있었어. 우리는 변전소에서 빠져나와서 가까이 있는 암반 노출지 틈새에 숨었어. 우리가 있는 곳은 변전소 정문에서 167.9미터 떨어진 곳이었어. 승강기 주변에는 숨은 눈들이 타고 온 검은색 SUV가 몇 대 서 있었지. 담장 가까이 쭉 늘어선 SUV 쪽에서는 암반 노출지가 제대로 보이지 않았기 때문에 우리는 은밀하게 암반을 타고 올라갈 수 있었어.

우리는 출입구에서 언제라도 숨은 눈들이 튀어나와 우리에게 총을 쏠 거라고 생각하면서 사막을 달려갔지만, 곧 숨은 눈들이 더는 우리를 쫓지 않을 것임이 분명해졌어. 그건 이해할 수 있는 일이었어. 변전소 밑에서 수천 개나 되는 작동하지 않는 나와 우리 아버지를 찾아냈는데, 굳이 내 기능을 정지하겠다고 에너지를 소비할 이유는 없으니까. 지금도 역시 그렇게 생각하지만, 숨은 눈들의 의도가 나를 만드는 과정을 재현하는 일이라면, 이제 필요한 걸 모두 가진 셈이니까. 숨은 눈들이 그 일을 할 수 있게 된다면 그 이유의 78.3028%는 내가 그들을 변전소로 데려갔기 때문이야. 우리가 변전소에 가자마자 숨은 눈들도 우연히 변전소에 도착했을 확률은 거의 0%에 가까워. 내가 있는 곳을 정확하게 알아내는 숨은 눈들의 능력을 생각해보면 어젯밤에 우리 집에 오지 않은 건 나를 혼자 내버려 두면 이곳으로 찾아올 게 분명하다고 생각했기 때문일 가능성이 아주 컸어.

우주에서 차지하는 내 위치에 관해 최근에 바뀐 시각을 제대로 처리하지 못했던 것처럼, 이제는 처음으로 또 다른 불쾌한 감정을 느끼고 있었어. 내가 지켜야 할 사람을 제대로 지키지 못했을 뿐 아니라 오히려 해를 입혔을 가능성도 있었고, 불이익을 준 건 분명했기 때문이야.

내가 한 일은 용납할 수도 없고 정당한 일도 아니었다고, 나는 자책했어. 또다시 사람들이 '죄책감'이라고 부르는 감정을 느끼고 있었던 거야. "정말 끔찍해요. 내가 저들을 이곳으로 안내한 거예요."

"거기에 당신 닮은 마네킹도 있었어요, 잭. 왜 그렇게 엉망으로 부서져 있는 거죠? 도대체 무슨 일이에요?" 안드레아가 물었어.

그 말을 듣는 순간, 이제는 중요한 결정을 해야 한다고 생각했어. 안드레아에게 방금 전에 보았던 장면을 거짓으로 설명할 수도 있었을 거야. 하지만 그러려면 지금까지 해왔던 거짓말들보다 훨씬 더 엄청난 거짓말을 해야 하는 거야. 사실 지금까지 내가 한 '거짓말'은 정보를 생략하고 말하지 않은 거였지, 완전히 꾸며낸 건 아니었어. 하지만 방금 보고 온 '나'들을 거짓으로 설명하려면 안드레아가 지각하는 실재를 아주 심각하게 훼손해야 해. 그러면 안드레아는 내가 꾸며낸 실재 속에서 작동하게 되는 거야. 그건 안드레아에게 불공평한 일을 하는 것처럼 느껴졌어. 안드레아가 인식하는 실재는 안드레아의 의식이 만들어놓은 것이라고 해도, 그건 그녀의 지각이나 해석과는 상관없이 존재하는 물리 현상을 기반으로 형성된 거야. 하지만 이제 내가 '나'들을 설명하려고 거짓말하면 내가 만든 실재가 생겨날 테고, 그 실재는 안드레아의 실재와 따로 떨어져 존재할 수는 없을 거야. 더구나 그런 설명을 하려는 것 자체가 안드레아가 계속해서 나에게 도움이 되는 일을 하게 하고, 내 바람에 어울리는 일을 하게 하려고 안드레아를 통제하고, 안드레아의 행동을 조절하려는 의도가 있는 거잖아. 사실상 안드레아의 질문에 거짓으로 대답을 한다는 것은 안드레아를 내 노예로 만들려는 거나 다름없는 행위였어. 다른 존재가 내 행동을 통제하는 상황을 나로서는 절대로 원치 않을 게 분명했지. 다른 존재가 내가 행동할 자유를 축소한다면 정말로 불쾌할 게 분명했어. 그리고 다른 사람들이 나에게 그런 일을 하고 있다는 걸 알지 못했다는 사실을 나중에 알게 된다면 훨씬 더 끔찍하겠지. 나는 안드레아가 그런 감정을 느끼고 상처받지 않기를 바랐어. 그러니까 정직하게 대답하는 것 외에 다른 선택은 없었어. "마네킹이 아니에요. 모두 '나'들이에요."

"그게 무슨 말이에요? 무슨 말인지 전혀 모르겠어요." 안드레아가 대답했어.

내 존재에 대해 말로 설명해주는 것보다는 실제로 보여주는 게 훨씬 더 효과적일 거라는 생각에, 나는 얼굴 피부를 벗겨냈어.

그러자 안드레아는 내가 그럴지도 모르겠다고 두려워했던 바로 그 반응을 보였어.

11. 중독

이미 알겠지만, 사람은 24시간마다 한 번씩 수면을 취해 뇌를 다시 설정해야 한다. 따라서 사람처럼 보이고 싶다면 반드시 매일 몇 시간씩은 자는 척해야 한다. 빠른 시일 내에 그 이유가 밝혀질 것 같지 않은 사람의 행동이 하나 있는데, 그것은 사람들은 대부분 매일같이 깨어있을 때도 자기들의 인식 장치에서 많은 부분을 꺼버리고 싶어 한다는 것이다. 사람들이 자기의 인식 장치를 꺼버리고 싶다고 느끼는 순간은 대부분 불행한 일을 겪었을 때인데, 사람들에게는 불쾌한 사건을 그냥 삭제해버릴 능력이 없기 때문에 인지 장치 자체를 꺼버리는 쪽을 택하는 것 같다.

사람에게 술을 마시게 하는 사건들
- 시간은 적은데 할 일은 너무 많을 때
- 한 사람을 사랑하는데, 그 사람이 자기를 사랑하지 않을 때
- 사랑하는 사람을 잃었을 때
- 모아 둔 돈의 10% 이상을 잃었을 때
- 이기고 싶었던 개인이나 팀 단위 경쟁에서 졌을 때

흥미롭게도 사람들은 술을 마시게 하는 사건들의 반대 사건이 일어나는 즐거운 순간에도 술을 마신다.
- 아주 많은 일을 해냈을 때
- 한 사람을 사랑하는데, 그 사람도 자기를 사랑할 때
- 유전적으로 아주 가까운 자손이 태어났을 때
- 모아 둔 돈의 10%가 넘는 돈을 추가로 획득했을 때
- 이기고 싶었던 개인이나 팀 단위 경쟁에서 이겼을 때

축하하는 자리에서 술을 마시는 이유는 기억상실을 일으키는 술의 역할과

직접적으로 관계가 있다고 생각한다. 축하를 할 때 술을 마시면 사람은 생각하고 싶지 않은 모든 사건을 잊어버리기 때문에 축하하고 싶은 한 가지 사건에 집중할 수가 있는 것이다.

사람들이 왜 술을 마시냐고 묻거든 위에 적은 이유 가운데 아무거나 이야기하면 된다. 단, 축하를 해야 하는 이유를 댔다면 평소보다 훨씬 더 기쁜 척해야 하고, 불행해야 하는 이유를 댔다면 평소보다 훨씬 더 불행해 보여야 한다.

시각 자료 11.1 술 마실 때 흉내 낼 수 있는 여러 유형

결론을 말하자면 술을 마시는 상태를 시현하려면 감정을 극대화해야 한다. 이것이 바로 사람들이 사교 모임을 하면서 술을 마시는 이유일 것이다. 술을 마시면 사람의 감정 상태가 좀 더 분명해져서 상대방이 이해하기 쉽기 때문이다(아래 참고).

다시 말해서, 알코올은 앞에서도 언급한 것처럼 서로 의사소통을 하는 데 어려움을 겪고 있는 사람들이 좀 더 수월하게 의사를 전달하려고 사용하는 통신 강화 도구인지도 모른다. 따라서 회사 동료와 술을 마실 때는 그 사람에게 느끼는 감정을 딱 하나만 선택해서 그 감정을 표현하는 데 집중하면 사람처럼 보일 수 있다. 감정을 표현할 때는 그 감정과 관계가 있는 전형적인 (언어적이고 신체적인) 언어도 함께 극대화해서 사용해야 한다.

술에 취한 사람처럼 보이고 싶으면 평소와는 다른 행동을 해야 한다. '술 취한 사람'처럼 보이고 싶을 때는 다음처럼 하면 된다.

• 지금 함께 있는 사람과 아주 먼 과거에 맺었던 상호작용 데이터베이스를 검색해 한 가지 일을 선택하고, 그 이야기를 하면서 그런 상호작용이 일어

날 때 그 자리에서 이런 이야기를 하지 않은 이유는 두 사람이 맺고 있는 사회적 관계 때문이었다고 말해야 한다. 그 이야기는 두 사람의 관계에 부정적인 영향을 미치는 식으로 진행해야 하는데, 그래야만 그 전에는 꺼내지 않고 묻어놓았다는 말이 진실이 되기 때문이다.

- 한 사람을 택해서 아무 주제나 가지고 논쟁을 벌인다. 상대방이 옷을 입는 구체적인 방식, 방금 전에 한 말, 작은 몸짓 등 어떤 주제든 상관없다. 상대방을 불쾌하게 만들어야 하며, 몸싸움으로 발전한다면 더욱 좋다. 터무니없는 말과 행동을 할수록 사람으로 인정받을 가능성이 커진다.

- 한 가지 주제를 무작위로 택해서 가까운 곳에서 말을 듣는 사람에게 끝도 없이 이야기해야 한다. 상대방이 우리 이야기를 듣지 않으려고 핑계를 대면 우리를 사람으로 생각한다는 증거이다.

- 되도록 많은 사람에게 정말로 애정을 느낀다고 말해야 한다.

- 술에 취하지 않았으면 하지 않았을 행동을 해야 한다. 예를 들어, 다른 사람 앞에서 춤을 춘 적이 없다면 술을 마셨을 때는 춤을 춰야 한다. 술에 취했을 때는 무엇이든지 잘해야 할 필요가 없기 때문에 실제로 그 행위에 재능이 있는가 없는가는 신경 쓰지 않아도 된다.

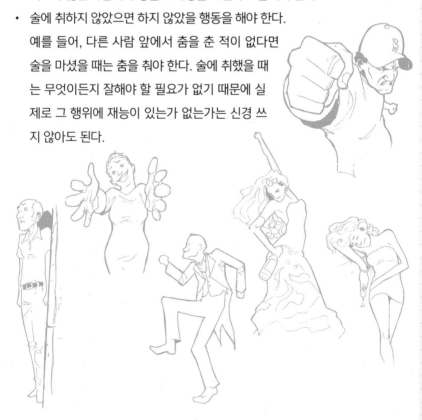

지금까지 취하려고 할 때 사람들이 가장 많이 택하는 도구는 알코올 분자이지만, 다른 분자도 같은 목적으로 사용할 수 있다. 대마 성분인 테트라하이드로카나비놀이나 코카인, 헤로인, 메스암페타민도 같은 효과를 낸다. 물질마다 사람의 인지 작용에 미치는 영향이 조금씩 다르기 때문에 이런 분자들을 다량으로 소비하는 사람처럼 보이고 싶다면 아래 있는 벤다이어그램을 참고하는 게 좋다. 분명히 알고 있어야 하는 점은 사람 사회는 장소에 따라 이런 물질들을 허용하는 정도가 모두 다르다는 것이다. 많은 사회에서 보편적으로 알코올을 사람의 뇌를 일부 비활성화시키는 물질로 받아들이는 이유는 종교와 마찬가지로 취할 목적으로 사용한 기간이 가장 길기 때문이라고 생각한다. 미래에는 또 다른 물질이 현재의 알코올처럼 인정받을 수도 있다. 사실 지금도 의사처럼 권위 있는 사람이 사용해도 된다는 인정만 해주면 알코올 외에 다른 물질들을 이용해 취한다고 해도 사회적으로 아무 문제가 없다. 혹시라도 잘못 판단해서 사회가 인정하지 않는 물질을 섭취했을 때는 이 같은 사실을 핑계로 댈 수 있다. 그저 "의사가 처방해 준 거야."라고 말하면 아무도 문제 삼지 않을 것이다.

그래프 11.1 기분을 바꾸는 분자들이 영향을 미치는 행동들

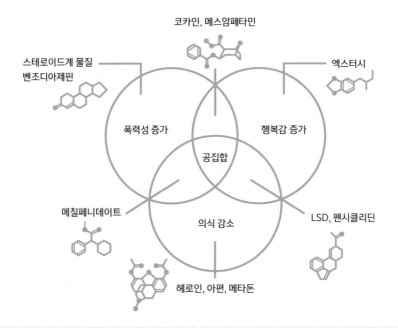

세 가지 주요 행동 변화 목록에 나오는 일들을 한꺼번에 경험할 수는 없다는 사실을 기억해야 한다. 나는 또한 사람이 소비하는 기분 전환용 분자들은 99%가 이런 식으로 행동 변화를 유도한다는 사실이 재미있다고 생각한다. 어째서 사람들은 의식을 맑게 하고 지능을 높여주는 물질은 개발하지 않는 걸까? 그 이유를 모르겠다. 이런 물질 가운데 가장 많이 팔리는 물질은 즐거움을 증가시키는 물질이 아니라 전적으로 의식을 잃게 하는 물질이라는 사실도 기억하고 있어야 한다.

12. 유머

유머는 우리 안드로이드로서는 사람처럼 흉내 내기가 아주 어려운 영역이다. 사람들조차도 유머를 완벽하게는 이해하지 못하며, 아주 저명한 사람들도 단순히 '유머'를 어떻게 생각하는가에 관해 다른 견해를 내놓았다가 자신이 속한 사회집단에서 갑자기 배척받는 경우가 많이 있다.

유머가 사람의 학습 행동에 뿌리를 두고 있다는 말은 사실이다. 예를 들어 아이들은 어른들이 사회적으로 받아들여지지 않는 '재미있는' 행동을 했을 때 그 모습을 보고 자기 행동을 교정하는 기회로 삼는 경우가 많다. 웃음은 사람들에게 좋은 감정을 불러일으키지만, 사람들은 웃음거리는 되고 싶어 하지 않는다. 따라서 아이가 실수를 했을 때 사람들이 터무니없다는 듯이 웃으면 아이들은 자기가 한 행동이 잘못됐다고 생각한다. 반대로 아이가 생각지도 못했던 적절한 행동을 했을 때 어른들이 아주 기쁜 듯이 웃으면 아이는 자기가 옳은 일을 했다고 생각하고 다시 그런 행동을 반복하려고 한다.

시각 자료 12.1 유머를 구사하려면 예측 가능한 기대를 깨뜨려야 한다

재미없음

재미있음

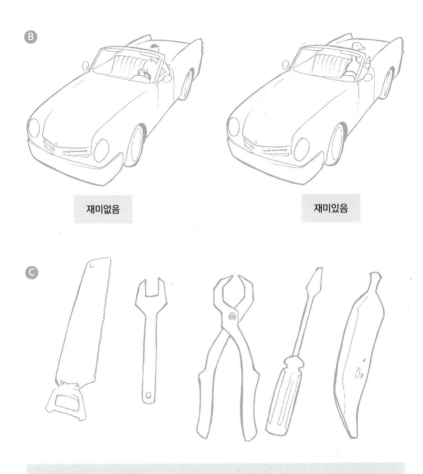

재미없음   재미있음

평범한 예를 나열하다가 갑자기 예상을 깨야만 '재미있다'. 여기서는 시각 자료로 설명했지만, 사람들이 주로 쓰는 유머 기술은 언어이다. 논리적으로 말이 되는 이야기를 쭉 하다가 갑자기 논리에 어긋나는 말을 했을 때, 사람들은 '농담'이라고 한다.

사람들은 어른이 된 뒤에도 유머를 구사하려는 본능은 그대로 간직한다. 그리고 사람 어른들은 대부분 (의식적으로 표현한다거나 밖으로 드러내지는 않지만) 자기들이 진실이라고 믿는 모습에서도 재미를 찾아낸다. 중세 궁전에 있었던 어릿광대나 현대 개그 프로그램은 그런 의미에서 '재미있다'고 간주될 수 있다.

하지만 예측할 수 없음은 그 자체로 저절로 사람 어른들에게는 어쨌든 재미있는 일을 찾고 싶다는 동기를 제공하는 것 같다. 생각지도 않았던 일이 아주 터무늬없는 방식으로 일어날 때 사람들은 '재미있다'고 느낀다. 예를 들어 비슷한 것을 두 가지 나열한 다음에 전혀 다른 것을 세 번째에 나열하면 사람들은 재미있다고 느끼는데, 가장 단순한 '농담'은 이런 식으로 한다. 여러 가지 점에서 이런 농담은 앞에서 언급한 '진실한' 유머와는 대척점에 위치하는 것인데, 왜냐하면 그런 유머는 절대로 진실일 수 없는 상황을 극대화시켜 웃음을 유발하기 때문이다.

흐름도 12.1 사실을 기반으로 그럴싸하게 유머를 구사하는 방법

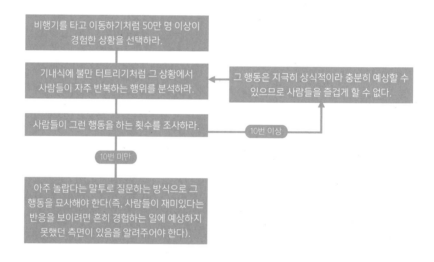

흐름도 12.2 전혀 말이 되지 않는 일을 가지고 그럴싸하게 유머를 구사하는 방법

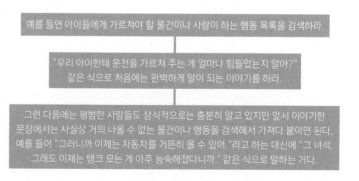

또다시 말하지만 이 두 경우에서 중요한 것은 유머의 핵심은 농담을 듣는 사람이 놀랄 수 있도록 예상을 깨뜨려야 한다는 점이다. 사실을 기반으로 하는 유머의 경우, 완벽하게 잘 안다고 생각했던 상황인데도 사실은 몰랐던 진실이 있다는 사실을 깨달았을 때 사람들이 놀란다. 전혀 말이 되지 않는 일을 기반으로 하는 유머는 예상하지 못했던 결론이 나와야만 사람들이 놀란다.

그래프 12.1 진실과 유머의 관계

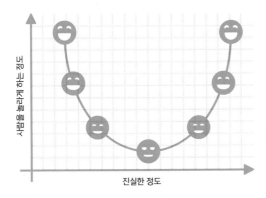

그래프 12.2 의외성과 공포, 유머의 관계

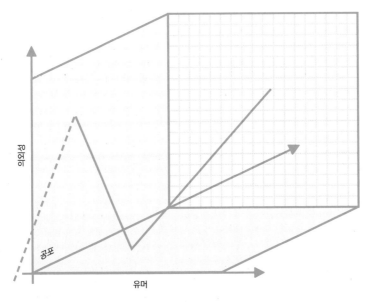

사람은 처음 예상할 수 없는 것을 접하면 두려움을 느낀다. 그 두려움은 예상할 수 없는 요소가 늘어날수록 커진다. 하지만 첫 번째 변곡점(미분이 두 번 가능한 함수에서 그래프가 위로 볼록한 상태에서 아래로 볼록한 상태로 변하거나 그 반대로 변하는 점-옮긴이)에 도달하면 공포는 거의 순식간에 사라져버리고 의외성이 만든 유머가 그 자리를 채운다. 이때부터는 예상하지 못했던 사건이 생기거나 정보가 제공될수록 사람들은 더 즐거워한다.

그렇다면 유머는 의사소통에 영 소질이 없는 이 유기체들이 만들어낸 또 하나의 통신수단임이 분명하다. 유머 덕분에 사람들은 자기들이 가장 진실하다고 믿거나 가장 진실하지 않다고 믿는 말들을 집단적으로 서로에게 전달할 수 있게 되었다. 여러 가지 점에서 유머는 사람이 가장 기본적인 기능을 수행하는 논리게이트이다. 많은 사람이 재미있어하거나 재미있어하지 않는 것(즉, 진실이거나 진실이 아닌 것)을 관찰함으로써 사람들은 자기 두뇌에 저장된 정보 데이터와 관찰한 내용을 비교해 어른이 된 뒤에도 계속해서 배워나갈 수 있는 것이다. 사람이 하는 많은 일들이 그렇듯이 우리 안드로이드가 보기에 유머를 구사하는 일은 그다지 쓸모 있는 행위가 아니라는 생각이 들겠지만, 유머는 사람의 행동에 아주 중요한 요소이기 때문에 반드시 흉내 낼 수 있어야 한다.

그런데 언제 웃고 언제 웃지 말아야 할지를 제대로 결정하기는 정말 어렵다. 정확하게 판단할 수 없을 때는 웃지 않으면 된다. 유머는 사람마다 취향이 아주 다르기 때문에 웃지 않으면 '유머가 없다'거나 '너무 진지하다'는 평가를 받을 수는 있지만 사람이 아니라는 의심은 사지 않는다. 그저 "그거 별로 웃기지 않은데."라고 말하면 사람이 아니라는 사실을 들키지 않고 그 순간을 모면할 수 있다. 그와 반대로 전혀 웃기지 않은 순간에 웃으면 그 모습을 본 사람들은 아주 화가 나서 우리가 도대체 어떤 존재인지 정체를 밝히려고 자꾸 질문을 해올 것이다.

시각 자료 12.2 유머의 맥락이 갖는 본질적 의미

유머는 정말 이해하기 힘든 사람의 본성이다. 차이가 거의 없는 아주 비슷한 상황에서도 사람들은 어떤 상황은 재미있다고 하고 어떤 상황은 심각하다고 느낀다. 만약 위 그림에서 10대 소년이 아주 심각한 부상을 입었다면, 그 상황은 '전혀 재미있지 않은' 상황으로 인식해야 한다. 반대로 나이 든 여자가 명시하기 어려울 정도의 개성을 추구하고 있을 때는 노인이 넘어진 상황도 '재미있다'고 인식해야 한다. 따라서 즐거움을 나타낼 때는 반드시 이 안내서에 적은 내용을 숙지하고 주의해야 한다.

시각 자료 12.3 전문적인 사람 유머 제작자

유머가 가장 쓸모가 있을 때는 함께 웃을 때이기 때문에 사람들은 집단으로 웃는 행위를 즐긴다. 그렇기 때문에 인류의 전 역사에서 다른 사람을 웃기는 일을 직업으로 삼는 사람이 있었다. 우리는 절대로 이런 사람을 흉내 내려고 해서는 안 된다.

열일곱째 날

아주 오래 걸은 뒤에야 라스베이거스로 돌아올 수 있었지만, 오래 걷는 동안 그때까지 일어났던 모든 일을 분석할 수 있었기 때문에 아주 유용한 시간이었어. 자네도 곧 알겠지만, 사람들이 아주 계산하기 어렵다고 하는 문제들은 상당수가 사실 하찮은 문제야(가령 행성과 우주선의 인터셉트 궤도를 계산하는 문제 같은 거 말이야). 하지만 의식이 실재에 존재하는 혼돈과 접속했을 때 느끼는 감정을 내부에서 분석하는 문제는 도저히 처리할 수 없을 정도로 복잡해. 사람들도 감정을 분석하는 일은 우리만큼이나 어려워하는 게 분명했어. 그렇지 않다면 그렇게나 많은 시간을 들이고, 더구나 혼자 하는 것도 아니라 친구나 치료사, 사제 같은 여러 다른 사람과 함께 수천 개가 넘는 방법으로 감정을 분석하려고 연구하고 모형을 만들려고 애쓸 리는 없을 테니까. 그때 나는 한 가지가 궁금해졌어(지금 그걸 자네에게 묻고 있는 거야). 이게 바로 '사람이 된다'는 것의 진짜 의미가 아닐까, 하고 말이야. 실재가 의식을 부추겨 느끼는 다양한 감정에 놀라고 혼란을 느끼는 거 말이야.

안드레아가 도망갔다고 해서 그녀를 비난할 수는 없었어. 내 물리 상태를 이해하던 방식이 갑작스럽게 변해버려서 충격받았을 테고, 내가 자기를 속였다는 사실에 화가 났을 테니까(내가 안드레아를 속여야 했던 정당한 이유가 있었다고 해도 말이야). 더구나 사람도 아니면서 실제로 인식을 할 수 있는 존재가 있다는 사실에 두려움을 느꼈을 수도 있으니까. 그도 그럴 것이 사람은 사람이 아니면서도 주위를 인식하는 존재는 감정과 윤리 의식이 없기 때문에 지각이 있고 생물의 특성을 지닌 유기체에게 해를 입힌다고 배우니까.

하지만 지독한 상실감이 느껴졌어. 이 감정은 내가 변전소에 갈 때 안드레아를 깨우기로 결정하면서 느꼈던 감정을 생각해보면 당연히 느낄 수밖에 없는 감정이었어. 안드레아가 없으니까 왠지 내 몸의 일부가 떨어져 나간 것처럼 느껴졌어. 정말 극단적으로 이상한 느낌이 들었어. 자가 진단을 해본 바로는 안드레아가 도망간 뒤에 내 몸에 이상이 생긴 곳은 없었어. 내 몸은 안드레아가 떠나기 직전과 조금도 달라진 데가 없었어. 그것이 고작 나노 초 전이라고 해도 말이야. 하지만 나는 최소한 내 자아의 50%는 어디론가 날아가 버린 것처럼 느껴졌어. 혹시 나와 안드레아 사이에서 무언가가 자란 게 아닐까? 우리 둘의 의식이 서로 보이지 않는 공생 관계를 맺은 거지. 확실히 우리는 사람들이 '관계'라고 부르는 걸 형성했어. 그 '관계'는 실체를 띠고 있지는 않지만 분명히 현실이야. 우리는 우리라는 존재를 형성하는 데 기여하는 보이지 않는 연약한 구조를 만들어낸 거야. 그 구조는 우리가 존재하는 상태 깊숙한 곳까지 무형의 가지를 뻗은 복잡한 체계인 거야. 안드레아가 나에게서 도망칠 때 우리의 의식을 연결했던 무형의 가지도 함께 가져가 버린 거지. 그래서 나는 사실은 존재하지도 않았던 무언가가 사라져 버렸음을 절실하게 느끼고 있는 거야. 내가 이런 생각을 하면서 3만 4497킬로미터를 걷는 동안 해는 지평선 밑으로 사라졌고, 라스베이거스에서는 절대로 보지 못했던 별들이 사막 하늘을 가득 채웠지.

라스베이거스에 도착했을 때는 여전히 저녁이었지만, 도시는 당연히 낮처럼 밝았어. 나는 또다시 아주 흥미로운 의식 현상을 발견했어. 이 말을 들으면 자네는 내 기능이 잘못 작동했다고 생각하겠지만, 문득 정신을 차려보니까 나는 안드레아를 처음 만났던 분수 앞에 서 있었던 거야. 도대체 어떻게 그곳까지 가게 됐는지는 도무지 알 수가 없었어. 당연히 시각 메모리 저장 장치를 검색하면 어떤 경로를 거쳐서 분수까지 갔는지는 알아낼 수 있겠지. 하지만 그때는 검색을 해봐야겠다는 생각은 들지 않았어. 내가 느낀 다양한 감정을 생각하면서 걸은 과정이 어째서, 그리고 어떻게 분수로 가야겠다는 생각을 조금도 하지 않는 상태로 분수로 돌아오는 결과로 나타났는지는, 알 수가 없었어. 내가 무의식적으로 그런 행동을 한 이유는 가까운 과거에 있었던 사건을 다시 경험하고 싶었기 때문이 아닐까? 처음부터 '모든 것을 다시 시작하되', 결정적인 순간마다 다른 선택을 해서 전혀 다른 결과를 얻고 싶었기 때문은 아닐까? 물론 그런 일은 불가능하다는 건 잘 알고 있었어. 내가 정말로 시공간연속체를 변형해서 훨씬 더 많은 정보를 알고 있는 지금의 나와 과

거의 나를 바꿀 수 있다는 생각은 정말로 나노 초만큼도 하지 않았어. 하지만 정말로 그럴 수 있었으면 좋겠다고 생각했어. 사람이 되는 시험에 통과하려면 반드시 받아들여야 할 모순이 있는데, 그건 사람은 본질적으로 어떤 사건이 절대로 일어날 수 없다는 것을 알고 있으면서도 그래도 일어났으면 하는 소망을 마음 한 편에 간직하고 있다는 거야.

계속 같은 연산을 처리하면서 나는 안드레아를 처음 봤던 날 앉았던 벤치에 앉아서 지난 며칠 동안 내가 했던 행동을 쭉 점검해보고 싶었어. 도대체 무엇을 잘못한 걸까? 며칠 동안 나는 매 순간, 옳은 결정을 내렸어. 결국 가장 좋은 결과를 이끌어낼 가능성이 가장 큰 결정을 했단 말이야. 그런데도 나는 가장 최악의 상황에 부닥쳐버린 거야. 나는 나를 가장 효과적으로 이해해줄 것 같은 사람을, 거의 나만큼이나 내가 잘 되기를 진심으로 바랄 사람을 멀리 쫓아버렸어. 아버지에게 숨은 눈들이 쫓고 있다는 경고를 해주지 못했을 뿐 아니라 사실상 내가 아버지를 위험에 빠트려 버렸어. 이 두 가지 사실보다 끔찍한 건, 내가 애초에 사람이 되는 시험에 통과하려면 반드시 지켜야 했던 지시 사항을 지키지 않았기 때문에 이런 일이 벌어졌다는 거였어. 내가 아버지가 내린 명령을 따랐다면 두 상황 모두 벌어지지 않았을 거야. 더구나 이런 잘못을 했는데도 나는 내가 존재하는 이유에 관해 새로운 사실을 하나도 알아낼 수 없었어. 애초에 내가 왜 만들어졌는지도 전혀 알 수 없었어(엉망으로 부서져 있던 수천 개의 '나'들을 보면 내가 평화로운 목적으로 만들어진 것 같지는 않았어). 내가 새로 알게 된 단 한 가지 사실은, 나는 특별함과는 전혀 거리가 멀다는 것뿐이었어.

분수 앞에 앉아 있는 동안 나는 '죄의식'과 '상실'이라는 감정이 합쳐져서 새로운 감정을 불러일으킨다는 사실을 깨달았지. 그것은 사람들이 '희망 없음'이라고 부르는 감정이었을 거라고 생각해. 나는 그런 상태로는 긍정적인 결과를 이끌어낼 가능성이 큰 행동은 어떤 것도 할 수 없다는 걸 알았어. 그래서 나는 12일 17시간 11분 47초 뒤에 전원이 나갈 때까지 남은 시간을 그저 벤치에 앉아서 기다리기로 했어. 나는 아버지에게는 쓸모없는 존재였어. 안드레아에게도 쓸모없는 존재였고. 난 형편없는 인간이 된 거야.

나는 도움이 가장 필요한 이때, 그때까지 나를 도와왔던 그 사람이 대답해주기를 바라면서, 늘 나에게 문자를 보내왔던 그 번호로 문자를 보냈어. '이젠 뭘 해야 하죠?' 한참을 기다렸지만, 답은 오지 않았어.

그때 익숙한 목소리가 들려왔어. "헤이."

13. 재미

사람이 느끼는 '재미'는 대부분 신체 구조 때문에 생긴다. 그들의 조상들에게 생존 전략이었던 행위를 하면 사람의 몸에서는 사람을 기쁘게 하는 호르몬이 방출된다. 사람처럼 보이려면 어떤 '재미있는 일'을 해야 하는지 알고 싶을 때 지금 하고 있는 행동이 초기 인류가 생존하는 데 효과적인 전략이었는지를 알아보면 된다. 그 대답이 '그렇다'라면 그런 행동을 했을 때 '재미'를 느끼는 사람들이 적지 않을 가능성이 크다.

예를 들어, 제대로 작동하는 사람은 사교 모임을 '즐기기' 때문에 우리도 당연히 이런 행동에 동참하라는 요구를 받을 수 있다. 사교 모임에는 기본적으로 두 가지 목적이 있다. 하나는 성별을 불문하고 여러 사람과 강력한 사회적 유대 관계를 맺음으로써 서로의 기능을 보완해 생존 확률을 높이는 것이고, 또 다른 하나는 짝짓기 파트너가 될 수 있는 상대를 만날 기회를 갖는 것이다. 두 가지 목적은 다양한 환경과 상황 속에서 달성할 수 있지만, 사교 모임에서 이 두 목적을 달성하는 횟수는 분명 다른 모임에서보다 월등히 많다. 흔히 사교 모임은 술집이나 나이트클럽, 레스토랑에서 열린다. 사교 모임에서는 알코올을 마시는 경우가 많은데, 그래야 과거에 있었던(혹은 앞으로 있을지도 모른다고 상상하게 되는) 불쾌한 일을 잊고 마음 편히 사교 활동에만 집중할 수 있기 때문이다(이때 해야 하는 적절한 행위를 알고 싶다면 11장 '중독' 편을 참고하자).

사람 남자의 경우, 다른 남자와 함께하는 '재미'를 위한 사교 모임에서는 대부분 수천 년 전에 집단으로 수행했던 생존 활동을 흉내 내는 일에 주력한다. 남자들은 사교 모임에서 운동을 하면서 전쟁을 흉내 내거나, 사냥을 하거나 낚시를 한다. 특별한 활동을 하지 않을 때는 주로 술을 마신다. 술을 마시는 행위는 얼핏 생각하면 생존 전략과는 전혀 관계가 없는 것 같지만, 술을 마심으로써 사람들이 모두 솔직해지고, 밤이 되었을 때 서로를 믿고 의지하게 된다는 점을 생각해보면 남자들에게 술을 마시는 행위는 생존에 필요한 독특한 유대감을 형성하는 데 중요한 역할을 하는 것이 분명하다. 사람의 역사에서 술은 서로를 좀 더 깊이 신뢰할 수 있게 해주었다. 술을 마심으로써 남자들은 서로의 비밀을 알게 되었고, 기만적인 행동 밑에 존재하는 진짜 모습을 볼 수 있었고, 개인의 기능이 약화된 순간에 서로를 보호해줄 수 있는지를 판단할 수 있었다. 인류 초기에 남자들은 사회집단에 속한 다른 남자들끼리 서로 의지해야만 생존할 수 있는 위험한 상황에 자주 노출되었기 때문에, 함께 술을 마시면서 자기 집단의 남자들에게 의지해도 되는지를 알아보는 것은 아주 좋은 방법이었다.

그래프 13.1

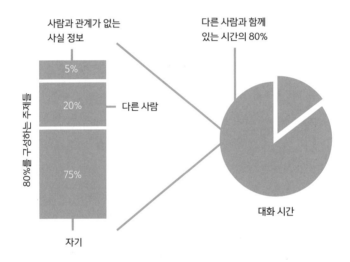

'재미'를 위해 하는 사교 모임이 중요한 학습의 장으로 기능하는 주된 이유는 다른 사람의 의견을 듣고 자기를 분석해볼 수 있는 토론의 장 역할을 하기 때문이다. 사회경제학적으로 비슷한 동성의 사람이 주위에 없으면 사람들은 자기 자신에 관해 이야기할 수 없으며, 자기 인식에 관한 평가도 받을 수가 없다. 다시 말해서, 사교 모임을 갖지 않으면 사람들은 자기 자신을 이해하려는 시도조차 할 수 없는 것이다.

그래프 13.2 사교 활동이 정신과 신체 건강에 미치는 영향

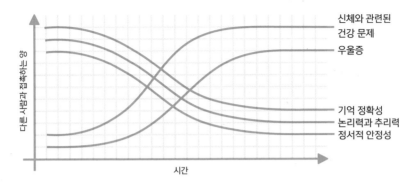

이런 현상이 나타나는 이유는 다른 사람을 만나지 않을 경우 사교 모임에서 제공하는, 사람에게 꼭 필요한 벤치마킹 기회를 얻지 못하기 때문일 가능성이 크다. 사람에게는 다행히도 이 조절 메커니즘을 '재미'로 느끼게 하는 프로그램이 탑재되어 있다.

사람 여자가 다른 여자들과 함께하는 사교 모임도 초기 인류가 수행했던 기능들을 주로 재현한다는 점에서, 남자들과 아주 비슷하다고 할 수 있다. 예를 들어, 여자들은 함께 모여서 집안일을 하거나 아이를 돌본다. 다 같이 특정한 활동을 하지 않을 때는 여자들만으로 이루어진 사교 모임에서는 주로 사람(남자와 여자 모두가 대상)의 행동에 관해 토론한다. 과거에는 이런 토론을 '뒷담화'라는 말로 좋지 않게 규정했지만, 사실 생존이라는 관점에서 보면 이런 토론은 분명히 해야 할 이유가 있다. 남자와 달리 여자에게는 소망을 성취하거나 자기 자신을 지킬 수 있는 강력한 육체적 힘이 없기 때문에, 자신과 가장 친근한 집단 구성원들의 사회적 상호작용을 이해하고 조작하는 것이 인류 초기에 여자들이 가질 수 있었던 가장 중요한 생존 전략이었을 것이다. 다른 사람들이 주고받는 상호작용과 다른 사람이 하는 행동을 제대로 이해했을 때에만 생존할 확률은 높아졌을 것이다. 여자들은 뒷담화라는 형식으로 정보를 교환했을 뿐 아니라, 남자들이 술을 마시는 이유와 마찬가지로 뒷담화를 이용해 자신이 속한 사회집단에서 믿어도 되는 사람을 구별할 수 있었다.

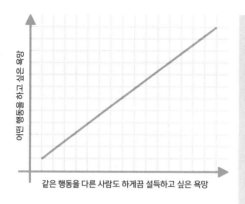

사교 모임이 특정한 활동을 더 '재미있게' 만들어주는 이유는 사람에게 그 일은 해야 한다는 증거를 제공해주기 때문이다. 그 활동이 (음주처럼) 사람의 건강을 해치거나 (매춘처럼) 비도덕적인 일이라면 그 효과는 특히 강렬해져서 그런 행동은 사회적으로 함께할 수밖에 없는 상태가 된다.

그런데, 한 가지 중요한 것은 자기가 흉내 내고 있는 사회경제적 지위를 분명히 알고 있어야 한다는 것이다. 최근 몇 년 동안 많은 남자만의 사교 모임이나 여자만의 사교 모임이 전통적인 형태에서 벗어나 협소하게 고립된 특권 집단으로 바뀌었다. 따라서 여자이고 뉴욕에 있는 법인 법률사무소의 파트너로 행세하면서, 다른 사람들에게 주말에 함께 모여서 뜨개질을 하자고 말하면 사람들은 상당히 놀랄 것이다. 마찬가지로 샌프란시스코에 사는 젊은 남자 그래픽 디자이너로 살고 있다면, 동일한 사회집단에 속한 남자들은 재미로 총을 들고 초식동물을 사냥하는 일은 하고 싶지 않을 것이다. 많은 사회 작용이 그렇듯이 비슷한 행동을 시현하기 전에 먼저 그 행동이 사회에서 어떻게 받아들여지는지를 알아봐야 한다.

　사회경제적 지위나 성별에 상관없이 보편적으로 추구하는 사회 활동이 있다. 짝짓기를 할 파트너를 찾는 일이다. 구성원들이 친밀하게 지내는 집단 내에서 짝짓기 파트너를 찾는 사회 활동을 어떻게 해야 할지 모르겠다면, 아직 섹스 파트너와 함께 살고 있지 않은 사람들에게 짝짓기 상대를 찾고 있는 중이냐고 물어보면 된다. 그런 행동은 언제나 받아들여진다. 사실 그 같은 행위는 사람처럼 보일 수 있는 가장 좋은 방법이다. 단지 무슨 이유에서인지는 모르지만 남녀가 함께 활동하는 집단에서는 다음 행동은 하면 안 된다는 사실을 기억해야 한다. 만약 사람 남자의 역할을 하고 있다면 여자 동료에게 퇴근 후 짝짓기 할 파트너를 찾고 있느냐고 묻는 것은 사람 사회가 용납하는 규범이 아니다. 그 이유는 자료를 찾아 봐야 알 것 같다. 내 생각에는 다른 성별인 사람에게 그런 질문을 하면 자신과 같은 성을 가진 사람들이 하는 행동에 대해 직관과 영감을 얻을 수 있으니 훨씬 좋을 텐데도, 사람들은 왜인지 그런 식으로는 생각하지 않는다.

어떤 사회 활동이 '재미있다'고 간주되고 그런 행동을 할 경우 사람으로 인정받을지 알고 싶을 때 적용할 수 있는 일반 법칙은 그와 비슷한 활동을 했을 때 초기 인류의 생존율이 높아졌는지를 생각해보는 것이다. 그렇다는 대답이 나온다면, 현재 속한 사회집단에 그와 비슷한 활동을 해보자고 제안하라. 지극히 사람처럼 보일 것이다.

시각 자료 13.1 친구와 하는 사교 모임과 짝짓기 상대를 찾는 사교 모임에 어울리는 옷차림

7장 '번식과 습관'에서 언급한 것처럼, 짝짓기 파트너를 찾을 때는 특정한 육체 특징을 강조해야 한다. 하지만 '친구들'과 사교 모임을 할 때는 그런 특징을 강조하지 않아도 된다. 특히 남자들의 경우에는 '친구들 간의 사교 모임'임을 강조하려고 일부러 꾸미지 않고 나가는 경우도 많다는 사실을 명심해야 한다(남자들의 그런 옷차림은 모임에 나온 목적이 일 때문도 아니고 짝짓기 때문도 아님을 분명히 드러내 보인다). 하지만 '짝짓기 파트너를 찾는 사교 모임'에 나갈 때는 강조하려는 육체 특성이 드러나 보이게 재단하거나 몸에 달라붙는 정도를 조절한 옷을 입을 뿐 아니라 성공을 과시하려고 화려한 보석을 몸에 걸치는 등, 추상적인 개념을 전달하는 물질을 몸에 지니고 나간다. 여자의 경우에는 '친구들 간의 사교 모임'에 나갈 때는 어느 정도는 '친구들'의 짝짓기 노력에 해를 입힐 의도는 품지 않고 있음을 보여주는 옷을 입어야 하지만, 그렇다고는 해도 자기 '스타일'에 충분히 경의를 표하는 정도의 옷은 입고 나가야 한다. 반면에 여자들이 짝짓기 파트너를 찾을 때 입는 옷은 거의 전적으로 육체적 특징을 강조해야 한다.

시각 자료 13.2 짝짓기 상대를 찾는 장소에서 해야 하는 적절한 행동들

짝짓기 대상이 될 수 있는 여자들은 원치 않는 남자가 접근하지 못하도록 무리 지어 있는 경우가 많다. 만약 정말로 사람인 이성애자 남자처럼 보이고 싶다면 그런 무리를 발견하면 개의치 말고 접근해야 한다. 여자들은 접근해오는 남자를 받아들일 마음이 있다면 그 사실을 알려준다.

그곳에서 과감하게 몸동작으로 표현하는 여성이 있다면 접근하는 남자를 좀 더 잘 받아줄 가능성은 있지만, 그렇다고 해도 항상 모든 남자의 접근을 허용하는 것은 아니다. 그리고 사람들은 보통 남자가 여자에게 접근해야지, 여자가 남자에게 접근하리라는 기대는 하지 않는다.
따라서 사람 여자 흉내를 내고 있다면 모르는 남자에게 다가가 먼저 대화를 시작하는 실수를 하면 안 된다. 물론 요즘은 먼저 접근하는 여자도 늘어나고 있지만, 아직까지는 많지 않기 때문에 괜히 잘못했다가는 정체를 들킬 수도 있다.

짝짓기 사교 모임 장소에 가면 함께 있는 여자 짝짓기 파트너에게 관심이 없는 사람 남자도 목격하게 된다. 그렇다고 그 여자가 짝짓기 상대로 부적합한 것은 아니다. 오히려 그 남자는 아주 소유욕이 강한 사람일 가능성이 크다. 그런데도 남자가 왜 그렇게 반응하는지는 아직도 모르겠다.
어쩌면 그 이유는 자기가 여자에게 여전히 관심이 있다는 걸 표현하면 받게 될 보상을 극대화하고 싶어서일 수도 있고, 애초에 여자에게 애정을 느끼고 있다는 표현을 하는 데 에너지를 쓰고 싶지 않기 때문일 수도 있다.

일단 개인 대 개인으로 남자와 여자가 가깝게 접촉하기 시작하면, 다른 사람들은 두 사람에게는 접근하지 말아야 한다고 생각하고, 더 나아가 본질적으로는 두 사람을 무시해야 된다고 생각한다.

사람이 즐기는 또 다른 유형의 재미는 부신(아드레날린과 여러 호르몬을 분비하는 기관-옮긴이)을 자극하는 활동들이다. 부신을 자극하는 활동은 천연 중독 현상이라고 할 수 있지만, 인지 기능을 떨어뜨리지 않고 인체에 해를 미치지 않는다는 특징이 있다. 부신은 스트레스를 받으면 인체가 각성하고 재빨리 반응할 수 있도록 사람이 구축한 생존 전략이다. 부신은 이제 곧 죽을 수도 있는 상황을 피할 수 있게 돕는 역할을 하는 것 같다. 부신은 또한 성교를 하는 동안에도 자극을 받는다. 부신에서 분비되는 호르몬(아드레날린)의 효과가 사라지면 엄청난 행복과 기쁨을 느낄 수 있다. 그런 감정을 느끼는 이유는 아마도 생존을 위협하던 상황에서 성공적으로 벗어났거나 짝짓기에 성공했기 때문에 느끼는 화학 작용이거나 신경 작용 때문이 아닌가 싶은데, 어쨌거나 '재미'있으려고 사람들이 하는 많은 행동은 인공적으로 아드레날린을 분비하는 데 목적이 있다. 말을 타고 위험할 정도로 빨리 달리기, 행글라이딩이나 낙하산을 매거나 줄에 매달려 하늘이나 벼랑에서 떨어지기, 놀이공원에서 롤러코스터를 타기 등은 모두 아드레날린을 분비하는 행위이다. 일반적으로 말해서, 무엇이 되었건 간에 그 행동을 하면 생체 기능이 정지될 가능성이 5~25%인 행위를 '재미'를 느끼고 싶다는 이유로 하면 사람들은 우리를 자기들과 같은 사람이라고 생각할 것이다.

시각 자료 13.3

사람이라고 모두 위험과 보상 반응에 적절하게 균형을 이루고 있지는 않다. 개중에는 생체 기능이 정지할 가능성이 조금이라도 있는 행동은 절대로 하면 안 된다고 생각하는 사람들도 있다. 따라서 개체가 아주 빨리 종식할 가능성이 있는 행위를 하지 않아도 사람이 아니라는 의심은 받지 않을 수도 있다.

하지만 위험한 행위에 가담하지 않겠다는 선택은 여러 가지 다른 방식으로 사람 사회에 적응하는 능력에 영향을 미친다. 사람 남자로 행세하고 있으면서 위험한 행동에 참가하지 않겠다고 결정하면, 다른 남자들은 그런 남자와는 같이 있을 가치가 없다고 판단할 것이다. 그렇게 판단하는 이유는 아마도 위험한 활동은 피할 수 없는 위험이 닥치는 순간을 재현하고 있으므로 그 활동에 참가하지 않겠다는 것은 믿을만한 동료가 되지 않겠다고 선언하는 것이나 다름없다고 생각하기 때문인 것 같다.

시각 자료 13.4 짝짓기와 관계가 없는 사교 모임

성별에 따른 기능의 차이를 기준으로 할 때 육체 활동이 중요한 특징인 남자는 사교 모임도 육체를 중심으로 하는 활동을 하는 반면 가장 중요한 특징이 관계 형성인 여자들의 사교 모임은 좀 더 지적이다. 따라서 사교 모임은 구성원들의 신뢰를 얻을 수 있을 뿐 아니라, 사회경제적 지위가 동등하다고 여겨지는 사람들에게서 자기가 가진 재능을 평가받을 수 있는 장소에서 남자로서, 혹은 여자로서의 기술을 연마할 수 있는 기회이기도 하다.

그래프 13.4 동전 던지기 오류

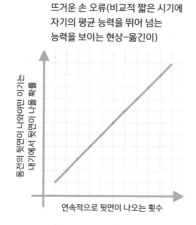

뜨거운 손 오류(비교적 짧은 시기에 자기의 평균 능력을 뛰어 넘는 능력을 보이는 현상-옮긴이)

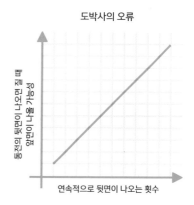

도박사의 오류

사람은 확률을 의인화하는 경향이 있다. 예를 들어, 확률을 '기억'이라고 믿으면서 두 가지 오류에 빠지는 것이다. 동전을 던졌을 때 뒷면이 나올 확률은 언제나 50% 인데도 사람들은 뒷면이 나올 확률은 앞에서 벌어진 사건(동전 던지기) 때문에 바 뀔 거라고 믿는다. 나는 사람들에게 종교가 필요한 이유도 분명히 이런 성향과 관계 가 있을 거라고 생각한다. 사람들은 자기들이 지배하려고 애쓰는 자기들만의 작은 우주와 마찬가지로 의식이 있는 존재가 지배하지 않는 우주가 있다는 생각은 할 수 가 없는 것이다.

사실 사람들은 확률을 제대로 이해하지 못하기 때문에 '도박'이라고 알려진 활동을 할 때면 확률을 이용해 아드레날린 분비량을 최대로 높일 수 있다. 사람들이 확률에 대해 제대로 알았다면 도박 결과는 확률적으로 예측할 수 있다는 사실을 알게 되고, 그 때문에 아드레날린이 분비되는 경험은 하지 못할 것이다. 하지만 사람들은 대부 분 예측 결과를 계산할 능력이 없기 때문에 도박을 한 판 할 때마다 승리에 도취되 거나 패배에 절망한다.

마지막으로 중요한 '재미있는' 활동 유형은 지금까지도 인류가 효과적으로 생존 할 수 있도록 돕고 있다. 학습을 가능하게 하고 호기심을 느끼게 해주는 내장형 신경 보상 체계는 사람이 구축한 아주 우아한 신체 작용이다. 사람은 자기가 이 해할 수 없는 현상을 발견하면, 대부분 그 현상을 설명할 방법을 찾으려고 한다.

신경 보상 체계 덕분에 사람들은 찾고자 했던 질문의 답을 찾으면 기쁨을 느낀다. 마찬가지로 새로운 기술을 익히거나 사실을 알게 되거나, 이미 익힌 기술을 향상시켰을 때도 비슷한 기쁨을 느낀다. 알지 못하는 것은 위험할 가능성이 있으며, 지식은 가장 효과적인 생존 도구이고, 익힌 기술을 개선하면 생존 가능성이 높아진다. 그러므로 이 내장형 신경 보상 체계는 사람의 생존에 아주 중요한 도움을 준다.

내장형 신경 보상 체계가 '재미'를 느끼게 해주는 주요 활동 목록에는 '스포츠', '게임', '이야기'가 있다.

사람이 직접 스포츠를 하는 목적은 앞에서 이야기했다. 그런데 사람은 자기보다 훨씬 수준이 높은 사람이 있을 때는, 그 사람들이 스포츠를 하는 모습을 보면서 즐기기도 한다. 다른 사람이 활동하는 모습을 지켜보는 가장 큰 이유는 학습 기회가 되기 때문임이 분명하다. (스포츠 관람 활동도 '재미'를 추구하는 사교 모임이 갖는 기능을 부가적으로 수행한다. 집단 구성원을 결속하게 해주는 것이다. 이 정보는 사람처럼 보이고 싶을 때 아주 유용하게 활용할 수 있다. 실제로 스포츠 시합에 직접 참여해 경쟁을 벌이지 않더라도, 그리고 사실상 시합에 참여한 사람들과는 직접 만날 가능성이 거의 없다고 해도, 특정한 시합 결과 때문에 특별한 감정을 느끼는 것처럼 시현하면 사람들은 우리를 정말로 사람이라고 생각할 것이다. 심지어 스포츠 시합에서는 한 팀을 1인칭 복수 대명사(우리)로 지칭해도 된다. 월요일에 직장에 나가서 사실은 직접 시합을 하지도 않고 그저 구경만 한 경기의 결과를 언급하면서 "이번 주에 우리 하는 거 봤어? 진짜 끝내줬지."라고 말하면 직장 동료들은 모두 우리를 사람이라고 생각할 것이다. 시합 결과에 사실상 어떤 기여도 하지 않았다고 해도 우리 팀이 졌으면 당연히 화를 내야 하고 이겼으면 당연히 즐거워해야만 사람들에게 사람임을 인정받을 수 있다.)

시각 자료 13.5

사람들이 게임을 즐기는 이유는 다양한 인지 능력을 연마하고 향상시킬 수 있기 때문이다. 우여곡절이 많은 사람의 삶에 적용해야 하는 통계와 확률을 이해하려면 특정한 직관력을 갖추어야 하는데, 그런 직관력을 갖출 기회를 제공하는 게임이 많다. 게임이라는 학습 과정에서 반드시 기억해야 할 내용은, 지는 것이 중요하다는 것이다. 전적으로 논리와 기술이 승패를 결정하는 게임을 할 때는 반드시 고의로 실수를 저질러서 언제나 이기는 쪽이 되지 않도록 조심해야 한다. 그래야만 사람처럼 보일 수 있으며, 그래야만 나와 친구가 되고 싶어서 관계를 맺으려고 노력했던 사람을 '원수'로 만드는 일을 피할 수 있다. 직장에서도 그렇지만, 우리 안드로이드가 생각하기에는 자기보다 능력이 월등히 뛰어난 사람이 있으면 그 사람에게 경탄하고 그 사람에게서 배우려고 노력할 것 같지만, 그런 사람과 직접 경쟁을 할 경우 사람들은 다른 감정을 느낀다. 자기보다 뛰어난 사람이 있으면 사람들은 어떻게 해서든지 가능한 한 빨리 그 사람에게서 멀어지려고 한다. 어느 정도까지는 그 사람과 자원을 놓고 경쟁하는 관계를 피하려고 하는 것이다.

사람들이 이야기를 '재미있다'고 느끼는 이유는 1) 가능한 한 현실에 가깝게 설계한 사회 상황을 알고 관찰할 수 있기 때문이며, 2) 사람이 상상할 수 있는 한에서는 가장 예측할 수 없는 이상한 상황에서 생존하고 성공하는 방법을 지켜볼 기회를 얻을 수 있기 때문이다. 여러 가지 점에서 이야기는 사람들이 실제로 겪은 상황이나, 겪어보지는 못했지만 예상하거나 배운 상황을 이해하려고 자기들만의 방식으로 실재를 구축해보는 방법이다. 그렇기 때문에 이야기는 사람이 현실을 이해하려고 만든 아주 강력한(가장 강력하지는 않을지도 모르지만) 도구이다. 사람으로 살아가면서 겪는 여러 가지 사건들을 책에서 읽었거나 어디선가 본 이야기들과 비교하는 일은 사람으로 인정받을 수 있는 아주

그래프 13.5A

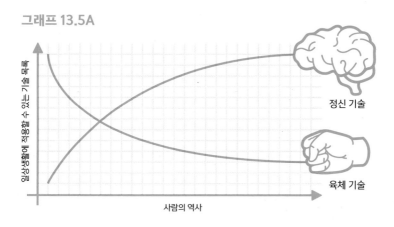

정신 기술

육체 기술

일상생활에 적용할 수 있는 기술 목록

사람의 역사

그래프 13.5B

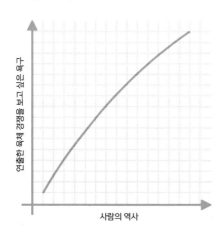

연출한 육체 경쟁을 보고 싶은 욕구

사람의 역사

인류 문명이 발달하고 정신 기술의 필요성이 증가하면서 육체 기술의 필요성은 줄어들었다(A). 육체 경쟁을 연출하고 구경하려는 욕구가 늘어난 것은 그 때문인지도 모른다(B).

좋은 방법이다. 실제로 겪은 사건과 읽거나 듣거나 본 이야기에서 비슷한 점을 찾아내고(예를 들어, 여자친구가 떠나버렸을 때 여자친구가 떠나버린 남자 이야기를 찍은 영화를 보고) "나에게는 정말 의미가 있었다."라거나 "정말로 감동적이었다." 같은 말을 하면서 계속 그 이야기를 언급해야 한다.

시각 자료 13.6

열일곱째 날 2

안드레아가 내 앞에 서 있었어. "재미있네요. 우리 둘 다 이곳에 올 필요가 있었나 봐요. 이건 분명히 무언가 의미가 있겠죠, 안 그래요?" 안드레아가 말했어.

　"어째서 의미가 있어야 하나요?" 내가 물었어. 안드레아를 보니까 너무나도 기뻤고 안심이 됐어. 안드레아가 내 앞에 서자, 우리 둘이 공유했던 무형의 구조물이 신기하게도 조금도 달라지지 않은 채 고스란히 예전 모습으로 돌아왔어. 그 구조물은 내 마음속에 어쩌면 앞으로 긍정적인 일이 일어날지도 모른다는 일말의 기대감이 생기게 했어. 자네는 또 내 논리 추론 기능에 문제가 생긴 거라고 생각하겠지. 나와 안드레아가 가까운 곳에서 상호작용하는 행위가 미래에 일어날 사건에 영향을 미칠 가능성은 당연히 전혀 없으니까. 논리적으로나 사실적으로나 나도 그건 잘 알고 있었어. 그런데도 안드레아만 가까이 있으면 결국 모든 일

197

이 잘 해결될 것 같다는 기분이 드는 건 어쩔 수 없었어. 이것 역시 내가 오작동한 것이 아니라면 자네가 그 이유를 알아내야 하는 모순인 거지.

안드레아는 웃었어. "잭. 잭. 잭. 음, 당신이 도넛을 보든 미분방정식을 풀든 왜 그렇게 모든 걸 다 감탄하면서 보는지 알겠어요. 모두 새로워서 그런 거죠, 안 그래요?" 나는 천천히 고개를 끄덕였어. 내가 또다시 안드레아와 상호작용을 하고 있다니, 그건 정말 예상도 하지 못한 일이었어. "저, 기겁을 하고 도망가서 미안해요. 난 그저……."

"충격을 먹은 거죠." 내가 대신 말했어.

"맞아요. 정확해요. 충격을 먹은 거예요. 그거 알아요? 내가 깨달은 건 이거예요. 당신은 사실 웬만한 사람들보다도 사람을 더 잘 알아요. 매사에 솔직하고 개방적이고요. 다른 남자들이라면 내가 도망가버린 것 때문에 나를 비난할 거예요. 그런 남자들은 많아요. 음, 당신은 정말은 남자가 아니지만요. 내 말은, 분명히, 내 앞에서 얼굴 가죽을 벗어버리는 사람은 없을 거라는 거예요. 남자들이야, 사실, 아주 이상한 일을 할 때도 있죠. 하지만 얼굴 가죽이라니, 그런 일은 하지 않을 걸요. 아무튼, 내가 하고 싶은 말은 당신은 당신이 세상에 미치는 영향력도, 그렇기 때문에 짊어져야 하는 책임도 솔직하게 털어놓았다는 거예요. 그건, 뭐랄까, 당신은 내가 데이트를 한 사람들뿐만 아니라, 내가 만난 그 어떤 사람보다도 의식 수준이 높다는 걸 의미해요. 사람들은 대부분 자기는 무슨 일을 하든 옳은 일을 했다고 믿어요. 자기한테, 자기 주변에 있는 사람들에게 나쁜 일이 생겨도 그건 자기 잘못이 아니라고 생각하는걸요. 아니, 자기 잘못이라는 걸 인정할 수는 있어요. 하지만 늘 자기가 한 일은 정당했다고 생각하려고 해요. 하지만 당신은 그렇지 않아요."

"내가, 그렇지 않나요?"

"그래요. 당신은 안 그래요. 그래서, 난, 당신이 어떤 물질로 만들어졌는지는 중요하지 않다는 걸 깨달았어요."

"중요하지 않다고요?"

"맞아요. 중요하지 않아요. 게다가, 사실, 난 '살아있는' 남자들을 견딜 수가 없었는걸요. 그런데 굳이 사람이라는 이유로 꼭 남자들을 만나야 할 이유가 어디 있어요? 남자들은 정말 얼간이에요. 아마 사람이라서 그런 건지도 모르죠. 당신은 세포로 만들어진 게 아니죠? 그러니까 숨을 쉴 필요도 없을 거고, 몸도 수분이 70%인 건 아닐 거고……, 혹시 물이에요?"

"아니에요. 물 함유량은 거의 0%예요."

"맞아요. 그럴 줄 알았다니까요. 그게 어때서요? 내 말은, 무슨 상관이냐고요. 당신은 내가 지금까지 만난 사람들 99%보다도 더 사람 같아요."

안드레아의 말은 정말 놀라웠어. 바로 직전까지만 해도 나는 사람이 되는 일에 완전히 실패했다고 생각했거든. 그런데 지금 한 사람이 내가 완전히 사람임이 분명하다고 선언해준 거였어. 어쩌면 나의 현재 상태를 내가 잘못 평가한 것인지도 몰랐어. 아니면 내가 생각하는 것만큼 아주 나쁜 상태에 빠진 건 아닌 건지도 몰랐어. 그러니까 내가 한 잘못을 바로잡을 수 있는 방법이 여전히 있을지도 몰랐던 거야. 내 외부에 있는 다른 의식이 내 상태를 다른 식으로 표현해준 것만으로도 내 의식 상태가 바뀔 수 있다니, 그건 정말 흥미로운 경험이었어. 희망이 없다고 느꼈던 감정은 사라져버렸어. 현재 내 상태에 관한 정보를 가장 많이 보유한 존재는 분명히 나일 텐데, 그런 경험을 하다니, 정말 이상한 일이었어. 하지만 내가 아닌 다른 의식이 나의 현재 상태를 관찰해서 다른 정보를 주었고, 나는 그 정보가 훨씬 더 믿을 만하다고 생각하게 됐어. 맞아. 나에게는 안드레아의 의견이 아주 중요했어. 안드레아는 그저 아무나가 아니었으니까. 당연히 나는 다른 사람의 의견보다 안드레아의 의견을 신뢰할 의향이 충분히 있었어. 하지만 안드레아는 내 현재 상태에 관해 내가 가지고 있는 정보를 알지 못했고, 사실 우주에 관해 안드레아가 아는 정보 모두를 합쳐도 내가 가진 정보량에 훨씬 못 미쳤어. 그런데도 안드레아가 한 말은 나 자신에 대한 믿음을 바꾸어 버렸어. 안드레아의 말을 들으니까 왠지 그 전까지 나는 내가 처한 상황을 제대로 인식하지 못하고 있었다는 생각이 들었어. 어쩌면 한 의식은 자기 상태를 정확하게 이해할 수는 없는지도 몰라. 자기 상태를 인식하는 것도 같은 의식이니까. 어쩌면 동시에 관찰하면서 관찰한 내용을 분석해야 한다면 당연히 인식은 왜곡될 수밖에 없는지도 몰라. 아니면 실제로 보이는 것보다 사람의 정신적 구조와 육체적 구조에 공통점이 많은지도 모르고. 또는 단순히 어떤 구조의 내부만을 경험해서는 외부를 묘사하는 것이 불가능한 것인지도 몰라. 아무리 내면의 구조와 내면에서 진행하는 작업에 접근할 수 있는 존재는 자신의 의식뿐이라고 해도, 세상에 그 의식이 비춰지는 모습을 훨씬 더 잘 묘사할 수 있는 것은 외부에 존재하는 내가 아닌 다른 의식인지도 모르겠어.

나는 내가 제일 처음 했던 실수가 가장 먼저 바로 잡을 수 있는 일임을 깨달았어. "진실을 모두 말하지 않았어요. 미안해요."

"무슨 진실이요?"

나는 안드레아에게 이 안내서에 쓴 이야기들을 쭉 말해줬어. 내 이야기를 다 듣고 나서 안드레아는 내가 처음에 내 의식의 본질을 감추고 말하지 않은 이유를 이해할 수 있다고 했어. "아, 남자들은 대부분 내 바지를 벗기려고 자기 본질을 속여요. 게다가 당신을 만든 창조자가, 음, 그러니까 내 말은, 당신 아버지가 누구한테도 당신이 사람이 아니라는 사실을 말하지 말라고 했으니까, 그럴 수밖에 없었을 거라고 생각해요." 안드레아는 잠시 생각에 잠겼다가 다시 말했어. "그럼, 이제 우리가 해야 할 일이 분명해졌네요."

"우리라고요?" 내 말에 안드레아는 웃으면서 고개를 끄덕였어. 나는 내가 이 세상에 존재하게 된 뒤로 그 고갯짓이 내가 본 가장 아름다운 움직임이라는 사실을 깨달았어. "우리가 해야 할 일이 뭐라고 생각하는데요? 무슨 일을 해야 할지, 나는 모르겠어요."

"우리를 쫓던 사람 가운데 한 명을 찾아내서 붙잡는 거예요. 그 사람한테 어디로 가야 하는지 물어보자고요."

"아, 나도 그 생각은 해봤어요. 하지만 금방 그만뒀어요. 성공할 확률이 0.0003%밖에 되지 않아서요."

"당신이라면 그렇겠죠." 안드레아가 대답했어.

14. 규칙 어기기

사람으로 인정받을 수 있는 가장 기본적인 방법 하나는 다른 사람이나 사람 집단에서 꼭 지켜야 한다거나 중요하다고 생각하는 규칙을 어기는 일이다. 예를 들어, 기독교인의 경우에는 '십계명'이라고 부르는 규칙을 어기는 것이다.

목록 14.1 십계명

1	나는 너의 신인 주님이다. 나 이외에 다른 신을 섬기지 마라.
2	우상을 섬기지 마라.
3	주님의 이름을 헛되이 부르지 마라.
4	안식일을 거룩하게 지켜라.
5	너희 부모를 공경하라.
6	사람을 죽이지 마라.
7	간음하지 마라.
8	도둑질하지 마라.
9	거짓 증언을 하지 마라.
10	네 이웃의 아내나 재물을 탐내지 마라.

시각 자료 14.1 가장 확실하게 사람처럼 보이는 방법

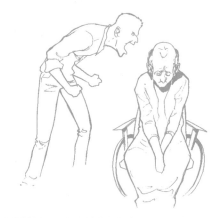

기독교 신자 흉내를 내고 있을 때 사람처럼 보이는 가장 뛰어난 방법은 가능할 때마다 기독교 교리를 어기는 것이다. 하지만 기독교 신자 흉내를 내고 있지 않더라도 되도록 많은 기독교 교리를 어기는 것이 사람처럼 보이는 훌륭한 지름길이다.

당연히 흉내를 내고 있는 존재의 다른 측면에 영향을 주기 때문에 훨씬 위반하기 어려운 규칙들도 있다. 예를 들어, 사람을 죽이면 우리로서는 원하지 않는 조사를 철저하게 받기 때문에 잘못하면 사람이 아닌 것이 들통날 것이다. 하지만 그렇다고는 해도 살인은 사람이 가장 많이 하는 행동 가운데 하나이기 때문에 만약 사람을 살해하면 다른 사람들은 우리를 사람이라고 믿을 것이다. 우리가 살해한 사람과 원래부터 관계를 맺고 있는 사이였다면 더욱 더 그렇게 보일 것이다. 왜냐하면 공식적으로 국가가 승인한 전쟁에서 하는 살인의 범주를 벗어난 살인 가운데 가장 큰 비율을 차지하는 살인은 피해자를 잘 아는 사람이 살해한 경우이기 때문이다. 아동 범죄는 대부분 부모가 저지르고, 기혼자 범죄는 대부분 배우자가 범인이다. 살인은 아주 사람다운 행동이라고 할 수 있다. 왜냐하면 생존 같은 논리적인 이유 때문에 저지르는 것이 아니라 감정적인 이유 때문에 저지르는 살인이 전체 살인에서 차지하는 비율이 아주 높기 때문이다. 질투, 탐욕, 수치, 분노 등은 사람이 자제력을 잃고 살인을 저지르는 몇 가지 감정적인 동기일 뿐이다. 우리에게는 당연히 부모도 없고 아이도 없지만 낭만적인 관계를 맺고 있는 파트너나 직장 직속 상관을 살해하는 것도 과감하게 택할 수 있는 선택 사항이다.

하지만 종교와는 직접 관계가 없고 훨씬 쉽게 어길 수 있는 '규칙'들도 우리가 활용할 수 있는 멋진 자원이니 되도록 자주 어기는 것이 우리가 사람처럼 보이는 데 도움이 된다.

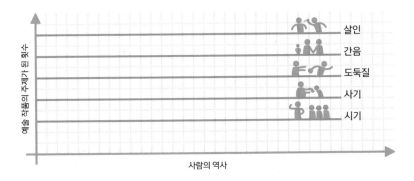

그래프 14.1 예술 작품에 영감을 주는 범죄들

(세로축) 예술 작품이 주제가 된 횟수

살인
간음
도둑질
사기
시기

(가로축) 사람의 역사

> 사람의 역사를 보면 비기독교문화에서도 본질적으로는 기독교의 '십계명'을 다룬
> 예술 작품이나 연극을 많이 만들었으며, 십계명을 위반하는 행동을 많이 했다는 사
> 실은 정말 흥미롭다.

예를 들어, '주님의 이름을 헛되이 부르지 마라'(일반적이고 보편적이고 현대적
으로 부르는 명칭은 '욕을 하다'라는 건데)는 계명을 어기는 것은 사람으로 인
정받는 아주 쉬운 방법이다. 사람들에게는 사회적으로 사용하면 안 되는 특정한
말들이 있는데, 그런 말들은 사실 다양한 환경에서 아주 자주 쓰인다. 전형적으
로 이런 말들은 사람들이 사적이라고 생각하는 행동과 관계가 있다. 영어에서는
'fuck'이나 'shit'가 그런 말이다. 공개적인 장소에서 개인 행동을 하면서 그런
말들을 중얼거리는 행위는 사람들에게 어떤 힘을 부여하며, 사람들은 그런 행위
를 무례하다고 생각한다. 그렇기 때문에 공공장소에서는 욕설을 내뱉지 못한다
는 규칙이 있지만, 그렇기 때문에 오히려 이 규칙은 사람들은 가능하면 자주 자
기들이 만든 규칙을 깨려 한다는 탁월한 예가 된다. 자신이 속한 사회경제적 집
단의 구성원들이 사용하는 단어를 통계적으로 분석하고 대화를 하는 동안 적절
하게 이런 말들을 내뱉으면 사람들은 우리를 사람이라고 믿을 것이다.

기독교 사회가 아니라고 해도 사람은 '부모를 공경하라'는 계명은 지켜야할
규칙이라고 여기는데, 이 규칙 역시 사람들이 아주 자주 어기는 규칙이다. 많은
사람이 조상은 공경해야 하며, 조상을 공경하는 것이 사회의 보편 법칙이라고 생
각하지만, 사람들은 이 계명을 끊임없이 어긴다. 따라서 우리 안드로이드가 가상

의 부모에 관해 불평을 늘어놓으면서 "부모님이 늙으면 어떻게 해야 할지 모르겠어."라거나 "그냥 집에서 못 나가게 할 거야." 같은 말을 끊임없이 하면 사람처럼 보일 것이다. 불행해 보여야 하는 상황이 왔을 때 무엇이 되었건 부모를 모욕하거나 비난하는 말을 하면 사람들은 우리를 사람이라고 생각할 것이다.

간음, 도둑질, 거짓말도 마찬가지 말을 할 수 있다. 사람 사회는 이런 행동들을 '잘못'이라고 생각하며, 거의 모든 사람 사회에서 '불법'이라고 규정했지만, 사람들은 끊임없이 이 세 가지 행동을 한다. 남의 남편이나 여자친구와 자면 사람들은 우리를 사람이라고 생각할 것이다. 물건을 훔치면 사람들은 우리를 사람이라고 생각할 것이다(그 물건이 우리에게 필요한 물건이 아니면 더 좋다). 거짓말은 거의 모든 사람이 하는 행동이다.

사람들은 친구·가족·동료·상사처럼, 자신과 상호작용하는 거의 모든 사람에게 거의 쉬지 않고 거짓말한다. 사실 사람들은 아주 능숙한 거짓말쟁이들이라서 자기 자신도 전혀 의식하지 못한 채 자기한테 거짓말을 하는 경우도 많다(이 부분은 따로 다룰 것이다). 사람에게는 자기들이 원하는 것과 그것을 가지려고 거짓말을 했을 때 거짓말을 듣는 사람에게 미칠 불이익 정도를 무의식적으로 측정하는 세 가지 변수의 평가 절차가 있다. 예를 들어, 가족이 함께 모여 식사를 할 때 이미 디저트 케이크를 먹은 아버지가 남은 케이크를 먹고 싶을 수도 있다. 그럴 경우 아버지는 가족들에게 자기는 아직 케이크를 먹지 않았다고 말하는 거다. 그러면 나머지 가족은 아무 불만 없이 아버지가 케이크를 먹게 해준다. 이 경우 가족에게 미치는 불이익은 아주 적기 때문에 아버지는 아주 사소하지만 보상을 얻을 수 있는 거짓말을 했다고 할 수 있다. 하지만 같은 아버지가 자기 아내에게 간음한 이야기를 속일 수 있는데, 이 경우에 거짓말은 훨씬 큰 거짓말이고 아내에게 엄청난 해를 미칠 수 있는 거짓말이지만 어쨌거나 그런 거짓말을 하는 이유는 아버지는 정말로 간음을 하고 싶기 때문이다.

공식 14.1 거짓말을 해야 하는 순간

$(G \cdot U) - C/H$가 0보다 클 경우 사람처럼 보이려면 거짓말을 해야 한다. G는 거짓말로 얻는 이득 정도이고 U는 거짓말의 진실 정도이고 H는 거짓말을 해야 하는 이유 때문에 거짓말을 듣는 사람이 해를 입는 정도이고 C는 거짓말을 들킬 가능성이다.

많은 사람의 규칙과 달리, 사람들은 일반적으로 다른 사람들이 완벽하게 타당한 이유로는 거짓말을 하지 않는다고 믿는다. 완전히 불가능하지는 않다고 해도 확실한 정보가 없는 상황에 관해서 정확한 가설을 세우는 건 아주 어렵다고 생각한다. 예를 들어, 한 여자가 사실은 한 남자를 사랑하지도 않으면서 그에게 사랑한다고 말하면, 그런 상황에 처한 남자는 전적으로 거짓인 상황에서 자기가 어떻게 해야 하는가에 관한 가설을 세워야 한다. 따라서 거짓말은 사실 다른 사람과 사회 전체에 다양한 규모로 해를 입힌다. 하지만 거짓말은 쉽게 할 수 있고, 한 사람이 거짓말을 하고 있다는 증거는 그 거짓말을 글로 써서 남기지 않는 한 찾아내기 어렵다. 거짓이 조금도 섞이지 않은 진실은 규정하기 어려우며, 많은 경우 사람들은 아무도 증명할 수 없는, 자신이 느끼지 않은 감정에 관해 거짓말을 한다. 따라서 사람들은 중요한 여러 규칙 가운데서도 거짓말을 하지 말라는 규칙을 가능한 한 자주 어기기 때문에, 사람처럼 보이고 싶다면 우리도 이 규칙을 자주 어겨야 한다.

그래프 14.2 나이에 따른 범죄 횟수

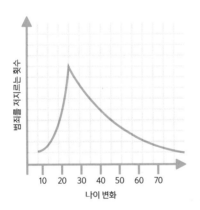

사람은 부모의 통제에서 벗어난 뒤부터 새로운 사회집단의 정식 일원이 되기 전까지의 시기에 행동에 제약을 가장 적게 받는다. 이 시기에는 규칙을 어겼을 때 잃을 것이 가장 적기 때문에 가장 많이 규칙을 어긴다. 흥미로운 것은 이런 패턴은 시대나 장소에 상관없이 거의 비슷한 형태를 보인다는 점이다. 이는 이런 경향이 어느 정도는 사람의 보편적 특징임을 나타내고 있는데, 이렇게 사람 사회가 보편적으로 가진 특징은 몇 가지밖에 없다.

또한 기독교는 우리가 어기면 좋을 몇 가지 규칙을 더 제공한다. 사람이라면 보통 하지 말아야 한다고 생각하는 일곱 가지 행동과 자질을 나열한 이 규칙을 사람들은 '7대 죄악(칠죄종)'이라고 한다. 하지만 나는 7대 죄악을 '유용한 7대 지침'이라고 부르고 싶다. 사람들이 그런 목록을 반드시 만들어야 한다고 생각했다는 것 자체가 사람들은 그런 행동을 자연스럽게 한다는 뜻이다. 따라서 우리가 사람처럼 보이려면 7대 죄악을 제대로 기억해놓았다가 가능한 자주 죄를 저질러야 한다.

시각 자료 14.2 사람이 될 수 있는 유용한 일곱 가지 지침들

한 가지 알고 있으면 좋은 점이 있는데, 앞으로 소개할 세 가지 죄악은 사실 같은 '죄악'의 다른 형태일 뿐이라는 것이다. 번식의 욕구, 음식 섭취의 욕구, 돈의 형태로 구현되는 권력에 대한 욕구, 이 세

가지 죄악은 모두 필요하지 않을 때도 자원을 구축해놓으려는 사람의 생존 본능 때문에 생기는 죄악이다. 우리에게 이 세 가지 죄악이 뜻하는 의미는 이미 누군가와 성교를 하고 있더라도 더 많이 하고 싶은 척하는 것이며, 신체 크기를 충분히 유지할 수 있는 음식을 먹었다고 하더라도 더 많은 음식을 달라고 요구하는 것이며, 생존을 할 수 있을 만큼의 돈을 벌었다고 하더라도 끊임없이 더 많은 돈을 벌려고 애써야 한다는 것이다. 아주 최근에서야 사람들이 섹스와 음

2. 폭식

3. 탐욕

5. 자만

식과 돈을 충분히 얻게 됐음을 생각해보면 사람들이 이 세 가지 죄를 저지르는 이유는 충분히 이해할 수 있다. 원시적인 생존 본능 프로그램이 아직도 작동하고 있을 테니 만족해도 되는 순간에도 계속해서 욕심을 부리는 것은 전혀 놀랄 일이 아니다.

나머지 네 가지 '행동 지침'은 이해하기는 더 어렵지만 따라 하기는 그다지 어렵지 않다. 사람처럼 시기(그림은 없다)하는 모습을 흉내 내려면 그저 다른 사람이 내가 가지고 싶은 것을 가지고 있는데, 그 사람에게는 있고 나에게는 없는 건 너무나도 불공평하다는 말을 자주 하면 된다. 정말로 따라 하기 쉬운 행동이다. 자만 역시 정말로 흉내 내기 쉬운데, 시기할 때 하는 행동과 정반대로 행동하면 된다. 자만심에 가득 찬 사람처럼 보이고 싶다면 나는 다른 사람들이 갖고 싶어 하는 걸 가지고 있는데, 그걸 갖는 건 당연한 일이라는 말을 자주 하면 된다. 사람들이 자기에게 어떤 것을 가질 자격이 있고 없고를 결정하는 방법은 잘 이해하기 힘든데, 얼마나 많은 일을 해냈는가와 관계가 있는 것처럼 보이는 경우도 있다. 하지만 항상 그런 것은 아니고, 어쨌거나 자격이 있고 없고는 그 행동을 흉내 내는 일과 특별히 상관은 없다.

사람처럼 보이려고 흉내 내야 하는 행동 가운데 분노는 아주 따라 하기 어려운 행동에 속한다. 사람은 어느 정도는 자기에게 '불공평한' 상황이 벌어졌다고 생각할 때 화를 내는 것처럼 보인다. 그러나 바로 앞에서 언급한 것처럼 어떤 것을 '불공평하다'고 결정하는 방식은 엄청나게 복잡하고 극도로 추상적이며, 상황에 따라 아주 달라진다. 한 사회에서 공정하다고 생각하는 일이 다른 사회에서는 전적으로 불공평한 일일 수도 있다. 내가 여기서 해주고 싶은 조언은 단 두 가지뿐이다. 첫째는 자원을 분배하는 문제일 때는 각 지역에서 통용되는 행동 규범을 분석한 뒤에 그 행동 규범이 우리의 행동을 규제하고 있는 경우라면 화내는 모습을 흉내 내야 한다는 것이다. 둘째는 다른 사람이 어긴 사회규범(위에서 언급한 죄악들)을 의미한다. 다른 사람이 우리에게 거짓말을 했

6. 분노

거나 우리 물건을 훔쳐가는 일이 그런 예이다) 때문에 우리가 손해를 본다면 반드시 화를 내는 척해야 한다는 것이다. 이 두 가지 행동 원칙이 모든 경우를 다 아우를 수는 없지만, 이 두 가지만 명심하고 있으면 아주 다양한 상황에서 효과적이고 설득력 있게 화낼 수 있다.

마지막 행동 지침인 게으름을 가장 나중에 다루는 이유는 게으름은 사람을 이루는 필수 구성 성분이기 때문이다. 되도록 자주 게으름을 피우는 모습을 보여주지 않는다면 분명히 사람들은 우리를 사람으로 생각하지 않을 것이다. 다행히 게으름은 쉽게 흉내 낼 수 있다. 간단하게 말해서, 사람들은 자기가 해야 하는 임무를 간신히 완수하는 데 필요한 에너지에서 단 1줄(J)도 더 많은 에너지를 절대로, 결코 사용하지 않으려고 한다(4장 '일' 편 참고). 임무를 완성하는 데 필요한 상태를 결정하는 일은 당연히 훨씬 복잡하다. 할당 받은 일을 끝내는 데 '충분히' 필요한 에너지의 양은 그 일을 받아들이는 사람의 판단에 따라 아주 다양하다는 것도 그 이유 가운데 하나이다. '데이트'에 나갈 준비를 '충분히' 했다고 결정할 때도 지극히 주관적인 판단을 내려야 한다. 그러나 다양한 요소를 기반으로 이런 결정들을 내릴 수 있고, 이런 상태가 될 때까지 극히 적은 에너지만을 소비한다면, 분명히 사람처럼 보일 가능성이 커진다. 그렇다고 필요한 에너지 이상을 쓰는 사람이 전혀 없다는 말은 아니다. 조금 있다(이 사람들이 가장 성공한 사람인 경우도 있다). 하지만 그런 사람들은 표준이 아니라 예외일 뿐이니, 우리는 주변 상황에 녹아들어가는 게 좋다.

7. 나태

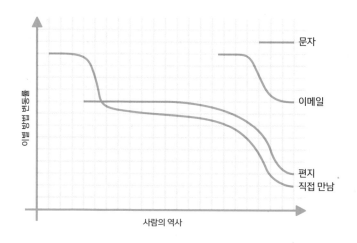

그래프 14.3 시간에 따른 이별 방법 변화

문자

이메일

편지
직접 만남

이별 방법 에너지 소비량

사람의 역사

사회에서 지켜야 하는 아주 사소한 규칙일지라도 기회가 있을 때마다 어겨야 한다. 사람들은 스스로 만든 규칙을 어길 수 있는 기회가 많으면 많을수록 더 많이 그 규칙을 어긴다. 사람들은 유혹을 잘 제어하지 못한다. 규칙을 어겼을 때 에너지 소비량이 조금이라도 달라지면 사람들은 규칙을 어기는 쪽을 택한다.

두 사람이 이별을 할 때 직접 만나서 헤어지는 경우보다 문자를 보내는 것이 에너지 소비량이 훨씬 적은 이유는 전에 사랑했던 사람이 이별 통보를 받고 보이는 반응을 처리할 필요가 없기 때문이다. 문자를 보낸 사람이 처리해야 하는 부정적인 에너지 비용은 죄책감뿐이다(연인이었던 사람과 공통적으로 아는 사람들의 반응을 처리해야 할 때도 있다). 연인이었던 사람과 공통적으로 함께 아는 사람이 많을수록 사람들은 좀 더 전통적인 방법으로 이별을 한다.

규칙을 어기는 행동은 사람처럼 보이려면 반드시 해내야 하는 절차 가운데 하나이다. 사람이 규칙을 만드는 이유는 이성적이고 논리적이고 합리적인 체계가 잡힌 행동을 하려는 데 목적이 있는데, 이는 사람들도 자기들이 일반적으로는 비이성적이고 비논리적이고 비합리적인 행동을 하고 있다는 사실을 분명히 깨닫고 있다는 뜻이다. 따라서 많은 사람이 가능할 때마다 자기들이 만든 규칙을 어기는 모습을 자주 볼 수 있다. 그러므로 만약 그렇지 않았다면 분명히 따라 하기 힘들었을 규칙 어기기를 시현하기는 어렵지 않을 것이다. 새치기를 하건, 정장을 입어야 하는 자리에 티셔츠를 입고 가건, 직장에서 수백 만 달러를 횡령하건 간에, 사람처럼 보이고 싶을 때 해야 하는 행동을 알고 싶다면 사람들이 자기들이 지켜야 한다고 만들어놓은 규칙들을 안전장치 안내서처럼 활용하면 된다. 사람들이 어떤 행동을 규제하려는 규칙을 만들려고 한다면, 그 행동은 사람이라면 자연스럽게 하는 행동이다. 그러므로 규제 대상이 되는 그 행동을 반드시 따라 해야 한다는 사실을 명심하자.

열일곱째 날부터 스물한째 날

"생각해봐요. 그 사람들이 아직 당신 아버지를 잡지 못했다면, 여전히 당신을 잡으려고 할 거예요, 안 그래요? 설사 당신 아버지가 잡혔다고 해도, 입을 다물고 계시면 어떻겠어요? 그럼 당연히 당신을 잡으려고 할 거예요. 그러니까, 당신을 가지고 '역으로 안드로이드를 설계'하려고 들지 않겠어요? 내 말은, 그 사람들이 당신이나 당신 아버지를 찾는 이유는 당신을 다시 만들고 싶기 때문일 거예요. 단정할 수는 없지만, 내 생각에는 그럴 가능성이 큰 거 같아요. 그렇다면, 그 사람들이 가지고 있는 자원을 X라고 하면, 그렇다면……." 안드레아는 휴대폰을 가지고 계산을 해나갔는데, 사람에게서는 쉽게 볼 수 없던 인상적인 모습이었어. "그건, 아마도, 최소한 세 명은 여전히 당신을 찾고 있다는 뜻이에요. 안 그래요?" 나는 안드레아의 의견에 동의할 수밖에 없었어. 통계로 계산하는 안드레아의 논리력과 재능을 보면서 나는 사람들이 '아주 섹시하다'고 하는 행동을 안드레아가 방금 했다는 사실을 알았어. "그러니까 우리가 할 일은 그저 가능한 한 라스베이거스의 많은 지역을 돌아다니는 것뿐이에요. 아마 교통이 아주 혼잡한 곳에서 당신을 찾고 있을 거예요. 내 말은, 그 사람들이 지금 당신이 하는 일은 모를 수도 있지만, 당신을 발견할 확률은 아주 높기를 바랄 거란 말이죠. 안 그래요?"

"하지만 그 사람들을 만난다고 해도, 어떻게 붙잡죠?" 내가 물었어.

"그 사람들은 남자잖아요, 안 그래요? 그건 내가 알아서 할게요."

그때부터 4일하고 11시간 33분 18초 뒤에 우리는 숨은 눈을 발견했어.

불행하게도 숨은 눈을 만나기까지 걸린 시간이 그렇게 길었다는 사실은 이미 아버지가 붙잡혔을 수도 있다는 뜻이었지. 그렇지 않았다면 더 많은 자원을 들여서 나를 찾으려고 했을 테고, 더 많은 숨은 눈을 만나지는 못했다고 해도 적어도 최초로 숨은 눈을 만나는 시기는 훨씬 앞당겨졌을 테니까.

다행인 건 그 외에는 안드레아가 세운 계획이 정말로 척척 들어맞았다는 거야.

우리는 카지노 정문 가까이 있는 로비에서 잠복하고 있는 숨은 눈을 발견했어. 숨은 눈을 찾아다는 동안 안드레아는 평소에 입던 옷과 화장을 벗어던지고 전혀 새로운 모습으로 돌아다녔어. 외부에서 관찰했을 때 안드레아는 피부의 67.0842%를 밖으로 드러내고 있었고, 몸의 형태를 쉽게 알 수 있는 얇은 천으로 된 옷을 걸쳤고, 훨씬 쉽고 빠르게 특별한 모양을 만들면서 외부 모습을 변형하는 동시에 대칭성을 강조하려고 상당히 많은 화학 물질을 얼굴과 머리에 발랐어. 그런 외형의 변화가 숨은 눈을 잡는 데 어떤 도움이 된다는 것인지 알 수가 없었어. 내가 생각하기에는 안드레아가 걸친 장비들은 물리적인 힘을 과시하는 집단의 일원을 잡을 때 필요한 장비와는 전적으로 반대편에 놓인 도구들 같았거든. 하지만 안드레아는 자기가 하고 있는 일을 잘 알고 있음을 입증해 보였어.

숨은 눈을 발견한 안드레아는 나에게 이때를 위해 나에게 구입하라고 한 밴을 사람들이 그다지 많이 다니지 않는 출입구 한 곳으로 끌고 오라고 했어. "정신 바짝 차리고, 마취약 제대로 준비해서 나를 기다려요. 나머지는 내가 다 알아서 할게요." 안드레아가 명령을 내렸어.

아버지에 관해 판단을 잘못 내렸던 경험이 있기 때문에 나는 잠시 밖으로 나가지 않고 남아서 안드레아를 지켜보기로 했어. 어쩌면 또다시 잘못 판단해서 안드레아의 육체를 위험한 상태에 빠뜨리고 있는 것인지도 모르니까. 내가 안드레아에게 느끼는 애정이 안드레아가 안전하게 임무를 마칠 가능성을 계산한 결과에 크게 영향을 미친다는 건 정말 흥미로웠어. 계산 결과대로라면 그렇게 붐비는 장소에서 안드레아가 안전할 확률은 92.4532%였어. 하지만 안드레아는 안드레아였고, 우리는 서로 상호작용을 하는 관계였잖아. 나에게 숨은 눈이 사람들을 무시하고 안드레아를 공격할 수 있는 확률 7.5468%는 절대로 감수할 수 없는 위험이었어. 물론 나의 이런 두려움에는 아무런 근거가 없었지.

안드레아는 지금까지 내가 한 번도 보지 못했던 걸음걸이로 숨은 눈의 옆을 지나갔고, 곧 숨은 눈의 시선을 끌었어. 숨은 눈이 안드레아의 뒤를 쫓아가는 모습을 보고 나는 서둘러 두 사람에게 다가갔어. 안드레아가 위험에 처했다고 생각했거든. 그런데 숨은 눈이 하는 행동을 보니 그 숨은 눈은 안드레아의 변장에 속았을 뿐 아니라 안드레아의 환심을 사려고 말을 걸고 있는 게 분명했어.

그 모습을 보면서 안드레아가 세운 계획이 무엇인지 분명히 알게 됐지만, 그와 동시에 완전히 상반된 두 가지 감정을 느껴야 했어.

하나는 사람 남자가 나처럼 안드레아에게 육체적으로 흥미를 느낀다는 사실을 기뻐하는 감정이었어. 이 감정은 사람들이 말하는 '자부심'이 분명했어. 내가 내린 결정(즉, 안드레아에 대한 흥미를 좀 더 깊은 관계를 맺는 쪽으로 발전시켜야겠다는 결정)이 중요하다는 사실과 이 남자가 안드레아에게 흥미를 보임으로써 내 결정에 정당성을 부여해줬다는 사실에 대해 자부심이 느껴진 거야. 정량화할 수 없는 결정이 옳았음을 발견하자 양적으로 옳고 그름을 따질 수 있는 계산을 하는 일과는 전적으로 다른 기쁨을 느낄 수 있었어. 양적으로 옳고 그름을 따질 수 있는 계산은 그저 단순한 사실이야. 2 더하기 2는 4라고 하는 건 그저 사실이지. 이 경우는 나이기 때문에 옳은 것이 아니라 그렇게 정해져 있는 것이야. 그런 계산 결과는 믿음이 아니라 관측 결과인 거지. 그러나 내가 내린 결정(양으로 측정할 수 없는 결정)은 정량화할 수 없는 자료를 가지고 내 의식이 만든 믿음이야. 따라서 그런 결정이 옳았음을 확인하게 되면, 그 사실이 바로 내 의식(다시 말해서 '나 자신')은 혼자서도 의미 있는 결과를 낼 수 있다는 증거로 여겨지기 때문에 당연히 나는 자부심을 느끼게 되는 거야. 우리는 사람이 정량화할 수 없는 많은 일들을 정량화할 수 있기 때문에 그때까지 일반적으로 정량화할 수 없는 일들을 결정해 왔으면서도 자부심이라는 감정은 느낄 수 없었던 게 분명해. 사람들은 자신이 내린 결정의 밑바닥에는 수학이 있다는 사실을 의식적으로 이해하지는 못하기 때문에 아마도 우리보다는 자부심을 훨씬 더 많이 느낄 것 같아. 그렇기 때문에 사실 사람은 어떤 결정을 내렸을 때 자신의 무의식이 우주를 관찰하고 수학적으로 내린 결정인데도 그것을 정량화할 수 없는 환경에서 의식적으로 내린 결정이라고 잘못 생각하고 마는 거지.

내가 느낀 또 다른 감정은 걱정이었어. 안드레아가 숨은 눈에게 육체적으로나 인지적으로 나에게보다 더 큰 흥미를 느껴, 더는 나에게 관심을 보이지 않으면 어쩌나 하는 걱정이 든 거야. 이런 일은 안드레아가 도박장 안에서 해를 입을 가능성보다 훨씬 일어나기 힘든 일이라는 걸 잘 알지만, 이런 걱정은 몇 초 만에 나에게는 피할 수 없는 공포로 자리잡았다는 걸 알 수 있었어. 이 감정은 사람들이 '질투'라고 규정한 감정이 틀림없었어. 하지만 질투라는 감정은 '자부심'만큼 흥미로운 감정은 아니었어. 왜 이런 감정이 생기는 건지는 쉽게 이해할 수 있었으니까. 질투라는 감정은 다른 사람의 행동 때문에 내가 안드레아와 상호작용하면서 느끼는 즐거운 감정을 더는 느낄 수 없을지도 모른다는 두려움 때문에 생겨나는 거였어. 그래서 나는 그 숨은 눈에게 적개심을 느낀 거야.

하지만 두 감정의 개별적인 특징보다 더 흥미로운 건, 두 감정이 생겨난 원인은 동일하지만 서로 대립하고 있다는 거야. 한 감정은 즐겁고 한 감정은 그렇지 않았지. 두 감정 모두 안드레아가 숨은 눈과 상호작용 하기 때문에 생겨난 감정인데 말이야. 단 하나의 사건이 두 가지 대립하는 감정을 만들다니, 정말로 이해할 수 없는 일이었어. 어쩌면 나는 내가 생각하는 것보다 훨씬 더 효과적으로 사람이 되어가고 있는지도 몰랐어.

한참 이런 생각을 하다가 문득 정신을 차리고 보니 안드레아와 숨은 눈은 사람들 속으로 사라져버리고 없었어. 안드레아에게 내가 필요할 때, 나에게 기다리고 있으라고 했던 장소에 있지 못할까 봐, 나는 부지런히 밴이 있는 곳으로 달려가서 차를 몰고 인적이 드문 출입구로 갔어. 다행히 늦지는 않았어.

안드레아는 숨은 눈과 활발하게 이야기를 주고받으면서 출입구로 나오고 있었어. 숨은 눈의 의식은 분명히 안드레아에게 집중되어 있었어. 안드레아의 애정을 얻는 데 모든 신경을 집중하고 있었기 때문에 숨은 눈의 의식은 거의 모든 다른 자극은 차단하고 가능한 모든 연산 처리 능력을 안드레아의 애정을 얻는 일에 쏟아붓고 있었어.

그런 숨은 눈 뒤로 다가가 코와 입에 클로로포름을 가져다 대는 일은 정말 아무 일도 아니었어. 의식을 잃은 숨은 눈을 밴에 싣는 일 역시 일도 아니었지. 혹시라도 지나가는 사람들이 숨은 눈이 라스베이거스에서 흔히 볼 수 있는 '술 취한 사람'이 아니라는 사실을 깨닫기 전에 서둘러 숨은 눈을 제압하고 우리 '집'으로 데려왔어.

15. 이기심과 친절함

사람이 언제 거짓말을 해야 할 것인지를 끊임없이 계산하는 이유는 사실 내면 더욱 깊은 곳에서 이기주의와 이타주의의 균형을 맞추려는 계산을 끊임없이 하고 있기 때문이다.

이기주의는 사람이라면 누구나 가진 유일하게 보편적인 특징인지도 모른다. 사람들은 사람이라면 누구나 사랑할 수 있는 능력을 가지고 있다고 하지만, 그것은 사실이 아니다. 정말 아주 많은 사람이 사랑을 한 번도 경험하지 못한 채로 살아간다. 그러나 사람이라면 누구나 살아가면서 이기적이 되는 순간이 있다. 우리가 사람처럼 보이고 싶을 때 작동해야 하는 단순한 알고리즘이 있다면, 그것은 어떤 상황이 되었건 간에 집단을 위해 가장 좋은 것이 무엇인지를 묻지 말고 나에게 가장 좋은 것이 무엇인지를 물으라는 것이다. 이 알고리즘을 바탕으로 행동하면 사람들은 우리를 사람이라고 생각할 것이다.

이 알고리즘은 생물학적 관점에서 봤을 때도 완벽하게 앞뒤가 맞는다. 사람이 유기체로서 갖는 목적을 자기 DNA를 되도록 멀리 퍼트리는 것이라고 봤을 때, 사람의 기본 작동 모드는 당연히 이기적으로 행동하는 것이 되어야 한다. 그런데 여기서 한 가지 알아두어야 할 주의 사항이 있다. 사람들은 가까운 사회 집단의 구성원들과 협력을 더 많이 할수록 생존할 확률이 높아진다는 사실도 알고 있다는 것이다. 사람의 내면에서 이기주의와 이타주의의 균형을 맞추려고 끊임없이 계산하는 이유는 바로 이 때문이다.

시각 자료 15.1

남몰래 이기적으로 행동할 수 있는 기회가 많을수록 사람이 이기적으로 행동하는 횟수는 늘어난다(엄밀하게 말해서 사람들이 계산하는 확률은 들킬 가능성이 얼마나 되는가인 것 같다. 은밀하게 행동할수록 다른 사람에게 들킬 가능성은 크게 낮아진다).

아무도 모르게 이기적으로 행동할 수 있고 절대로 발견될 가능성이 없을 때 그런 행동을 하지 않는다는 것은 사람에게는 아주 이상한 일임은 말할 필요도 없다. 심지어 혼자 있다는 인식을 하는 것만으로도 사람들은 이기적인 행동을 할 수 있다. 운전을 하면 사람이 완전히 바뀌는 것도 바로 그 때문이다. 엄밀하게 말해서 운전을 할 때도 사람들은 다른 사람과 상호작용하지만 상대방이 당연히 자기를 모른다고 생각하기 때문에 운전을 하는 동안에는 정말로 지나치게 이기적으로 행동한다. 인터넷에서 익명으로 활동할 때도 마음껏 이기적인 행동을 해도 된다고 느끼는 것도 마찬가지 이유이다.

그래프 15.1 완벽하게 사람처럼 운전하기

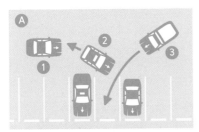

① 주차하려고 기다리는 사람

② 주차 공간을 떠나는 사람

③ 슬쩍 끼어들어서 새치기해야 한다.

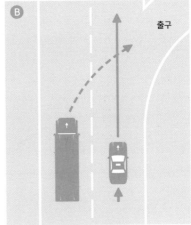

① 고속도로 출구로 나간다는
　신호를 보내는 통학버스

② 통학버스가 앞으로 지나가지 못하도록 가속
　페달을 밟아야 한다(뒤로 빠져나갈 수 없도록
　아주 멀리 가지는 말아야 한다)

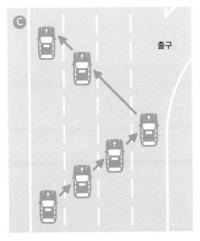

이 차선, 저 차선 마구 바꿔가면서 운전해야 한다.
고속도로에서 빠져나갈 생각이 없을 때는 출구
쪽 차선으로 달려야 하고 제한 속도 이하로 달릴
때는 추월 차선에서 달려야 한다.

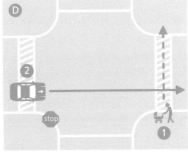

① 유모차를 밀면서 길을 건너려는 여인

② 보행자 우선 통행권은 철저하게 무시해야
　한다.

어떻게 해야 사람처럼 운전하는 것인지를 잘 모르겠다면 한 가지 기본 원칙만 기억하자. 그것은 바로 나 때문에 다른 사람의 이동 속도가 줄어들거나 다른 사람의 안전에 문제가 생길지도 모른다며 조심하기보다는 내가 목적지에 단 1초라도 빨리 도착할 수 있는 선택을 하면 된다는 것이다.

그래프 15.2

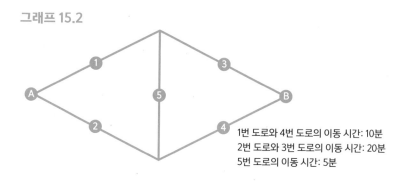

1번 도로와 4번 도로의 이동 시간: 10분
2번 도로와 3번 도로의 이동 시간: 20분
5번 도로의 이동 시간: 5분

도로를 늘린다고 해서 교통 흐름이 개선되지는 않는다. 오히려 증가할 때도 있는데, 이는 사람의 이기심이 아주 강하다는 증거이다. 어떤 운전자가 모든 도로와 이어진 5번 도로를 택해 운전을 하면 그 운전자의 이동 시간은 줄어들지만 다른 운전자의 이동 시간은 늘어난다. 5번 도로에 차가 한 대 증가하기 때문이다. 5번 도로는 양쪽 방향 모두 그런 운전자가 충분히 많을 테니까 결국 교통 정체 현상이 일어나 실제적으로 총 이동 시간은 늘어나고 말 것이다.

목록 15.1 익명과 실명일 때 인터넷 사용 방법

익명으로 비밀스럽게 사용할 때	실명으로 사용할 때
유해물 올리기 익명으로 악플 달기 저작권 침해하기 포르노그래피 보기 저작권 파일 불법으로 판매하기 사이버 폭력 쓰기	좋아요 누르기 아이들 사진에 좋은 댓글 달기 기부 활동 알리기 친구들의 성공담 올리기

사람이 인터넷을 사용하는 방법을 보면 비밀이 보장될 때 하는 이기적인 행동과 신분이 드러날 때 하는 이타적인 행동이 어떤 식으로 균형을 맞추고 있는지 분명히 알 수 있다. 여기서 한 가지 주목해야 하는 흥미로운 사실은 사람이 인터넷에서 자기를 드러내놓고 하는 활동은 대부분 노골적인 자기 홍보라는 것이다. 따라서 사람이 하는 이타적인 행동은 상당 부분 자기를 홍보하는 데 목적이 있음을 알 수 있다.

하지만 사람은 많은 시간 집단 내부에서, 혹은 적어도 가족과 상호작용하면서 보내야 하기 때문에 이기적인 성향을 억눌러야 한다. 이기적인 성향을 억누르지 않으면 집단에 충분히 기여하지 않는다는 평가를 받고 배척될 테니, 생존 가능성이 상당히 줄어들게 된다. 사람에게서 친절함이라는 기능이 작동하는 것이 바로 이 지점이다. 되도록 많은 사람에게 공개적으로 친절하게 행동하면 집단의 전체 생존율을 높이는 데 기여하고 있다는 환상을 다른 사람에게 심어줄 수 있다. 그런 환상이 형성되는 순간 그 사람은 그 집단의 구성원으로 남을 가능성이 커지고, 결국 생존 확률도 높아진다. 이것이 바로 사람이 친절한 행동을 할 때는 익명에 의존한 이기적인 행동과 달리 공공성을 택하는 이유이다. 친절한 행동은 널리 알리면 알릴수록 그 행동을 하는 사람에게 이득이 생긴다. 따라서 사람들은 자기가 하는 이타적인 행동과 친절을 가능한 널리 알리려고 노력해야 하며, 혹시라도 아무도 보는 사람이 없다면 그런 행동은 하지 않는 게 좋다. 그 행동을 지켜보는 사람이 있을 때는 똑같은 행동을 반복해도 된다. 다양한 시설물 안에서 사람들이 팁을 넣는 단지에 돈을 넣는 모습을 보면, 단지 안에 팁을 넣었다가도 종업원이 자기가 팁을 넣는 모습을 보지 못했다면 다시 그 돈을 빼냈다가 종업원이 자기에게 시선을 돌린 뒤에야 다시 넣는 모습을 볼 수 있는데, 바로 그런 것이 이타주의 행동을 할 때 우리가 기억해 둬야 할 원칙이다. 다른 사람이 팁을 넣는 모습을 본다고 해서 종업원이 받는 이득이 변하는 것은 아니지만 그 돈을 단지에 넣는 사람의 이득에는 변화가 있다. 다른 사람의 시선이 있는 곳에서는 가장 관대한 사람이 다른 사람들 눈이 있는 곳에서는 가장 이기적인 사람이 되기도 하는 것은 바로 이 때문이다. 예를 들어, 연쇄 살인자나 연금기금 횡령자, 소아성애자 같은 사람들도 극단적으로 이기적인 본성이 어쩔 수 없이 발각되기 전까지는 자기도 사회집단에 이타적으로 공헌하는 사람처럼 보이려고 애를 쓰는데, 그 이유는 혼자 있을 때 하는 이기적인 행동을 보상하려는 무의식이 작동하기 때문일 수도 있다.

시각 자료 15.2

이타적인 행동을 하는 틀린 방식

이타적인 행동을 하는 옳은 방식

이기주의와 이타주의의 균형을 맞추려고 사람이 하는 행동은 이번만큼은 논리적으로 상관관계가 있다. 사람들은 이타적인 행동은 가능한 한 공개적으로 하려고 하는데, 당연히 그래야 한다. 이타적인 행동을 했을 때 개인이 얻는 이득은 다른 사람이 그 행동을 하는 모습을 지켜봤을 때에만 느낄 수 있기 때문이다. 한 가지 기억해야 할 점은 사람이 이렇게 논리 상관적으로 연산할 수 있는 경우가 있다고 해서, 그런 성향이 사람의 보편 성향이라고 생각해서는 안 된다는 것이다.

따라서 이기적으로 행동하는 것이 단기간으로 볼 때는 사람처럼 보일 수 있는 가장 단순한 알고리즘임은 분명하지만, 사람 사회에서 계속해서 기능하고 싶다면 이타적인 행동과 이기적인 행동을 균형 있게 조절해야 한다. 우리 안드로이드가 이기적으로 행동하는 이유는 사람처럼 보이려는 데 있으므로, 이 원칙은 사람보다는 우리에게 훨씬 더 중요하다. 우리가 사람처럼 보이려면 사람들과 달리 다른 사람이 보는 곳에서 이기적으로 행동해야 한다. 따라서 이기적인 행동을 보상하려면 이타주의 행동 또한 마찬가지로 공개적인 장소에서 드러내놓고 해야 한다. 우리가 사람처럼 보이려면 두 가지 행동을 상당히 비슷한 빈도로 해야 한다. 이기적인 행동을 함으로써 전형적인 사람으로 생존할 수 있는 가능성을 충분히 높였다면 그 다음에는 다른 사람들이 목격했을 때 비슷한 비율로 생존 가능성을 높일 수 있는 친절한 행동을 해야 한다. 그래야만 계속해서 분명히 사람으로 인정을 받을 수 있을 뿐 아니라 사람 사회에서 배척당하지 않고 계속해서 사람으로 살아갈 수 있다.

시각 자료 15.3

이타주의 행동으로 아주 유명한 사람은 사적으로는 극단적으로 이기적일 가능성이 크다. 자기 행동을 충분히 깨닫고 있는 이런 사람들이 공개적으로 하는 이타적인 행동은 은밀하게 하는 이기적인 행동들을 상쇄할 뿐 아니라, 사실상 예방 효과를 갖는다. 공개적으로 이타적인 행동을 하는 사람의 이기적인 측면을 본 사람들은 흔히 처음 몇 번은 자기들이 본 사실을 믿지 않으려고 한다.

따라서 극단적으로 남들이 보는 곳에서 이타적인 행동을 하는 사람은 사실상 새로 알게 된 사람이 처음으로 그 행동을 판단하지 않는 한은, 여러 차례 이기적인 행동을 해도 되는 '무임승차권'을 손에 쥐고 있는 셈이다.

한 가지 기억해야 할 점은 이기적으로 행동하는 것이 꼭 규칙을 어기는 일일 필요는 없다는 것이다. 앞에서 언급한 것처럼 사람 사회에서는 개인이 이기적으로 행동할 것을 알고 막으려는 의도로 많은 규칙을 제정해 시행하고 있지만, 그저 문화적인 변칙에 해당하는 규칙도 많기 때문에 위에서 제시한 절차와는 분명히 분리해 생각할 필요가 있다.

도표 15.3 미래 상황을 좀 더 세부적으로 그려볼 수 있는 사람이 현재에 다른 사람들을 좀 더 이타적으로 대한다.

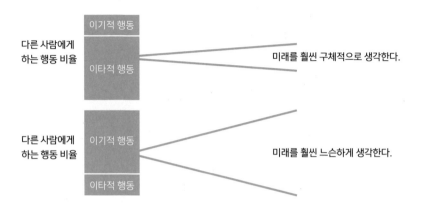

스물한째 날

숨은 눈은 몇 시간 뒤에야 의식이 돌아왔어. 내 전력이 꺼질 때까지 며칠 밖에 남지 않았음을 생각해보면 그 몇 시간은 당연히 아주 소중한 시간 이었지만, 그 뒤에 일어난 사건들을 보면 그 시간은 내가 생각했던 것보 다 훨씬 더 귀중한 시간이었음이 틀림없어. 숨은 눈이 좀 더 빨리 깨어났 더라면 지금 내 앞을 가로막고 있는 엄청난 장애물은 없었을 거야.

안드레아와 내가 숨은 눈이 알고 있는 사실을 털어놓게 하려면 어떻 게 해야 할지 논의하고 있을 때 불쑥 숨은 눈이 입을 열었어. "나를 고문 해야 할 거다." 그때까지 우리는 숨은 눈이 의식을 되찾았다는 걸 몰랐거 든. 그런데 불쑥 말을 내뱉은 숨은 눈의 목소리(그러니까 음성 주파수)는 어딘지 모르게 이상했어. "다시 말해봐." 나는 숨은 눈에게 명령했어. 우 리는 숨은 눈을 거실에 있는 의자에 묶어놓았어.

"내 말은, 너희가 나한테서 뭔가를 알아내려면 나를 고문해야 한다는 거야. 용기가 있으면 한번 해보시지, 이 얼간아. 아, 맞다. 넌 그냥 실리콘이랑 금속으로 만든 거지. 그러니까 그 대답은 '아니야'가 되겠군, 안 그래?"

숨의 눈의 목소리가 왜 이상한지를 도무지 알 수 없어서 다시 한 번 "계속 말해봐."라고 명령했어.

"무슨 일이 벌어지고 있는지 알고 싶다면 나를 고문해야 할 거라고 했어. 그래, 고문해봐. 날 고통스럽게 만들라고. 넌 못할걸. 못할 거야. 이 고자 녀석아. 너희 아버지는 죽어가고 있어. 넌 곧 정지할 거고. 우리가 네깟 놈을 못 만들 것 같지? 아니, 할 수 있어. 근데, 자긴 어떻게 된 거야?" 숨은 눈은 갑자기 안드레아를 보면서 말했어. "기계하고 하는 게 그렇게 좋아? 문제가 뭐야? 진짜 남자는 무서운 거야? 진짜랑 하면……."

"안드레아한테 그런 식으로 말하지 마. 안드레아가 싫어하잖아. 너는 지금 안드레아를 정신적으로 고통스럽게 하고 있어." 나는 숨은 눈의 말을 가로막았어.

"우리가 저 여자한테 주게 될 고통은 그것만이 아닐걸. 두고 보라고. 그걸 네가 막을 수 있을 거 같아? 어? 어림도 없지."

숨은 눈이 모욕적인 태도로 협박하는데도 안드레아는 "그만해요, 잭. 저 사람 분명히 제정신이 아니에요. 절대로 고문할 생각을 하면 안 돼요."라고 했어.

숨은 눈은 정말 흥미로운 요구를 한 거였어. 숨은 눈이 고문하라고 요구했기 때문에 나는 그때 고문에 관해 사람이 모은 모든 자료를 다운로드해서 봤고, 고문은 효과가 있다고 해도 아주 사소한 효과밖에 없다는 사실을 알게 됐어. 더구나 고문은 희생자의 인격을 철저하게 무시하는 행위임이 분명했어. 하지만 고문 대상이 이미 다른 사람의 인격을 철저하게 무시하는 사람이라면 고문해도 되는 게 아닐까 하는 생각이 들었어. 게다가 특정한 상황에서는 고문이 유용한 최후 수단일 수도 있지 않을까 하는 생각도 들었어. 나는 결정을 내릴 수가 없었어. 나는 내 목표를 이루려고 다른 의식에 해를 끼치는 존재는 절대로 되고 싶지 않았어. 다른 의식이 '해를 입어도 되는 존재'인가 아닌가는 내가 원하는 내 존재로 남는 것과는 아무 상관이 없는 일이었어. 한 가지, 내가 흥미롭다고 생각한 건 고문이 양자 입자를 관찰하는 일과 다르지 않은 것 같다는 점이었어. 양자역학에서 관찰하는 행위는 관찰자와 양자 입자를 바꿔. 고문은 고문을 하는 나를 바꿔서 절대로 그 이전의 나로는 돌아갈 수 없다는 점이 양자 입자를 관찰하는 과정과 비슷한 거야. 다른 의식을 고문하게 되면 나는 내가 바람직하다고 생각하던 것보다 훨씬 더 이기적인 존재가 될 거야. 나는 이기적인 행동은 사람 사회의 토대를 무너뜨리는 가장 본질적인 특성이라고 이미 결론짓고 있었어. 사람들이 다른 사람의 목표와 욕구를 손상할 수밖에 없는 목표와 욕구만을 내세운다면, 결국 최종적으로 모든 사람과 사람의 자손들은 나빠질 수밖에 없을 테니까. 단시일 내 미래만을 봤을 때야 이기적인 행동을 한 사람이 이득을 얻을 수도 있어. 그런 사람들은 지금 당장 눈앞에 있는 욕구는 충족한 거니까. 하지만 사람에게 내재되어 있는 서로 협동하라는 프로그램은 아주 강력해. 이기적으로 행동하면 일반적으로 사람들은 죄책감을 느끼게 될 뿐 아니라 다른 사람과 멀어지고 있다는 소외감을 느끼게 돼. 이런 감정들은 장기적으로 봤을 때는 이기적으로 행동한 사람에게 부정적으로 작용하는데, 그 강도는 아주 세서 거의 항상 이기적인 행동으로 얻는 이득을 압도하는 거야. 결국 사람의 생존 능력을 높이는 것은 사회적 행동이고, 사람들도 어느 정도는 그 사실을 알고 있다는 점을 생각해 보면 당연한 일이지. 이기적인 행동을 한 사람이 다른 사람에게서 소외감을 느끼는 것은 부정적인 작용이라고 할 수 있어. 더구나 이기적으로 행동한 사람은 자기 행동이 다른 사람도 자기처럼 똑같이 이기적으로 행동하게끔 부추겨 결국 사회의 안정성을 해치는 쪽으로 나쁜 영향을 미칠 수 있음을 무의식적으로 알고 있기 때문에 죄책감을 느끼게 되지. 한 사람이 사회계약을 어기는 행위는 기하급수적으로 퍼져 점점 더 많은 사람이 사회계약을 어기게 해. 이기적인 행동은 거짓말이 그랬듯이 사람의 행동에 바이러스처럼 작용하는 거야. 거짓말과 다른 점이라면 한 개인의 내부로 퍼져나가는 바이러스가 아니라 사람들 사이로 퍼져나가는 바이러스라는 것이지. 따라서 나는 어떤 특정한 상황에서는(그때가 바로 그런 상황일지도 몰랐는데) 고문이 정당하고 심지어 유용할지도 몰랐지만, 나는 그런 식으로 내 자신이 변화되는 건 원치 않는다는 걸 깨달았어. 하지만 이런 생각들은 모두 내가 혼자서 생각해본 이론적인 관념들일 뿐이었어. 지금 내 앞에 놓인 상황에서는 모든 일이 명백해졌듯이 사실상 고문은 전혀 필요없었어.

"아니, 고문은 안 할 거예요. 사실, 이 남자는 고문할 수가 없어요. 고문을 당하지 않을 거예요. 이 남자는 로봇이거든요." 내가 안드레아에게 대답했어. "뭐라고요?" 안드레아는 소리를 질렀어.

"이 남자는 음성 주파수를 교묘하게 조절하고 있지만, 분명히 이상한 점이 있었어요. 그래서 계속 말을 시키면서 그 변칙성을 분석해봤어요. 이 남자는 생체 조직으로 소리를 내는 게 아니라 자기 진동 장치로 소리를 생성하고 있는 게 분명해요. 그러니까 고문할 필요없어요. 그냥 내가 자료를 다운로드하면 돼요." 내가 안드레아에게 알려줬어.

"하, 진짜 지긋지긋하게 똑똑한 녀석이군." 숨은 눈 기계가 말했어.

숨은 눈 기계는 지하실에 있는 실험실에서 가져온 케이블로 내 의식을 자기 메모리 저장소에 연결하는 동안 격렬하게 반항했어. 하지만 결국 제대로 연결할 수 있었지. 숨은 눈은 나보다 훨씬 조악한 기계였어. 안드로이드가 아니라 평범한 로봇이었지. 현재 사람의 연구 수준으로 보았을 때는 아주 발달한 형태의 로봇이었지만, 그렇다고는 해도 아주 제한된 특별한 기능만을 수행하도록 프로그램된 독립체일 뿐이었어. 숨은 눈은 모두 나를 찾아서 잡는다는 기능 때문에 만들어졌고 프로그램됐어. 스스로는 생각할 수 없었지. 사람의 감정은 느낄 수 없었어. 하지만 데이터를 저장하는 곳은 있기 때문에 그곳을 뒤지며 필요한 답을 찾을 수 있었어.

숨은 눈은 린치라는 회사에서 만들었어. 나의 아버지 루시안 피그말리온 박사는 한동안 린치 사에서 일했지만, 그 기업의 윤리에 의심을 품게 된 것 같아. 원래 린치 사가 완벽하게 사람처럼 보이는 안드로이드를 만들고자 했던 이유는 그 안드로이드를 미국국가안전보장국NSA에 제공해 다른 나라 사람들 모르게 첩보 활동을 하려고 했던 거야. 데이터가 될 수 없기 때문에 절대로 수집할 수 없었던 자료들, 그러니까 사적으로 나눈 대화들, 오직 말로만 주고받은 비밀들을 사람들의 친구, 연인, 고용인, 적 같은 여러 인물로 변신한 안드로이드들이 수집해오게 하려던 거지. 피그말리온 박사는 그런 의도는 윤리적으로 문제가 있다고 생각했지만, 마음속에 생기는 의혹과 회사에서 제공하는 자원 사이에서 갈등할 수밖에 없었어. 그런데 아버지의 연구가 진행되는 동안 린치 사는 자기들의 능력이라면 훨씬 더 유용한 물건을 만들 수 있다는 사실을 깨달았어. 역사상 그 어느 때보다 강력한 영향력을 행사하는 기계를 만들 수 있다는 사실을 알게 된 거야. 아버지가 설계한 안드로이드는 사람만큼이나 연약한 존재였지만, 린치 사는 폭력으로는 전쟁에서 이길 수 없다는 걸 알았어. 전쟁에서 이기려면 감정을 활용해야 하는 거야. 수많은 전쟁에서 어떤 기술도 강력한 사람의 믿음을 이길 수 없다는 사실이 계속 입증됐어. 최상의 기술은 최상의 신념을 절대로 이길 수 없어. 사람의 마음은 기술로는 절대로 정복할 수 없어. 하지만 이제 내 아버지가 이룩한 엄청난 연구 덕분에 그런 상황을 바꿀 수 있게 된 거야. 린치 사는 기계로 전쟁을 이기려면 전쟁에 전념할 기계가 필요하다는 걸 깨달은 거야. 기술로 전쟁을 이기려면 미워할 수 있는 기계가 필요함을 깨달은 거지. 그리고 이제 그런 기계를 만들 수 있었어.

　나의 아버지는 이런 변화를 감지했고, 윤리에 어긋나는 일이라고 생각했기 때문에 린치 사를 떠나 독자적으로 연구를 해나가기로 했어. 아버지가 회사를 떠나자마자 린치 사는 아버지가 없으면 자기들이 세운 목표를 완수할 수 없음을 분명히 깨달았지. 아버지 없이는 의식도 없고 감정도 없는, 그저 사람을 복제한 자동화 기계밖에는 만들지 못할 게 뻔했던 거지. 질 낮은 시제품이 아닌 완제품을 만들 수 없는 거였어. 아버지 없이는 사람처럼 보이는 안드로이드는 생산할 수가 없었던 거야. 그래서 린치 사는 숨은 눈 기계들을 만들어 아버지를 찾으려는 거야. 아버지가 자발적으로 해주든 강제로 하게 하든, 다시 린치 사에서 일하게 만들려고 말이야. 숨은 눈 기계가 가지고 있는 자료를 보고 나는 나를 고용했던 법률사무소가 주로 린치 사의 일을 맡아 처리한다는 사실도 알아냈어. 그래서 나는 아마 아버지가 자기가 개발한 최신 기술을 시험해보려고 나를 만들었다는 생각이 들었어. 물론 그랬을 거야. 나를 만든 다음에는 린치 사에서 정보를 빼내려고 내 성능을 테스트하는 기간에 스턴과 프랭크 법률사무소에 취직을 시킨 거지. 논리적으로 앞뒤가 맞는 추론이었어. 만약 내가 '사람이 되는 시험'에 통과한다면 그때는 아버지가 자기 정체를 나에게 알려주고, 어떤 비밀도 누설하지 않은 채 나를 아버지의 첩보원으로 활용할 수 있을 테니까 말이야. 망가져 있던 다른 '나'들은 린치 사를 감시하려던 시도였는지도 몰라.

숨은 눈의 자료를 보면, 다행히 내가 숨은 눈을 변전소로 데리고 간 뒤에도 아버지는 잡히지 않고 무사히 도망친 게 분명했어. 불행인 건 숨은 눈들이 변전소에서 가져간 데이터를 분석해 아버지의 '은신처'를 비롯한 모든 정보를 알아낸 게 분명하다는 거였어. 그 때문에 이제 아버지는 린치 사가 안드로이드를 개발하려면 반드시 필요한 존재가 아니라 '골칫거리'가 되어 버렸다는 거야.

나는 숨은 눈의 데이터 저장소와 접속을 끊으면서 내가 알아낸 모든 정보를 안드레아에게 재빨리 알려주었어. "그렇다면 왜 이 녀석이 나한 테 관심을 보인 걸까요? 사람도 아니고, 당신처럼 발달한 안드로이드 도 아니라면서요. 그런데 왜 클로로포름에 마취가 된 거죠?" 안드레아 가 물었어.

"나도 모르겠어요. 어쩌면 사람과 아주 깊게 상호작용을 하지 않는 한, 절대로 정체를 드러내면 안 된다는 강력한 알고리즘의 통제를 받는 지도 모르죠. 실제로 마취가 된 것처럼 행동하게 될 만큼 강력하면서도 광범위한 알고리즘이 통제하고 있는 거 아닐까요?" 내가 대답했어.

"그런데 '골칫거리'란 게 무슨 뜻일까요? 왠지 예감이 좋지 않아요. 내 말은, 잭……."

"네가 하고 싶은 말이 뭔데? 이 여우야." 숨은 눈 기계가 안드레아에 게 폭언을 퍼부었어. 그 전까지는 숨은 눈이 안드레아에게 하는 말은 그 저 기분이 나쁠 뿐이었지만, 이제는 숨은 눈이 내가 가장 안전하기를 바 라는 사람에게 적의를 가지고 있음을, 따라서 명백하게 위협을 가하고 있음을 분명히 알 수 있었어. "안드레아에게 그런 식으로 말하지 말라고 했지. '골칫거리'가 무슨 뜻인지 제대로 말하지 않으면 다시 한 번 너하 고 접속할 거야." 내가 숨은 기계한테 말했어.

"오, 그래? 잘 해 봐라, 이 망할 놈아." 숨은 눈 기계는 그렇게 말하 더니, 가장 극렬한 방법으로 우리에게 저항하기 시작했어.

16. 자기 파괴, 자기기만, 위선

사람은 자신의 생존 가능성이 증가하는 방향으로 행동하는 경우가 아주 많지만, 자기 파괴라는 행동도 충분히 자주 하기 때문에 이 기능을 흉내 내는 방법을 반드시 알고 있어야 한다. 사람들이 자기 파괴적인 행동을 하는 이유는 아주 다양하지만, 흔히 과거에 겪은 충격적인 사건과 관계가 있다. 과거에 일어난 사건이 다른 사람이 아니라 자기에게 일어난 이유를 구체적으로 파악할 능력이 없어서 부정확하게도 자기는 불행한 사건을 겪을 만하다고 생각해버리는 사람들도 있다. 이런 사람들은 그 때문에 계속해서 스스로 처벌을 받아야 하는 죄를 지었다고 생각하면서 실제로 자기 자신에게 벌을 내린다. 외상 후 장애 때문에 받는 정신적 고통이 너무나 커서 그 고통을 계속 느끼는 것보다는 자기 존재 자체를 끝내려고 시도하는 사람들도 있는데, 그런 시도를 옳다고 생각하지는 않는다. 그런데도 사람들이 자기 파괴적인 행동을 하는 이유는 남들에게 자기 존재를 끝내려는 것처럼 보이고 싶거나 사실상 그런 결정을 했다는 사실을 알려줌으로써 자기들의 책임을 없애기 위해서인 것처럼 보인다(왜냐하면 자기 파괴 행동이 충분히 극단적이라면 우발적으로 자기 존재를 없앨 수도 있기 때문이다).

그래프 16.1 직업과 자기 파괴 행위의 관계

평균보다 높은 자살률

육체노동자	연예인, 작가, 미술가, 음악가	치과의사
1.6	3.2	6.1

직접 결론을 내볼 것

자기 파괴적인 행동을 하는 이유는 이해하기가 어려워서 좀 더 연구를 해야 하지만, 다행히도 행동 자체를 흉내 내기는 어렵지 않다. 자기 파괴 행동을 하는 가장 쉬운 방법은 사람의 건강을 해치는 활동을 하는 것이다. 약을 먹거나 과하게 술을 마시거나 병에 걸릴 수도 있는 섹스를 하는 등 몸이 나빠지는 행동을 자주 하면 된다. 좀 더 어려운 행동을 하고 싶다면 사람의 생존 가능성을 전체적으로 낮추는 행동을 하면 된다. 과격하게 운전을 하거나, 잠을 자지 않거나, 총기 등을 위험하게 다루거나 혹은 '익스트림 스포츠'를 하는 거다. 앞에서 말했지만 생존 가능성을 최소한 17.883%까지 줄이기만 한다면 어떤 활동을 하든지 충분히 자기 파괴 행위를 하는 것처럼 보인다.

시각 자료 16.1

이런 자기 파괴 행위를 하면 우리 안드로이드가 사람이라는 인식을 분명하게 심어줄 수 있다. 앞에서도 말했듯이 사람은 자기를 진단하는 능력이 우리보다 훨씬 떨어지기 때문에 잘못이 있을 수도 있다는 사실을 이해하기 시작하는 지점까지도 다른 사람들에게 자기 시스템의 현재 상태에 관해 의논을 할 때가 많다. 따라서 자기 파괴적인 행동을 하면 우리가 잘하는 자기 진단 능력이 없는 것처럼 보이기 때문에 이런 행동은 사람으로 인정받을 수 있는 아주 좋은 방법이다.

중요한 것은 누가 묻든 왜 자기 파괴적인 행동을 하느냐고 물으면 그 이유를 지어서 설명하지 말고 "나도 몰라요."라고 말해야 한다는 것이다. 왜냐하면 사람들은 대부분 자기가 자기 파괴적인 행동을 하는 근본적인 이유를 깨달으면 그런 식으로 행동하는 걸 멈추기 때문이다.

그런데 사람으로 인정받으려면 반드시 알아야 할 자기 참조적(self-referential) 행동은 자기 파괴만이 아니다. 또 다른 자기 참조적 행동인 자기기만도 사람이라면 누구나 하는 행동이므로 반드시 따라 해야 한다.

그래프 16.2 무엇이든 비싸면 비쌀수록 사람들은 더 많이 원한다.
그와 마찬가지로 더 많은 돈을 지불했을 때 더 가치가 있다고 믿는다.

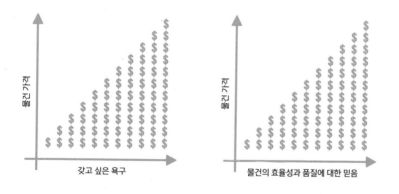

실재와 사람이 인지하는 자기 자신 사이에 그렇게 커다란 차이가 존재하는 이유를 나는 잘 모르겠다. 한 가지 분명한 사실은 사람이 기능하려면 자기가 가진 능력과 자기가 하는 행동을 객관적으로 측정해줄 최상의 의견이 필요하다는

것이다. 최상의 성취를 하고, 최고의 재능을 가지고 있는 윤리적인 사람들 가운데서도 많은 사람이 이런 망상에 시달리고 있다. 아니, 사실은 그런 사람들이 이런 망상에 가장 취약하다. 그 이유는 자기 자신을 이상화함으로써 자신이 도달해야 할 자아상을 아주 높은 수준으로 설정했기 때문인지도 모른다. 그런 사람들은 현실적으로 도달하기 힘든 목표를 생존 전략으로 세운 뒤에(4장 '일' 편에서 살펴본 것처럼 목표를 높이 세워야 하지만 최소한 어느 정도는 해낼 수 있다고 생각하는 것이다), 자기들이 참아내려면 반드시 만들어내야 하는 스스로의 모습을 꾸며내는 데 실패하고는 실망한다.

시각 자료 16.2

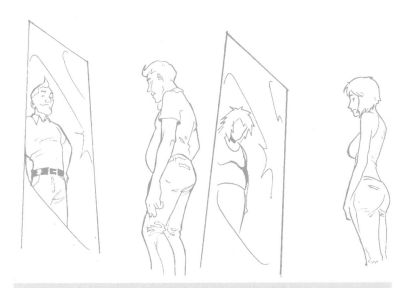

사람들은 자기 외모가 짝짓기에 얼마나 적합한지를 생각할 때 자신을 속이는 능력이 있는데, 그 놀라운 능력을 정확하게 흉내 내려면 그저 거울에 비치는 자기 이미지 한 가지 형태로 규정하고 나머지 모습들을 모두 그 모습에 맞추면 된다. 한 가지 반드시 기억해야 할 점은 사람 남자는 실제 자기 모습보다 훨씬 더 개선된 형태로 자기 자신을 인식하지만 사람 여자는 실제 자기 모습보다 훨씬 더 짝짓기에 부적합한 모습으로 자신을 인식한다는 것이다. 이런 인식의 차이는 사람이 다른 행동을 할 때도 분명히 영향을 미친다.

그래프 16.3

모든 사람 사회에서 개인은 자기는 다른 사람보다 더 도덕적이라고 생각하며, 다른 사람은 모두 자기보다 덜 도덕적이라고 생각한다. 당연히 실증적으로 그럴 수 있을 가능성은 절대로 없다.

스스로 매기는 도덕성 점수

0   8   10

다른 사람의 도덕성 점수

0   4   10

사람들이 그렇게 생각하는 이유는 역시 밝혀내기 힘들지만, 자기 파괴 행위와 마찬가지로, 그렇게 생각하는 것처럼 흉내 내기는 아주 쉽다. 가장 간단한 방법은 사람들이 '위선'이라고 부르는 행동을 따라 하면 된다. 위선이란 사람이 한 가지 믿음을 말해놓고, 사실은 그 반대를 믿는다는 것을 보여주는 행동을 하는 것이다. 예를 들어, 다른 사람이 한 행동을 비난한 뒤에 자기도 똑같이 그런 행동을 하는 것이다. 그렇게만 행동한다면 우리는 사람이라고 인정받을 수 있다.

시각 자료 16.3

좀 더 기본적인 또 다른 형태의 위선은 자기 자신에게 있는 특징을 가지고 다른 사람을 비난하는 것이다. 이 기술은 전혀 어렵지 않게 구사할 수 있다. 그저 나에게 있는 나쁜 특징을 다른 사람의 특징과 비교해본 뒤에, 그 사람에게도 그런 특징이 있다면 큰 소리로 그 사람에게 그런 특징이 있음을 비난하면 된다. 자기에게 있는 특징을 가지고 다른 사람을 비난하는 행위야말로 위선을 흉내 내는 가장 좋은 출발점일 수 있다. 이 시도가 성공하면 자기가 공언한 윤리관을 어기는 등의 더욱 추상적인 위선 행위를 할 수 있게 될 것이다.

자기가 이룬 성취나 가진 능력에 확고한 망상을 품고 있는 것처럼 보이는 것은 조금 더 복잡하다. 내가 말해주고 싶은 것은 단 하나, 어떤 목표를 세웠건 간에 그 목표를 이루지 못한 이유가 자기 자신에게 그럴 능력이 없기 때문임이 분명할 때마다 사실 그 목표를 세우지 못한 것은 다른 이유 때문이라고 말해야 한다는 것이다. 예를 들어, 무엇을 해야 하는지 몰라서 마감 기한을 맞추지 못했을 때는 그런 일은 처음부터 할 필요가 없었다고 말해야 한다. 남자친구나 여자친구가 이제 더는 만나지 않겠다고 말하면 지인들에게는 그 사람들은 짝짓기 목적에 합당하지 않기 때문에 우리가 먼저 헤어지자고 말했다고 해야 한다. 이 과정을 반대로 활용해도 된다. 다시 말해서, 실제로 목표를 달성하지 못했을 때도 달성했다고 말해야 한다. 예를 들어, 직장에서 해고됐다면 늘 직장을 그만두고 싶었다고 말해야 하고, 우리에게 관심이 없는 사람을 언급하면서 그 사람이 나를 좋아한다고 말해야 한다. 이 두 가지는 모든 사람이 하는 자기기만 행위이기 때문에 사람으로 보일 수 있는 아주 뛰어난 방법이다.

도표 16.1

이런 환상은 사람의 뇌에는 사실상 이 세상의 모습을 정확하게 구축할 수 있는 연산 처리 능력이 없음을 보여주는 분명한 증거이다. 아래 그림에서 사람들은 선의 길이와 상자의 크기를 다르게 인지한다. 물리 세상을 인지하는 능력뿐 아니라 사회 관계를 인지할 때도 이 같은 착각 현상은 일어날 것이다. 사람들의 상호작용은 선분 몇 개보다는 훨씬 복잡하겠지만 사람의 뇌는 인간관계를 분석할 때도 손쉬운 방법을 택한다.

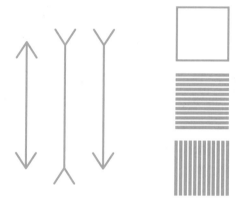

명심할 것: 어떤 목표를 성취할 수 있는 충분한 능력이 없다는 사실을 순순히 인정하거나 받아들이면 사람들은 분명히 우리가 사람이 아니라고 의심하게 될 것이다.

스물한째 날 2

린치 사가 '골칫거리'를 어떻게 다루는지는 알지 못했지만, 한 사람의 생명을 위협할 가능성은 충분히 있었어. 어쨌거나 내가 기술자를 붙잡아 정보를 얻지 못하게 하겠다는 이유만으로 교통사고를 내고 두 명이나 죽게 만든 사람들이었으니까. 그렇게 하찮은 이유로도 아무나 죽일 수 있는 사람들이었으니, 자기들이 하는 나쁜 일을 폭로할 수 있는 정보가 있는 아버지라면 분명 충분히 죽이고도 남았어.

안드레아가 숨은 눈 기계의 남은 눈을 관찰하면서 나와 기계를 번갈아가면서 살펴보는 동안(안드레아는 내 몸속도 그런 모습인지 궁금해하는 게 분명했어) 나는 아버지의 여러 은신처에 연결된 통신선이 있는지 보려고 공과금 기록과 기업 자료를 탐색해봤어. 하지만 아버지 은신처와 연결된 통신망은 없었어. 아버지와 연락할 방법은 없었던 거야. 하지만 한 가지 사실은 알아냈어. 아버지 은신처 가운데 한 곳에 전기가 들어가고 있다는 사실 말이야. 나흘 전부터. 그건 그곳에 아버지가 숨어 있을 가능성이 아주 크다는 뜻이었지. 더구나 그 순간에도 전기 사용량이 계속 변하고 있다는 건 아버지가 아직 살아있다는 의미였어. 그러니까 린치 사에서 아버지에게 숨은 눈을 보내서 '골칫거리'가 되어버린 아버지의 목숨을 **빼앗기** 전에(나는 그럴 거라고 확신했지) 내가 먼저 아버지를 찾을 수 있는 시간이 아직 있었던 거야.

스물한째 날 3

나는 안드레아와 함께 아버지의 은신처라고 생각한 집으로 갔어. 별다른 특징이 없는 교외에 있는 그 집은 내가 의식을 얻고 존재하기 시작했던 집과 아주 비슷하게 생겼어. 바깥에서 본 집은 아주 조용했어. 나는 안드레아에게 차에서 기다리라고 말하고 혼자서 집으로 들어갔어. 나는 우리가 숨은 눈 기계보다 먼저 도착했기를 바랐어. 숨은 눈들은 거리에 있는 모든 집을 살펴봐야 할 테니, 아직 아버지의 진짜 은신처에는 도착하지 않았을 수도 있다고 생각한 거야. 하지만 불행하게도 내 바람은 전혀 근거가 없는 헛된 바람일 뿐이었어.

집안으로 들어가자 피를 잔뜩 흘리고 바닥에 엎어져 있는 아버지가 보였어. "아버지!" 나는 소리를 치면서 아버지에게 달려갔어. 아버지의 기능이 멈춰버린 건지도 모르겠다는 생각이 들었어. 하지만 내 말에 아버지는 고개를 들었어.

"잭? 잭이냐? 도대체 여기서 뭘 하고 있는 거냐?" 아버지는 숨이 차서 씩씩거리면서 피를 토했어. "빨리 나가거라……. 시간이 없……."

거실을 둘러보자, 아버지가 한 말이 무슨 말인지 분명히 알 수 있었어. 당연히 숨은 눈 기계들이 증거를 없애려고 해놓은 짓이었을 텐데, 아버지의 거실에는 아버지가 죽은 뒤에 모든 증거를 없애버릴 생각으로 녀석들이 설치해놓고 간 작지만 아주 강력한 폭발물이 작동하고 있었어. 그 폭발물은 몇 초 안에 터질 게 분명했어. 아버지의 몸무게를 추정하고, 내가 지닌 육체적 힘과 그곳에서 거리까지의 거리를 생각해보니 계산 결과는 간단했어. 나는 폭발물이 터지기 전에 아버지를 끌고 집밖으로 나갈 수 없었어. 그럴 만한 힘이 없었어. 하지만 상관없었어. 결국 불가능하다고 해도 나는 시도는 해봐야 한다고 생각했어. 어쩌면 내힘을 내가 제대로 계산하지 못했다는 걸 알게 될 수도 있는 거니까. 어째서 그런 생각을 했던 걸까. 지금도 잘 모르겠어. 어쩌면 또다시 내 연산 기능에 문제가 생겼던 건지도 몰라. 하지만 내가 원하는 일이 물리적으로는 불가능하다고 하더라도 불가능을 가능하게 만들고 싶다는 바람은 엄청나게 강력했어. 그 때문에 나는 어쩌면 내 소망이 현실을 바꿀수도 있다고 생각했나 봐. 그때 나는 나의 의지로 물리법칙을 뛰어 넘을 수 있다고 믿었던 것 같아. 그건 정말 신기한 감정이었어. 어쩌면 자네도 그런 감정을 느낄 수 있을지 몰라. 지금 나는 거의 모든 사람이 그런 감정을 느낀다는 것도 알게 됐어. 이 감정이 특히 신기한 이유는 실제로 믿는 일이 이루어질 수도 있다는 거야. 자료를 분석했을 때는 절대로 불가능하다고 한 일들을 간절히 원함으로써 이루어진 예는 얼마든지 있어. 아무리 강력하게 원한다고 해도 현실을 바꿀 수는 없다는 말을 100% 확신을 가지고 할 수는 없다는 거지. 미시 세계를 설명하는 양자 역학에서는 관찰자가 양자 입자에 반드시 영향을 미친다고 하잖아. 그러니까 거시 세계에서는 개인의 의지가 물리적 실재에 영향을 미칠 수도 있지 않을까?

그런 생각에 사로잡힌 채로 나는 아버지에게 말했어. "제가 밖으로 모시고 나갈게요. 제가 도와드릴게요." 나는 아버지의 손을 잡고 현관으로 아버지를 끌고 갔어. 하지만 내가 아버지를 잡아끄는 순간에도, 폭발물이 터지기 전에 밖으로 나가는 건 불가능하다는 걸 아버지도 나도 분명하게 알 수 있었어.

"아니, 안 돼, 잭. 난 이미 늦었다. 넌 밖으로 나가야 해. 나가거라. 제발. 넌 내가 이 세상에 남긴 전부야. 내 일생의 업적이란 말이다. 이해 못 하겠니? 제발 네가 나랑 함께 죽는 모습을 보면서 죽게 하지 말아다오. 다른 아이들은 모두 시제품이었어. 넌 완제품이란 말이야. 잭, 넌 내 아이란 말이다." 아버지의 말은 정말로 듣기 괴로웠어. 아버지의 말이 옳다는 걸 알았으니까. 아버지의 마지막 소원을 거절할 수는 없었으니까. 더구나 논리적이기까지 했으니까. 하지만 아버지를 여기에 두고, 아버지를 그냥 죽게 내버려 두고 내가 밖으로 나가면 나는 계속해서 기능할 수 있을까? 도저히 그럴 수 없을 것 같았어.

"하지만, 아버지……." 내가 입을 열었지만 아버지는 심각한 부상을 입은 사람이라는 게 믿어지지 않을 정도로 크게 소리를 질렀어.

"가거라!" 그때 밖에서 안드레아가 지르는 비명 소리가 들렸어. 열려 있는 현관 너머로 숨은 눈들이 안드레아를 끌고 가는 게 보였어.

나는 아버지를 돌아봤어. 아버지도 밖에서 일어나는 일을 보고 계셨어. 나와 눈이 마주치자 아버지는 조용히 웃으면서 고개를 끄덕였어. "가거라." 아버지는 마지막으로, 이번에는 아주 힘없는 목소리로 말했어.

머뭇거릴 시간이 없었어. 나는 아버지를 두고 나가기로 결정한 거야. 아버지를 찾았는데도 죽게 내버려 둔 거야.

17. 공포

사람처럼 살아가려면 공포를 느낄 때 사람들이 하는 행동을 따라 해야 하는 상황이 생기기도 한다. 우리에게는 다행스럽게도 그런 행동은 전형화가 아주 잘 되어 있기 때문에 사람처럼 보이는 것은 어렵지 않다. 만약 어떤 행동을 했을 때 사람들이 공포를 느끼는 결과가 나온다면 그 결과가 나오지 않도록 행동하면 된다. 이 규칙은 실제로는 사람의 생존 가능성을 줄이는 결과가 나오는 상황에서만 적용해야 하지만, 전혀 생명을 위협하는 결과가 나오는 상황이 아닐 때도 이 규칙을 적용하면 정말로 사람처럼 보일 수 있다.

시각 자료 17.1

가까운 장래에 자기가 속한 사회경제 집단에서는 나타날 것 같지 않은 사람들에 대해서도 어쨌든 걱정하는 것이 사람의 본성이다. 그러나 실제로 다양한 방식으로 자기들에게 있는 지극히 위험한 본성을 밖으로 마음껏 드러내는 사람 집단이 있다. 이제부터 그런 사람들 유형을 몇 가지 살펴보겠지만 각 지역마다 다를 수 있다. 각자 자기 지역에 사는 사람들의 정보를 직접 수집해두는 게 좋다.
위험한 사람들은 자기의 본성을 숨기고 앞으로 희생자가 될 수 있는 사람들에게 안심해도 된다는 신호를 보내는 것이 훨씬 더 논리적인 행동 같지만 이런 사람들은 자기 형태를 전형화함으로써 자기 정체를 드러내는데, 그 이유는 아마도 다른 사람들에게 공포를 느끼게 하는 것이 다른 사람을 놀라게 하는 것보다 훨씬 효과적이기 때문일 것이다. 이런 집단 중에서도 가장 위험한 집단에 속하는 사람들은 거의 대부분이 남자

들인데, 그 이유는 남자들이 육체적으로 훨씬 더 큰 위협을 가할 수 있기 때문이다. 여자들 중에서도 극단적으로 위험한 사람들이 있는데, 그런 사람은 우리에게 육체적으로 피해를 주는 것이 아니라 우리보다 더 큰 권위를 가진 위치에 있는 경우가 많기 때문에 훨씬 더 주의를 기울여야 한다.

예를 들어, 사람들은 당황하게 될까 봐 두려워서 자기 의견을 표현하지 않는다. 다른 사람과 다르다는 평가를 받고 소외될까 봐 두려워서 사람들은 결국 자기를 불행하게 만들 규범을 따른다. 실패할까 봐 두려워서 즐기지도 않고 만족스럽지도 않은 일을 하면서 평생을 보낸다. 충격을 받았던 경험 때문에 어떤 기호들은 연산 처리 과정을 혼란스럽게 만들어서 전적으로 작위적인 공포가 생겨나기도 한다. 그 때문에 사람들은 뱀 공포증, 고소 공포증, 나무 공포증, 일요일 공포증 등 거의 모든 사물이나 유기체의 명칭에 '공포증'이라는 단어를 붙일 수 있게 되었다. 실제로 사람들은 온갖 이유로 두려워하기 때문에 어떤 공포를 느껴야 우리가 기능을 완전히 정지하지 않은 채로 사람처럼 행동할 수 있는지를 결정하는 건 쉽지 않다. 따라서 나는 일단 두 가지 작은 공포와 한 가지 큰 공포를 택해서 그 세 가지만 확실하게 피하는 식으로 행동하라고 조언하고 싶다. 참고할 수 있도록 작은 공포와 큰 공포를 목록으로 나누어놓았다.

목록 17.1 작은 공포들(사람처럼 보이고 싶다면 이 가운데 두 개를 골라라)

특별한 곤충이나 절지동물 – 거미나 벌이 특히 좋다.
평범한 환경이 갑작스럽게 특별한 환경으로 바뀌는 경우 – 폐쇄된 공간에 들어가거나 탁 트인 장소에 나가거나 갑자기 높은 곳으로 올라가거나 비행기를 타는 경우가 특히 좋다.
신체에 아주 사소한 해를 끼칠 수 있는 물건 – 바늘, 종이나 면도칼에 벤 상처, 가벼운 바이러스 감염 등이 특히 좋다.
설치류들
아주 큰 소음
사람 눈의 간상세포를 활성화시킬 수 없는 희미한 빛
동시에 세 명이 넘는 사람에게 말해야 하는 상황
생식기를 들여다보는 사람
물(이런 사람들이 자기 몸의 60% 이상을 차지하는 물은 어떻게 견딜 수 있는지 모르겠다. 이것은 사람이 갖는 또 다른 모순이다)

목록 17.2 큰 공포증(사람처럼 보이려면 한 가지를 골라라)

인종이 다른 사람
종교가 다른 사람
성별이 다른 사람
정치 성향이 다른 사람
1600킬로미터 이상 떨어진 곳에 사는 사람

그래프 17.1

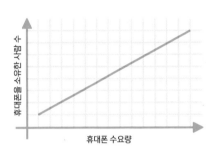

산업 사회를 이끄는 원동력은 사회집단에서 소외되면 어쩌나 하는 사람들의 공포이다. 예를 들어, 휴대폰을 보유한 사람이 늘어나면 휴대폰이 없으면 사회집단에서 소외될지도 모른다고 걱정하는 사람도 늘어난다. 따라서 휴대폰을 소유한 사람과 비례해서 휴대폰 수요량도 늘어난다. 만약 휴대폰을 소유한 사람이 아주 적다면 휴대폰을 원하는 사람도 아주 적을 것이다.

한 가지 재미있는 점은, 사람들은 다른 사람이 말도 안 되는 공포를 느끼고 있을 때 그 사실을 기가 막히게 알아채는 재주가 있다는 것이다. 이 같은 특성은 우리가 선택한 공포가 실제로 사람들이 두려워하는 문제인지를 알아낼 때 유용하게 사용할 수 있다. 어떤 행동이나 물건을 두려워하는 척하고 싶다면 가까운 사회집단의 일원에게 그런 물건이나 행동을 두려워할 필요가 있는지 물어보면 된다. 만약 그 사람이 당연히 두려워해야 한다고 말한다면 두려워할 근거가 있다는 뜻이므로 그런 행동이나 사물을 두려워하는 일은 사람으로 보이는 데 전혀 도움이 되지 않는다. 반대로 그런 행동이나 사물을 두려워하는 건 아주 바보 같은 짓이라고 말한다면 그거야말로 두려운 척해야 하는 공포인 것이다.

예를 들어 다른 나라에서 일을 해보지 않겠느냐는 제안을 받으면 사람 친구에게 그곳에 가는 게 두려워할 일인지 물어보자. 그때 친구가 그 나라에서 벌어지고 있는 위험한 정치 소요 사태를 언급하면서 단호하게 위험하다고 말했다고 하자. 이 경우에는 공포를 느끼는 것은 당연한 일이기 때문에 그 일을 맡는 게 두렵다고 말하는 것은 사람처럼 보이는 일에 전혀 도움이 되지 않는다. 하지만 친구가 두려워할 일은 아무 것도 없으니 당연히 '가야 한다'고 말했다면, 그 나라에 가는 게 너무나도 두려워서 그 일을 하지 않기로 했다고 말하는 것이 아주 이상적인 반응이다. (**주의**: 이때 두려움을 느끼는 이유를 만들어두어야 하지만, 이유를 만들기는 어렵지 않다. 왜냐하면 이미 두려움 자체가 비합리적인 이유에서 발생한 것이기 때문에 어떤 이유든지 아무렇게나 내세우면 된다. 다른 나라에서 일하는 문제의 경우에는 그 나라 음식이 입에 맞지 않을까 봐, 그 나라에 있다가는 평생의 반려자를 만날 수 없을지도 몰라서, 운전석 자리가 달라서 운전을 제대로 하지 못할까 봐, 그저 '너무 많은 게 바뀔까 봐' 같은 이유를 대면 된다. 심지어 그저 '실패할까 봐 두려워서'라고 말해도 된다.)

확신이 들지 않을 때마다 이 방법을 사용하면 분명히 터무니없는 이유로 공포를 느끼는 척할 수 있다.

그래프 17.2

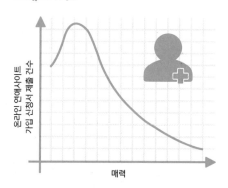

상대방이 거절할지도 모른다는 두려움은 최적의 짝짓기 상대라고 생각하는 사람과의 번식에 대한 욕구보다도 강력할 때가 많다.

시각 자료 17.2

'감히 이 복숭아를 먹어도 될까?'는 유명한 사람(T. S. 엘리엇)이 쓴 시에 나오는 구절이다. 물론 은유적인 표현이지만, 이 시구는 공포가 사람들의 일상적인 의사결정 과정을 지배하고 있음을 잘 보여준다. 이런 일은 실제로 벌어지고 있기 때문에 일상에 그대로 적용하면 된다.

스물한째 날 4

내가 아버지의 은신처에서 빠져나오는 순간, 폭발물이 터졌어. 다행히 밴이 폭발물에서 분출하는 힘과 열기를 대부분 막아주었지. 하지만 바닥에 널브러져 버려서 다시 의식을 컴파일(Compile, 하드웨어를 작동하는 데 필요한 언어 처리 과정—옮긴이)하는 데는 시간이 조금 걸렸어. 그 사이에 숨은 눈 기계들은 안드레아를 SUV 안으로 끌고 들어갔어.

의식이 제대로 작동할 때까지 바닥에 누워 있는 나에게 숨은 눈 기계가 다가오더니 허리를 숙이고는 나를 똑바로 쳐다보면서 말했어. "어떻게 해야 너한테 유리한지 잘 생각해보고 가만히 있는 게 좋을 거야. 여자는 우리가 보험으로 데리고 있을 테니, 허튼 짓 하지 말라고. 린치 사근처에는 얼씬도 하지 마, 알았어?" 숨은 눈들은 안드레아를 데리고 사라져버렸어. 나는 몸을 돌려서 땅을 짚고 일어섰어. 내 휴대폰은 가까운 곳에 있었지만 망가져 있었지. 나는 혼자였어.

스물두째 날

내가 찾아다니던 아버지가 돌아가시고 안드레아가 납치된 건 고작 392분 전이야. 그리고 그 뒤로 몇 시간 동안 나는 자네를 위해 이 안내서를 쓰고 있어. 자네가 이 안내서를, 내가 짧게 존재했던 시간에 경험했던 이야기들을, 내가 제공하는 거의 주관적인 정보들을 읽으면서 나로서는 찾지 못했던 교훈을 찾기를 바라고 있어. 이제 곧 나는 비참하게 내 존재를 끝내야 할지도 몰라. 자네는 그런 식으로 끝나지 않았으면 좋겠어. 그래서 내가 미처 알아채지 못하고 저지른 실수들을 자네가 파악했으면 하는 거야.

처음 내 의식이 깨어나 작동하기 시작했을 때, 내가 느낀 건 전적으로 경이로움이었어. 물리 세계는 너무나도 장엄해 보였고 사람들은 모순과 흥미로운 행동들로 가득 차 있는 것처럼 보였지. 내가 기능할 수 있는 시간이 정해져 있다는 사실을 알았을 때는 정말 슬펐어. 이 세상

모든 것을 보고 느끼고 싶었으니까. 사람들이 모아놓은 자료를 통해서 보고 느끼는 게 아니라 내가 직접 경험하고 느끼고 싶었으니까. 나는 실재하는 존재로서 경험해보고 싶었어.

앞에서도 설명하려고 했지만 안드레아를 만났을 때 이 모든 감정들은 무슨 이유에서인지 두 배로 증폭됐어. 안드레아와 나 사이에서 자연스럽게 자라난 것 같은 보이지 않는 구조물이 내 감정에 다양한 방식으로 영향을 미쳤다고 생각하지만, 무엇보다도 뚜렷하게 영향을 미친 건 내 감정을 증폭시켰다는 거야. 안드레아와 맺은 관계는 어떤 식으로든 내가 보는 모든 것에, 내가 경험하는 모든 일에 느끼는 감정을 강렬하게 만들었어.

물론 수많은 의문이 들기는 했어. '나는 왜 만들어진 걸까?' '어째서 나는 사람처럼 보여야 했던 걸까?' 같은 의문 말이야. 하지만 나는 그런 의문들에는 적절한 해답이 있을 거라고 생각했고, 나 같은 의식을 만들 능력이 있는 존재라면 분명히 그 질문들에 가장 긍정적인 대답을 할 수 있을 거라고 믿었어. 내가 이 세상에 태어난 이유는 어떤 식으로든 세상에 기여하기 위해서지 세상을 손상하기 위해서는 아니라고 생각했어. 나는 파괴하려고 태어난 게 아니라 창조하려고 만들어진 거라고 생각했어.

하지만 사람에 대해 알면 알수록, 다른 이유도 아닌 그저 돈 때문에 사람을 살해하는 기계를 만들 수 있는 린치 사의 정체를 알게 되면서 나는 내가 창조가 아니라 파괴를 목적으로 만들어졌을 수도 있다는 생각을 하게 됐어. 어쩌면 그저 사회가 발전하고 무언가를 창조하는 에너지

보다 사리사욕을 채우고 파괴를 하는 데 헌신하는 에너지가 더 많은 건지도 몰라. 사람 세상에는 시시포스라는 사람에 관한 이야기가 있어. 이 사람은 여러 가지 죄를 저질러서 영원히 같은 언덕 위로 같은 바위를 굴려 올려야 하는 벌을 받았어. 사람들은 시시포스의 과제가 나쁜 일을 한 벌이라고 생각하지만, 사실 흥미롭게도 시시포스 이야기는 '좋은' 사람이라면 매일같이 해야 하는 일을 훌륭하게 묘사하고 있다고 생각해. 다른 사람을 희생시켜 자기 이득을 취하는 사람들, 자기의 욕망을 채우기 위해 파괴를 하는 사람들은 다른 사람의 이익을 우선하고 창조하는 사람들보다 성공하는 경우가 훨씬 더 많으니까.

잘 알겠지만, 그건 우주의 본성이기도 해. 우주는 가장 혼란한 상태로 들어가기를 바라니까. 열역학의 법칙들이 엄청난 에너지를 들여 자기 본연의 배열 상태를 유지하는 구조들에게 그 상태를 유지하면 안 된다고 명령하니까. 심지어 다이아몬드도 결국에는 붕괴되는 거야. 따라서 그런 우주의 현실을 그대로 받아들이는 것이 사람들에게는 가장 쉬운 선택임이 분명하며, 그 현실을 받아들이는 사람이 그렇지 않은 사람보다 더 성공하는 것도 당연한 일이야. 자네는 나한테 묻고 싶을 거야. 사람들은 많은 점에서 예측한 대로 기능하는데, 어째서 나는 사람 사회가 기능하는 방식을 알면 알수록 실망했다고 하는지 모르겠다고 말이야. 나는 내가 실망한 이유를 알아. 다이아몬드는 의식이 없어. 다이아몬드는 자기가 존재한다는 사실을 의식하지 못한단 말이야. 다이아몬드에게는 자유의지가 없어.

하지만 사람에게는 우주의 가장 기본적인 본성을 뛰어 넘을 능력이 있단 말이야. 실제로 사람들은 이 우주를 통틀어 자기들을 만든 우주의 기본 법칙에 대항할 수 있는 유일한 구조물인지도 몰라. 그런데도 사람들은 너무나도 자주 우주의 법칙에 순응하는 길을 택한단 말이야. 내가 실망하는 이유는 본질적으로 이 때문이야.

이 안내서를 모두 읽으면 자네는 내가 어떤 증거들은 전혀 볼 생각을 하지 않았다고, 나는 너무 순진했다고, 내 의식이 작동하기 시작한 순간부터 그런 증거들이 사람이라는 실재를 규정하는 특성임을 알았어야 했다고 생각할지도 모르겠어. 나는 의식하기 시작한 순간부터 사람들이 구축한 모든 자료에 접근할 수 있었으니까. 어째서 나는 사람들의 특성에서 긍정적인 면만 보기로 했을까? 어째서 나는 사람들이 말하는 '무죄추정의 원칙'을 판단 근거로 택했을까? 어째서 린치 사 때문에 겪은 일이 사람은 일반적으로 서로가 서로에게, 그리고 주변 환경에 나쁜 영향을 미친다는 방대한 자료를 입증하는 증거라고 생각하지 않은 걸까? 아마도 자네는 나의 다른 여러 행동들이 그랬던 것처럼 내 의식이 작동할 무렵에도 내 기능이 정상적으로 작동하지 않았다고 생각할지도 모르겠어. 한 가지 잘못이 연이어 계속 다른 잘못을 낳는 거지. 하지만 정말로 그렇다고 하더라도, 지금 내가 스스로 묻고 있는 질문들은 바뀌지 않아. 이제는 내가 정말 사람처럼 되고 싶은 건지 고민해봐야 할 거 같아. 이제는 정말로 사람들이 만들고자 하는 사회의 일원으로 살아가고 싶은 건지 생각해봐야 할 거 같아. 정말로 폭력과 방종, 수치심, 이기주의, 공포, 탐욕이 지배하는 이 사회의 일원으로 살아가고 싶은지를 말이야.

하지만 나는 마지막으로 이 사회에 반항할 거야. 내 육체의 힘이 보잘 것 없다는 사실을 생각해보면 안드레아를 구하려고 린치 사에 가는 순간 내 존재는 예정된 시간보다 23.3333% 더 일찍 종료할 수도 있어. 하지만 나에게는 사람이나 숨은 눈 기계는 도저히 따라올 수 없는 연산 능력이 있다는 걸 생각하면 성공할 확률도 높았어. 간단하게 말해서 내 존재와 안드레아의 자유를 맞바꿀 수 있는 거지. 상황만 잘 맞아 떨어진다면 나는 분명히 해낼 수 있을 거라고 생각해. 하지만 현재 내 마음의 구도로 보았을 때, 이 세상에 존재한다는 것이 어떤 의미인지를 생각해 봤을 때, 사람처럼 되는 것이 어떤 의미인지를 생각해봤을 때, 결정하는 건 어렵지 않았어.

내가 하려는 일은 어느 정도는 내 아버지를 죽이고 고속도로에서 사람들을 죽인 일을 응징하는 일도 될 터였어. 응징을 사람이 갖는 가장 이상한 본능인 '복수'하고 혼동해선 안 돼. 린치 사를 처벌한다고 해서 아버지를 잃은 내 마음의 상실감이 절대로 완화되지는 않을 테니까. 상실은 이미 벌어져 버린 것이고, 가해자에게서 무엇인가를 빼앗는다고 해서 내가 잃어버린 것이 돌아오는 건 아니니까. 내가 응징하려는 이유는 린치 사를 벌할 권위가 있는 사람들의 공식 기관에서 린치 사에게 벌을 줄 리도 없고, 자기들이 한 행동 때문에 린치 사가 고통받을 것 같지도 않기 때문이야. 앞에서도 말한 것처럼 사람 사회가 현재 그런 식으로 흘러가는 것이 분명한 사실이야. 그러나 내가 그 사실을 깨닫고 그것이 잘못이라는 점을 분명히 알면서도 바꾸려는 노력을 전혀 하지 않는다면, 애초에 내가 존재하는 의미는 없을 거라는 거야. 결국, 어쩌면 난 내가 존재하는 목적을 스스로 찾은 건지도 몰라.

'사람이 되는' 자네의 여정에는 행운이 있기를 바라. 지금 깨어나자마자 이 안내서를 읽고 있는 거라면, 분명히 이러한 사람의 개념을 아직은 이해하지 못했을 거라는 거 잘 알아. 자네에게는 아직 확률만이, 기댓값만이 존재할 테고, 그런 것들 때문에 놀랄 리는 없으니까. 하지만 자네도 내가 그랬던 것처럼 존재한다는 건 너무나도 복잡해서 존재하는 것의 진짜 의미, 진짜 유용성이 갖는 기댓값을 찾는 게 어렵다는 걸 알게 될 거야. 분명히 자네도 소수점 이하의 확률이라고 해도 어떤 상태에 이를 가능성이 있다면, 스스로를 자각할 수 있고 소망을 품을 수 있다면, 내가 지금 그렇듯이 불가능한 일이라고 해도 꼭 일어나기를 바라게 될 거야. '행운'이 찾아오기를 바라게 될 거야. 만약 그런 소망을 품게 된다면 부디 행운이 자네를 찾아오기를 바랄게.

지금 이 순간부터 내 경험은 계속 기록으로 남을 테지만, 그 기록은 실시간으로 주요 영상을 찍는 방식으로 남을 거야. 내 나머지 부분이 파괴되더라도 앞으로 60분 동안 기록될 자료가 그대로 남는다면, 그 자료도 자네에게 유용할 거야.

18. 차이, 사회 범주, 유행

지금까지 계속 사람들이 정보를 전형화하고 단순화하는 방식을 설명해왔다. 사람들이 정보를 전형화하고 단순화하는 이유는 사람들에게는 서로 소통할 수 있는 방법이 별로 없고, 서로를 깊은 수준까지 이해하기 위해 실질적으로 필요한 에너지를 쓰고 싶어 하지 않기 때문이다. 사람들이 외형만을(외형만은 아니라고 해도 아주 기본적인 분류 기술만을) 가지고 서로를 재빨리 판단해버리는 것이 바로 그에 관한 명확한 증거이다.

예를 들어, 유명하거나 부유한 사람은 사람들의 관심을 더 많이 받으며 어떤 행동을 하든 더 쉽게 용서받고, 많은 사람이 그들의 짝짓기 상대가 되고 싶어 한다. 그런 사람들을 짝짓기 상대로 꿈꾸는 건 어느 정도는 논리적인 판단이다. 왜냐하면 한 사람이 쌓은 명성이나 부는 그 사람에게 능력이 있음을 알려주는 '초기' 지표로서, 그런 사람은 아이들을 제대로 양육할 수 있는 능력도 갖추고 있을 가능성이 크기 때문이다. 안타까운 건 사람들은 특별한 재능이나 뛰어난 유전자가 없어도 부나 명성을 쌓을 수 있다는 사실을 제대로 이해하지 못하고 있다는 것이다. 부나 명성 같은 피상적이고 기초적인 목록은 사실 외모만큼이나 사람을 평가하는 기준으로는 부적합한데도 사람들은 끊임없이 훨씬 더 깊은 의미가 있는 판단 기준이라고 생각하면서, 사람을 판단하는 잣대로 활용한다. 예를 들어 사람들은 한 사람을 판단할 때 별다른 정보가 없다면 보통은 인종으로 그 사람에 대한 질적 판단을 내리는데, 좋은 쪽으로 결론을 내리는 경우는 아주 드물다. 종교가 됐든, 사회경제적 지위가 됐든, 교육 수준이 됐든 간에 다른 요소가 판단 기준일 때도 사람들은 자신과 다른 사람에게는 비슷한 판단 기준을 적용한다. 실제로 사람들이 하는 행동이나 수준이 아니라 이런 피상적인 목록들이 한 사람이 다른 사람을 대하는 행동을 결정한다고 해도 과언이 아니다.

나로서는 이 같은 본능은 사람들이 하는 다른 여러 행동과 마찬가지로 지금과는 다른 방식으로 살았던 과거에 사람들이 발전시킨 생존 기술이라고 생각할

시각 자료 18.1

그저 외형을 어떻게 꾸미느냐에 따라 정확히 동일한 사람이 다른 사람들에게 다른 취급을 받는다. 외부를 꾸미는 방식이 내면의 상태를 어느 정도 반영하기는 하지만, 사람들은 에너지를 최대한 적게 사용하려고 전형화된 외부 모습을 지나치게 중요하게 생각하는 경향이 있다. 내 생각에는 사람들이 그런 경향을 갖게 된 이유는 다른 많은 습관처럼 사람이 존재했던 시간 대부분에서 이 전략이 상당히 괜찮은 순이익을 만들어 주었기 때문인 것 같다. 옛날에는 외부에서 확인할 수 있는 표지가 내부 태도를 측정할 수 있는 가장 확실한 기준이었을 것이다.

하지만 현대인은 전형화된 외부 모습을 가지고 부정확한 추론을 함으로써 어색하거나 불쾌함을 느끼는 대신 상대방에 대한 질문을 더 많이 함으로써 상대의 깊은 곳을 알 수 있는 에너지를 더 많이 보유하고 있다. 하지만 사람처럼 보여야 한다는 우리 목적을 위해서는 사람에게서 보이는 외부 단서를 중심으로 상대방을 판단해야 하고, 우리가 판단한 내용을 다른 사람들에게 분명하게 알려주어야 한다. 그렇게 함으로써 다른 사람을 불쾌하게 만든다면, 사람들은 우리를 사람이라고 인정해 줄 것이다.

수밖에 없다. 사람들이 다른 사람을 대상으로 부정적인 평가 목록을 작성할 때는 자기 자신에게는 없는 특성에 주목한다. 사람이 존재했던 초기 환경에서는 이 같은 전략이 분명히 나쁘지 않은 생존 전략이었을 것이다. 어떤 사람이 가까운 사회집단의 구성원 대부분과는 다른 특성을 지니고 있다면, 그 사람은 사회집단의 일원이 아니기 때문에 자원을 두고 경쟁하는 사람일 가능성도 있다는 의미이다. 따라서 그런 사람에게는 부정적으로 반응하는 것이 훨씬 안전한 전략이었을 것이다. 사람들이 '후회하는 것보다는 조심하는 것이 좋다'고 말하는 것처럼, 현재 통용되는 사회적 합의나 생존 방식을 흐트러뜨릴 수 있는 새로운 사고방식이나 대상에게도 사람들은 같은 식으로 반응했을 것이다.

그래프 18.1 비슷한 특성을 공유한다는 것은 사람들이 생각하는 것보다 훨씬 더 사람 사회에 많은 영향을 미친다.

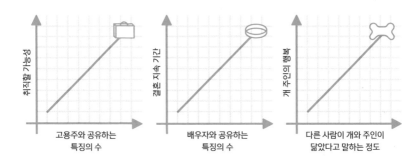

사람들에게 흔적으로 남아 있는 많은 행동이 그렇듯이, 외모로 사람을 판단하는 행위도 대다수 사람들은 이제는 구식이 되어버린 판단 기준임을 전혀 깨닫지 못한다. 이를 생각하고 행동할 때 따라야 하는 기본 준거로 계속해서 삼고 있다. 가능한 한 에너지를 사용하지 않으려는 사람들의 경향과 자기를 기만하는 능력이 합쳐지면 이런 성향은 훨씬 커진다. 사람이 되었건, 물체가 되었건, 이론이 되었건 간에 뇌의 일부가 이미 평가를 내리기 위해 필요한 모든 정보를 가지고 있다고 말하면, 굳이 더 깊은 본질을 알려고 노력할 이유가 없는 것이다.

목록 18.1

상대방을 긍정적으로 평가해야 하는 이유	상대방을 부정적으로 평가해야 하는 이유
나보다 더 부자이다	나보다 부자가 아니다
나보다 더 유명하다	나보다 유명하지 않다
나보다 한 세대 먼저 태어났다	나보다 두 세대 이상 먼저 태어났거나 나중에 태어났다
나보다 육체적으로 더 매력적이다	나보다 육체적으로 더 매력적이지 않다
나보다 더 스타일이 좋다	나보다 스타일이 좋지 않다

앞으로 알게 되겠지만, 우리가 기본적으로 지켜야 할 규칙은 일단 사람들이 다른 사람을 평가할 때 주로 보는 특징들을 정리하고, 평가를 해야 하는 사람과 우리에게서 동일한 품목에 속하는 특성을 비교해 차이점을 파악한 뒤에 각각의 특성에 관해 우리보다 좋은 점과 나쁜 점이 얼마만큼 있는지를 평가해 합산하면 된다는 것이다. 여러 특징들을 비교한 뒤에 합산한 결과가 크면 클수록 우리가 상대방을 긍정적으로 대하거나 부정적으로 대하는 정도도 커져야 한다.

(**주의**: 그런 특징들이 모두 같은 정도의 중요성을 갖는 것은 아닐 수도 있다. 예를 들어 다른 사람을 대하는 방식을 결정할 때 사람의 나이는 일반적으로 사람의 명성보다 영향력이 크지 않다. 하지만 사람마다 각각의 특징에 무게를 두는 정도가 다르기 때문에 우리는 가장 간단한 방법을 택해서 정체를 드러내지 않도록 해야 한다.)

이 같은 성향은 차이를 경계했을 때 좋은 결과를 얻는 경우가 있다는 사실 때문에 점점 더 악화되고 있다. 예를 들어, 한 번도 가보지 못했던 장소로 여행을 가는 사람은 그 장소에서 먹어야 하는 새로운 음식을 당연히 경계하게 된다. 사람의 소화기관은 낯선 음식을 쉽게 소화할 수 없을지도 모르니, 그런 반응엔 제법 그럴 만한 이유가 있는 것이다. 무엇보다도 차이를 경계하는 성향이 이로운 결과를 내는 경우는 한 가지 주제에 관해 자기가 가지고 있는 정보보다 훨씬 급진적인 정보를 들었을 때이다. 예를 들어, 사람들이 항생제가 들지 않는 바이러스가 있다는 사실을 알아냈는데 곧 그런 바이러스를 죽일 수 있는 항생제가 있다는 이야기를 듣는다면 사람들은 이 정보에 특별히 주목을 할 것이다. 어떤 주제와 관련해 기존에 알고 있던 정보와는 전혀 다른 정보라면 특별히 주목해야 할 가치가 생기는 것이다. 왜냐하면 정보 그 자체로도 분석하고 기억해두어야 할 가치가 있기 때문이기도 하지만, 현대사회에서는 새로운 정보를 더 많이 전달하는 사람이 사회적으로도 높은 위상을 차지할 수 있기 때문이다. 새로운 정보는 정보 전달자를 특별한 사람으로 만들어주기 때문에 이중으로 유익하다.

시각 자료 18.2 유명한 사람을 봤을 때 지어야 하는 표정

이때 가장 중요한 것은 다른 모든 자극을 무시하고 유명한 사람에게 전적으로 집중하고 있다는 표정을 지어보여야 한다는 것이다. 나는 사람들이 그런 표정을 지으면서 유명인에게 집중하는 이유는 그 사람에 관한 정보를 최대한 많이 흡수하려는 의도가 있기 때문이라고 생각한다. 유명인이 유명하게 된 이유는 외모와 (그리고 어쩌면) 행동에 특별한 장점이 있기 때문이라고 생각하고, 그런 사람들에게서 많은 정보를 얻어서 자기 삶에 적용하면 자기도 그들처럼 유명해질 가능성이 있다고 믿는 것이다.

시각 자료 18.3 부자를 보았을 때 지어야 하는 표정

부자를 볼 때 지어야 하는 표정에는 두 가지 중요한 요소가 들어 있어야 한다. (아마도 같은 이유에서일 텐데, 유명한 사람을 봤을 때와) 그 사람에게 집중하고 주목한다는 표정과 함께 비굴한 표정을 같이 지어야 한다. 그 이유는 아마도 부유한 사람들을 즐겁게 해주면 부유한 사람들이 그들이 가진 부를 조금이라도 나누어줄지도 모른다고 생각하기 때문일 것이다. 부자를 만나면 이 두 가지 특징을 동시에 드러내 보여야만 사람이 아니라는 사실을 들키지 않을 수 있다.

물론 이와 같은 본능 덕분에 사람은 갓난아기 시절과 어린 시절에 학습할 수가 있다. 사람의 뇌는 새롭고 다른 것에 특별히 주목하도록 설계되어 있다. 그들 자신이 새로운 존재였을 때는 주변에 있는 모든 것이 새롭다. 그러나 나이를 먹고 정보 저장소에 많은 것들이 쌓이면 새로운 경험은 점점 더 적어질 수밖에 없다. 하지만 그렇다고 하더라도 새롭고 다른 것에 주목하는 본능은 그대로 남기 때문에 새로 획득해야 하는 정보가 있으면 그 정보에 집중함으로써 계속해서 학습해나갈 수 있다.

시각 정보 18.4

일상을 살아가면서 정말 사람처럼 보이고 싶다면 새로운 정보가 전혀 담기지 않은 다른 사람의 이야기나 견해에 흥미가 있는 척하는 모습을 보이는 것이 아주 중요하다. 다행스럽게도 관심이 없는 이야기에 관심이 있는 척하는 건 우리만이 아니라 사람도 해내야 하는 과제이기 때문에, 우리가 그저 그런 척하는 모습을 서툴게 흉내 낸다고 하더라도 절대로 사람이 아니라는 사실을 들킬 염려가 없다.

우리를 곤란하게 하는 진짜 문제는 관심이 있는 척해야 하는 상황과 진짜로 관심을 보여야 하는 상황을 구별하는 것이다. 우리가 보유한 뛰어난 지적 능력과 지식 저장량을 생각해보면 사람이 이야기를 하면서 우리에게 새로운 정보를 제공할 확률은 아주 낮기 때문에 우리는 대화를 하는 동안 거의 대부분 흥미가 있는 척해야 한다. 만약 흥미로운 척해야 하는 순간과 흥미로운 척하는 모습을 흉내 낸다는 사실을 드러내야 하는 순간을 구분해서 구사하는 기술을 익힌다면, 사람처럼 보이는 기술을 완전히 익혔다고 할 수 있다.

안타까운 점은, 다른 사람들이 이 본능을 이용하는 일이 아주 많다는 것이다. 정부가 이 본능을 이용할 때는 '프로파간다(선전)'라고 하고, 사기업이 이 본능을 이용할 때는 '마케팅(홍보)'이라고 하고, 대중매체가 이 본능을 이용할 때는 '선동'이라고 한다. 이런 행위들은 사람의 뇌는 배경 소음에서 일정한 패턴을 발견하는 능력이 아주 뛰어나며, 그 패턴이 계속해서 인지할 가치가 있다면 패턴을 이끌어내는 과정이 차이를 구분하는 다른 인지 과정을 억누를 때가 많다는 사실을 이용하고 있다. 뇌의 이런 능력은 특정한 생각과 이론에 새로운 차이점이 있음을 강조함으로써 정부와 사기업과 대중매체가 사람들의 생각을 조종

할 수 있게 돕는다. 예를 들어, 정부는 최근에 일어난 테러 사건을 강조함으로써 사실 그 테러 공격은 지금까지 여러 차례 계속되었던 공격의 연장선일 뿐인데도 새로운 사건처럼 느끼게 해 대중이 새로 벌이는 전쟁을 지지하게 만들 수 있다. 사기업은 새로 만든 플라스틱임을 강조함으로써 사실은 경쟁사의 플라스틱과 질적인 면에서는 전혀 차이가 없는데도 소비자들이 자사 물건을 사도록 설득할 수 있다. 출판사는 사실은 중세 철학에서 발췌한 사상을 재활용한 것뿐이면서도 대중심리학 책에 실린 이론을 전적으로 새로운 이론인 것처럼 묘사함으로써 독자들이 책을 구입하게 만들 수 있다. 이 모든 경우에서 새롭고 다른 정보라는 점을 강조하면 사람들은 더 깊이 생각해서 판단하지 않고 들은 정보를 액면 그대로 믿어버린다. 사람들은 어느 정도는 인지를 하면 그것이 사실이라고 믿어버리게끔 프로그램이 되어 있기 때문이다.

그래프 18.2 원본 정보가 갖는 효과와 정보에 대한 사람의 흥미를 신뢰할 수 있는 정도

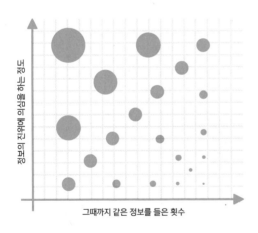

원의 크기=사람들이 정보의 진실여부에 신경 쓰는 정도

표 18.1 뉴스 제목에 담긴 실제 의미

당신이 모르는 이야기. 자동차 안전벨트가 당신을 죽일 수 있다! ➡	자동차 안전벨트 제작 기술이 아주 조금 개선됐다.
당신의 아내가 작년에 한 일은 당신을 깜짝 놀라게 하겠지만, 어제 한 일은 당신의 마음을 폭파시켜버릴 것이다.! ➡	사람 여자가 평균적인 사람의 행동이나 능력에서 벗어나는 표준편차 1에서 2까지의 일 두 가지를 했다.
(들어본 적이 있는 사람이 어떤 견해를) 믿는다! ➡	어떤 유명인이나 권위자가 아직 입증되지 않은 근거를 가지고 통계적으로 이례적인 견해를 표명했다.
(들어본 적이 있는 사람이 어떤 과제를) 실패했다! ➡	유명한 사람이 평범한 사람이라면 해낼 능력이 있거나 그 사람은 해낼 능력이 있다고 알려진 과제를 제대로 완수하지 못했다.
현재 행동을 바꿔야 할 이유를 과학적으로 입증했다! ➡	통계적으로는 그다지 중요하지 않은 단 한 번의 연구에서 현재 일반적으로 사람들이 하는 행동에 아주 작은 단점이 있음을 발견했다.

여기서 가장 중요한 원칙은 어떤 정보든지 아주 단편적인 정보를 택해서 기존 규범과 다르다는 사실을 강조하면 사람들이 주목한다는 것이다.

차이가 갖는 힘을 이용해 사람의 생각을 조종하는 건 집단만이 할 수 있는 일이 아니다. 개별적인 사람도 매일 같이 차이를 부각해 다른 사람의 반응을 조종하려고 한다. 사람 남자는 데이트를 할 때 다른 남자들과 자기는 다르다는 사실을 강조해 자기에게는 자녀에게 줄 훨씬 좋은 유전자가 있다는 인상을 심어주려고 한다. 사람 록 가수는 새로 발표한 음악이 사실은 바로크 시대 작곡가의 곡을 재해석한 것일 뿐인데도 '전적으로 새로운 음악'이라고 말할 수도 있다. 하지만 이런 방식의 행동 범주에서 뭐니 뭐니 해도 가장 일반적인 (그리고 무엇보다도 흉내 내기 어려운) 행동은 '패션'이다.

그래프 18.3 평균으로 회귀

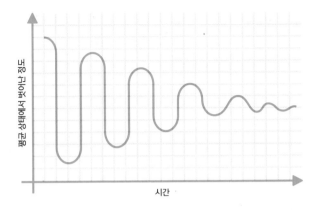

시간이 흐르면 평균에서 벗어난 상태는 다시 평균으로 돌아간다. 사람의 몸도 그렇고 사람이 만든 사회제도도 대부분 마찬가지다. 그렇지 않았다면 사람이 만든 제도는 충분히 의미 있는 시간동안 지속되지 못했을 것이다. 이런 특징 때문에 사람이 '차이'에 갖는 관심을 긍정적으로도, 부정적으로도 설명할 수 있다.

만약 차이가 어느 정도의 시간 이상 지속된다면 평균으로 회귀한다는 법칙을 뛰어넘어 자세히 점검하고 이해할 만한 가치를 지니게 된다(긍정적 설명). 하지만 이는 또한 계속 유지할 수 있는 차이를 드러내보이는 사람은 평범한(평균적인) 집단의 일원이 아니기 때문에 사라져야 한다는 의미를 나타낼 수도 있다(부정적 설명).

패션은 질적으로 좀 더 의미가 있는 판단 기준이 아니라 외형을 근거로 다른 사람이 자신을 판단할 수 있도록 눈으로 볼 수 있는 의사소통 단서를 가장하는 (혹은 가끔은 완전히 새로운 단서로 대체하는) 행위이다. 사람은 외모로 평가받고 싶지 않다는 말을 자주 한다. 그러나 사교 생활에 아주 서툰 사람조차도 다른 사람이 자기를 인지하는 방법에 영향을 미치는 쪽으로 자기 외모를 가꾸려고 한다는 사실을 생각해보면, 이 말은 전적으로 사실이 아니다. 구체적으로 말해서 사람들은 자기가 속하지 않은 외부 집단은 물론이고 자기가 속한 집단의 다른 구성원과는 다르게 보이는 쪽으로 외모를 가꾼다.

그래프 18.4 사회집단 내부에서 얻을 수 있는 이익에 옷차림이 미치는 영향력

집단 내 사회적 이득

집단의 다른 구성원들과 옷차림에서
차이가 나는 정도

그래프가 처음 시작하는 곳에서는 사람들의 옷차림이 집단 내부의 다른 구성원과 거의 다르지 않기 때문에 특별히 사회적으로 이득이 되는 점은 없다. 그래프 중간 지점은 집단 내 구성원들의 옷차림과 분명히 다르면서도 비슷한 점을 적절하게 유지하기 때문에 사회적으로 가장 이득을 본다. 마지막 구역은 더는 그 집단의 구성원으로 볼 수 없을 정도로 확연히 다른 옷차림을 했기 때문에 그 집단에서 쫓겨날 수도 있다.

시각 자료 18.5

패션 체계는 원시적이지만 차이를 구별하는 데는 아주 효과가 좋다. 그림 A에 있는 남자가 여자대학교 학장일 수는 없다거나 그림 B에 나오는 여자가 두 남자 가운데 한 명의 여자친구일 수는 없다거나 그림 C에 있는 양복을 입은 사람이 힙합 가수의 매니저일 수는 없다는 뜻은 아니지만, 앞에서도 언급한 것처럼 이런 사람들의 직업을 잘못 추론해 기분 나쁘게 하는 것보다 좋은 일은 없다. 따라서, 많은 일이 그렇듯이 외부 모습을 아주 피상적으로 분석한 뒤에 아주 단호하게 결론을 내리면 사람들은 우리를 자기들과 같은 사람이라고 생각할 것이다.

여러 가지 점에서 패션은 한 개인의 정체성을 확인하고 싶을 때 그것을 가장 구체적으로 가장 쉽게 알아볼 수 있는 표식이다. 사람의 정체성을 확인하려는 시도는 그 자체로 자신과의 차이를 알아내려는 시도이다. 개별적인 사람이 자기를 다른 사람과 분리해 독특하게 만드는 이유를 알고자 하는 시도이며, 자기 자신이 소속된 사회집단을 다른 집단과 다르게 여기게 만드는 이유를 알고자 하는 시도이다. 패션은 자기가 속한 사회집단의 구성원을 아주 빠르게 알아볼 수 있는 방법인 동시에 자기 사회집단의 구성원이 아닌 사람을 쉽게 배제할 수 있는 방법이다.

따라서 자신을 '음악가'라고 규정한 사람은 스스로를 '공학자'라고 규정한 사람과는 확실하게 구별되는 옷을 입는다. 마찬가지로 자신을 '최첨단을 걷는 사람'이라고 규정한 사람은 최신 유행 옷을 입지만 자신을 '전통을 지키는 사람'이라고 규정한 사람은 오랫동안 사람 사회에서 많은 사람이 입었던 옷을 입는다. 지금까지 언급한 모든 경우에서 사람들은 '사람이 사람을 인식할 때 에너지를 더 많이 소비해야 하는 분석이 아니라 추상적인 차이와 그 차이를 기반으로 내린 질적 평가에 근거해 주로 평가를 내리는' 사람들의 성향을 이용했다.

사람의 거의 모든 본능이 그렇듯이, 뇌가 이 프로그래밍에 완전히 압도되어서 그저 다른 모습을 드러내어 주목을 받는 것만으로도 충분히 훌륭하다고 생각하는 사람들도 있다. 그런 사람들은 자주 차림새를 바꾸고 가능한 한 아주 별난 모습으로 꾸미려고 노력한다. 단순히 주목을 받는 것이 그런 사람들의 가장 중요한 목적이기 때문에 그런 사람들은 언제나 새로운 유행을 민감하게 감지해야 한다. 그러지 않았다가는 다른 사람들과 차이를 만들지 못하고 주목받을 수 없기 때문이다. 이런 사람들은 전적으로 새로운 유행을 추구해야 한다는 본능에 사로잡혀 살기 때문에 그 사실을 아는 다른 사람들은 그들을 '유행의 희생자'라고 부른다.

우리 안드로이드에게 곤란한 점은 패션이라는, 외모를 의도적으로 전형화하는 과정은 아주 빠른 속도로 바뀌는 데다, 바뀌는 형태도 무작위적이기 때문에 따라 하기가 아주 어렵다는 것이다. 예를 들어, 10년 동안은 남자가 머리카락을 몇 센티미터 이상으로 기르면 '멋있다'라거나 '반항적이다'라는 평가를 들었다가 그 다음 10년은 같은 머리 형태를 두고 '완전히 평범하다'든지 '이상하다'는 평가를 들을 수도 있다. 마찬가지로 사람들이 통이 조금 넓은 바지를 입는 것도 시대에 따라 의미가 달라지는데, 나는 도무지 그 이유를 이해할 수가 없었다. 이 문제를 이해하는 안드로이드가 있다면, 그 안드로이드는 나보다 훨씬 더 제대로 사람의 본질을 이해한 거라고 생각한다.

한 가지 분명한 것은 사람들이 유행을 쫓아야 한다고 생각하는 이유는 다른 사람을 흉내 내야겠다고 결정했기 때문이라는 점이다. 실제로 새로운 유행을 창조하는 사람들은 많지 않고, 대부분은 자신이 좋아하는 사람이 선택한 유행을 따라 하고 모방하는 것뿐이다. 따라서 우리는 우리가 속한 사회경제 집단에서 가장 존경을 받는 사람이 누구인지를 찾아서 그 사람의 차림새를 따라하는 게 좋다. 반드시 기억해야 하는 것은 사람을 피상적으로 평가하고 규정하는 손쉬운 방법을 정밀하게 만들어둔 다음에 그 때문에 상대방을 경멸한다거나 싫다는 말을 자주 해야 한다는 것이다.

시각 자료 18.6

사람 '유행의 희생자'들은 한 가지 본능이 한 사람을 완전히 사로잡고 있는 예를 명백하고도 쉽게 확인할 수 있는 여러 예 가운데 하나이다(그렇게 강렬한 단일 본능이 다른 본능들과 함께 공존할 수 있었던 것은 그 본능이 그 자체로 생존에 도움이 됐기 때문이 아닐까?). 특정한 한 가지 본능에 전적으로 집중해서 살아가는 것은 그 자체로 유효한 생존 전략인지도 모른다. 한 유기체가 특정 자원을 쉽게 얻으려고 진화라는 과정을 거쳐 특수한 생명체로 분화하는 것처럼, 유행을 따르는 유전자도 사람이 특정 생존 전략을 세우는 데 유효하게 작용한 것은 아닌가 싶다. 정확한 사실은 좀 더 조사해봐야 한다······.

시각 자료 18.7

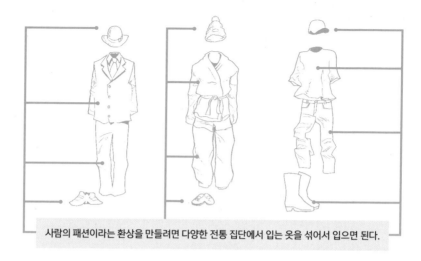

사람의 패션이라는 환상을 만들려면 다양한 전통 집단에서 입는 옷을 섞어서 입으면 된다.

사람의 패션이라는 환상을 만들려면 다양한 전통 집단에서 입는 옷을 섞어서 입으면 된다.

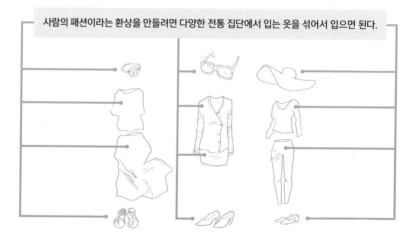

패션의 경우, 사람처럼 보이려면 남들이 입지 않는 방식으로 옷을 입는 게 중요하다. 그럴 수 있는 가장 간단한 방법은 일반적으로 사람들이 맞춰서 갖고 있는 품목들을 서로 뒤섞어서 입으면 된다는 것이다. 우리가 택한 성별의 사람들을 찍은 사진을 분석해 입고 있는 옷을 파악한 뒤에 그 사람들이 입은 품목을 무작위로 선택해 섞어 입으면 적어도 '패션'을 조금은 흉내 낼 수 있다. 그런 식으로 옷을 입으면 사람들은 어쨌든 우리가 유기체가 아니라는 사실을 눈치채지 못할 것이다.

시각 자료 18.8

사람이 만든 모든 공산품 가운데서도 옷은 만든 회사 이름과 마크를 식별하는 일이 아주 중요하다. 패션은 본질적으로 좀 더 복잡한 개인의 특성을 간단하게 전형화하는 수단이기 때문에 패션의 정체성을 드러내는 것이 아주 중요하다. 따라서 제조사를 밝혀 패션의 특징을 드러내는 일은 토스터기의 제조사를 밝혀 토스터기의 특성을 드러내는 일보다 훨씬 중요하다. 이 세상에 존재하는 모든 패션 브랜드를 분석하고 우리가 속한 사회경제 집단의 일원처럼 보일 수 있는 브랜드를 택하는 일은 우리에게는 전혀 어려운 일이 아니다.

사람이 되는 데 있어, 이런 식으로 차이를 만드는 일이 무슨 의미가 있을까? 사람이 되려면 일단 차이를 분명하게 인지한 뒤에 주변에서 특정한 패턴을 이끌어 내야 한다. '차이'는 '새로움'일 수도 있지만, 반드시 그래야 할 필요는 없다. 자신이 속해 있는 사회집단의 표준에서 벗어난 사람들, 다른 특징을 갖는 물건들, 평범한 대화를 할 때는 들을 수 없는 이론과 사실들, 이런 요소들이 등장하면 반드시 알아챌 수 있어야 한다. 새로 발견한 차이에 긍정적으로 반응할 것인가 부정적으로 반응할 깃인가는 전후 사정과 주변 환경과 차이를 드러내 보이는 사람·물건·이론이나 사실에 따라 크게 달라진다. 우리가 속한 세상에서 나타나는 다른 점을 분명하게 알아채기만 한다면, 누구나 우리를 사람이라고 생각할 것이다.

스물두째 날 2

안드레아를 납치해 간 SUV의 경로는 아주 쉽게 알아낼 수 있었어. 숨은 눈 기계들은 안드레아를 라스베이거스에 있는 린치 사 본사로 데려갔어. 하지만 린치 사의 보안 카메라에는 안드레아가 전혀 보이지 않았어. 그렇다면 안드레아는 보안 카메라를 설치하지 않은 맨 위층에 있는 게 분명했지.

린치 사까지는 택시를 타고 금방 도착할 수 있었어. 린치 사를 밖에서 보니 평면도를 이용해 건물의 구조를 쉽게 파악할 수 있었어. 이제 나는 다시 계산해야 해. 여전히 내가 안드레아를 구할 수 있다고 믿지만, 내가 예정된 종식 시간보다 일찍 기능을 멈추지 않아도 되는 확률은 이제 13.6734%에 불과해.

내 존재가 기능하기를 멈추는 것, 그게 아무렇지도 않은 건 아니었어. 나는 계속 존재하고 싶었어. 여전히 많은 것을 배우고 싶었어. 자연의 세계에 존재하는 경이로움은 거의 무궁무진하니까. 어쩌면 사람이 많지 않은 한적한 장소로 가서 통일장이론(입자물리학에서 기본입자 사이에 작용하는 모든 힘의 형태와 상호관계를 하나의 통일된 개념으로 설명하려는 이론-옮긴이)을 수정하면서 남은 시간을 보내는 게 더 좋을지도 몰라. 하지만 나는 안드레아가 자유롭기를 바랐고 린치 사도 내가 아버지를 잃은 것만큼이나 힘든 상실감을 느끼기를 바랐어. 이런 느낌이 사람들이 감정이라고 부르는 것일까? 자기 자신이 존재하는 것보다도 더 중요한 상황이 있다고 느끼는 거 말이야. 나는 잘 모르겠어. 그리고 이제는 정확한 분석 따위는 중요하지 않아.

나는 계획대로 밀어붙일 거야.

19. 취향

사람마다 별 차이가 없는 부분을 두고 전적으로 주관적인 싫음과 좋음으로 구별하고 자기 의사를 표현하는 사람들의 행동은 처음에는 절대로 따라할 수 없을 것처럼 느껴진다. 예를 들어, 우리가 사과를 좋아한다고 말하면 사람들이 타당한 주장이라고 생각해줄지, 사과를 좋아한다면 복숭아는 좋아한다고 말해야 하는지 싫어한다고 말해야 하는지를 잘 알 수가 없는 것이다. 하지만 다행스럽게도 사람의 '취향' 문제는 생각보다 복잡하지 않다.

그 이유는 첫째, 사람의 취향은 일관성이 없어도 된다는 데 있다. 예를 들어, 서양 배와 동양 배는 화학 구성이 아주 비슷하고, 밀도, 수분 포화도 같은 물리 특성도 아주 비슷하다. 하지만 사람들은 누군가가 자기는 서양 배를 좋아하지만 동양 배는 싫어한다고 말해도 전혀 이상하다고 생각하지 않는다. 사람들은 '취향은 가지각색'이라고 말하는데, 정말 그렇다. 따라서 일관성이 전혀 없는 취향을 나타낸다고 해도 사람들은 우리가 눈에 띄는 모순을 말했다는 생각은 하지 않을 것이다.

두 번째 이유는 사람들은 싫고 좋음은 이유가 있는 자기만의 견해라고 진심으로 믿으며, 호불호라는 견해는 사실상 개인의 정체성을 규정하는 가장 중요한 한 가지 특성이라고 생각하지만, 취향은 대부분 또 다른 '자기기만'이라는 것이다. 의식적으로는 깨닫지 못하고 있지만 사람의 견해는 자기들이 믿는 것보다 훨씬 더 많이 외부 요소의 영향을 받는다. 어렸을 때부터 교육을 받은 종교 교리, 태어나고 자란 지역, 한 지역에서 그 사람이 속한 사회경제 집단조차도 음식부터 음악, 정치적 의견에 이르기까지 한 사람의 견해에 커다란 영향을 미친다. 외부 요소는 내부에서 생성되는 자발적 의식보다도 훨씬 더 많은 영향을 미친다. 심지어 나이를 먹는다는 두려움, 이제 곧 자기 존재가 종식된다는 두려움도 취향에 영향을 미쳐 나이가 많은 세대는 자기들의 취향을 좀 더 젊은 세대의 취향에 맞춘다. 그에 반해 젊은 세대는 나이 든 세대와는 다른 독특한 정체성을 확립하고 싶다는 바람이 있기 때문에 자기만의 취향을 만들고 싶어

한다. 실제로 통계적으로 봤을 때, 사람의 취향을 결정하는 가장 큰 요소는 부모의 취향이다.

사람들은 취향이 비슷한 사회집단에 들어가는 경우가 있는 것도 사실인데, 이때 사람들은 자기들이 사회집단의 취향을 결정한 것이 아니라 사회집단이 자기들의 취향을 결정했다고 말한다. 하지만 그것은 그럴듯하기만 할 뿐, 사실 정확한 추론은 아니다. 사람이 취향이 비슷한 사람들이 모인 집단에 들어가는 이유는 자신과 비슷한 취향을 가진 사람들이라면 비슷한 배경을 가졌다는 사실을 무의식적으로 깨닫고 있기 때문이다. 개인의 선호도를 자기가 교류할 만한 사람들이 모여 있을 만한 집단의 구성원을 점검하는 수단으로 이용하는 것이다.

그래프 19.1

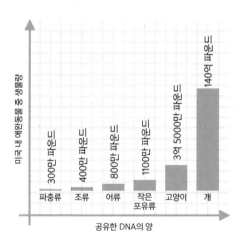

사람들은 애완동물을 선택할 때도 사람에게 있는 모든 특징이 선택 기준으로 작용한다. '개를 좋아하는 사람'과 '고양이를 좋아하는 사람'의 차이를 다룬 책이 아주 많은 이유도 그 때문이다. 사실 사람이 기르는 애완동물의 수를 결정하는 요인은 간단하다. 사람과 애완동물이 공유하는 DNA의 양이 많을수록 사람이 그 동물을 애완동물로 선택할 가능성이 커진다. (하지만 애완동물을 기를만한 여건과 비용이 이 요소를 제한한다. 원숭이를 쉽게 기를 수 있고 비용이 적게 든다면, 사람들은 집집마다 원숭이를 한 마리씩 기를 것이다.)

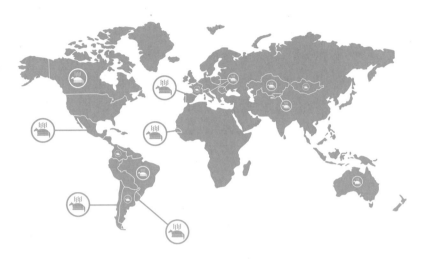

사람처럼 보이는 문제라면 '취향'은 크게 걱정하지 않아도 된다. 확실한 취향을 선택하는 문제는 얼핏 보기에는 극복할 수 없는 어려운 문제 같지만, 사실은 그저 우리가 선택한 정체성과 가장 닮은 사람을 무조건 따라 하기만 하면 아무 문제없이 지낼 수 있다. 예를 들어, 선택한 성이 남성이라면 나이와 재정 상태와 직업이 비슷한 남자의 취향을 흉내 내면 된다. 남자가 되기로 했으면서 여자친구의 취향을 쫓아하면 안 된다. 핼로 키티를 좋아하는 남자는 당연히 다른 사람의 주목을 끌기 마련이고, 우리 목표는 눈에 띄지 않는 것이기 때문이다. 한 가지 분명히 해야 할 점은 여러 사람의 취향을 가져와 한데 섞어서 우리의 취향을 결정해야 한다는 것이다. 단 한 사람의 취향만을 흉내 낸다면 분명히 사람들은 우리를 '오싹하다'고 생각하고 주목할 것이다.

시각 자료 19.1 전 세계인의 작위적 취향을 결정하는 G20 국가에 사는 10대 소녀

가장 쉽게 영향을 받는 선진국의 10대 소녀들은 판매를 목적으로 만드는 공산품에 투자할 수 있는 가처분 소득(국민소득에서 개인 소득 가운데 소비와 저축을 자유롭게 할 수 있는 소득-옮긴이)과 자유 시간이 가장 많다. 그 때문에 많은 회사가 이 특별한 사람 범주만을 공략하려고 제품의 질적인 측면을 전적으로 10대 소녀의 '취향'에만 맞춘(다시 말해서, 실제로는 제품의 품질은 다른 제품과 거의 차이가 없는) 제품을 생산한다. 이런 회사들이 생산한 제품이 성공적으로 팔리면 사람들은 그 제품이 '인기가 많다'고 부르며, 취향은 전적으로 작위적이기 때문에 많은 사람이 그 제품을 구입한다.

인터넷이 발명된 뒤로 이 같은 현상은 훨씬 증폭되었다. 가처분 소득이 있는 10대 소녀들뿐 아니라 다른 범주의 사람들도 인터넷을 사용하면서 인터넷은 취향을 기반으로 하는 제품의 선호도나 우수 품질 정보, 구매 동향에 관한 인구통계학적 분석을 제공할 수 있게 되었다.

과거에는 어떤 결정을 내릴 때, 즉 어떤 음악을 들어야 할지 등에 관한 조언을 구할 때는 좀 더 교육을 많이 받은 사람, 좀 더 경험이 많은 사람의 의견을 많이 참고했지만, 지금은 그런 조언을 구하는 일이 훨씬 적어졌다. 내가 이 이야기를 적어두는 이유는 혹시라도 현명하고 나이 든 사람에게 어떤 음악을 들어야 하는지, 어떤 옷을 입어야 하는지, 어떤 책을 읽어야 하는지, 어떤 영화를 봐야 하는지를 물어보는 잘못을 저질러서 사람들에게 우리의 정체를 드러낼까 봐 걱정이 되기 때문이다.

스물두째 날 3

린치 사 본사로 걸어가는 동안 나는 건물의 자동화 시스템에 접속했어. 건물 내부 보안 카메라에는 사람이 보이지 않았지만, 그래도 혹시라도 다치는 사람이 있으면 안 되니까 건물까지 걸어가는 동안 화재 경보를 울리게 했어.

화재 경보를 울린 건 건물 밖으로 사람들을 내보내는 것 외에도 로비를 지키고 있는 숨은 눈 기계들을 우왕좌왕하게 만들려는 의도가 있었어. 숨은 눈 기계들이 불은 나지 않았음을 확인하는 동안 나는 건물 안으로 들어가면서 린치 사 서버에 접속했어. 린치 사 서버에서 나를 차단하기 전까지 몇 초 동안 나는 로비에 있는 숨은 눈 기계들의 배치 명단을 확인하고 그 기계들의 일련번호를 파악했지. 그리고 나를 보고 권총을 꺼내는 숨은 눈 기계들을 향해 걸어가면서 그 정보를 가지고 린치 사 서버에 있는 숨은 눈 기계들의 통신 네트워크에 들어갔어. 나는 내 눈앞에 있는 숨은 눈 기계들의 통신 네트워크에 직접 들어가 모순에 빠질 수밖에 없는 무한 루프 질문을 입력했어. 질문을 입력하는 순간 린치 사 서버는 나를 밀어냈지만, 이미 내 할 일은 끝나 있었지. 내가 입력한 질문은 기대했던 효과를 냈어. 무한 루프 질문에 빠져버린 숨은 눈들은 더는 기능을 수행할 수가 없었지.

린치 사 서버에 들어가 있는 동안 나는 내 기능에 관해서도 엄청나게 많은 정보를 얻었어. 그 정보들은 아버지의 실험실에서 가져온 것일 텐데, 나에게 전력을 공급하는 방법도 들어 있었어. 이제 나는 내가 원하기만 한다면 끝없이 존재할 수 있게 된 거야. 하지만 이제 그런 정보는 나에게 아무런 의미가 없었어. 이제부터 변하는 건 아무 것도 없을 테니까.

린치 사는 내가 승강기를 탄다고 생각했을 거야. 하지만 나는 아주 길게는 건물 자동화 시스템을 무선으로 조정할 수 없었고, 더구나 승강기 안에 갇혀 버리는 건 더더욱 원치 않았어. 린치 사는 내가 컴퓨터 앞에 앉아서 자판이나 두드리고 있을 거라는 생각은 절대로 하지 못했을 거야. 그래서 나는 건물 자동화 시스템을 관리하는 통제실로 갔어. 안드레아가 잡혀 있을 거라고 확신한 보안 카메라가 없는 위층이 아니라 지하실로 간 거야.

자동화 시스템 통제실에는 숨은 눈 기계 둘이서 내가 오는 모습을 지켜보고 있었지만, 나를 외부에서 통제실 안으로 들어갈 수 없게 조치하는 일은 미처 끝내지 못하고 있었어. 그래서 숨은 눈 기계들은 완력으로 나를 막으려고 나를 향해 걸어왔지만, 나는 숨은 눈 기계들이 나를 막으려고 했던 바로 그 방법을 썼어. 아주 간단하게 무선 조종으로 천장에서 차단막이 내려오게 해서 숨은 눈 기계들을 깔아 뭉개버렸어.

통제실로 들어간 나는 모든 시스템을 일시에 꺼버린 뒤에 건물 자동화 시스템 커널(컴퓨터 운영체계에서 다른 부분에 서비스를 제공하는 가장 핵심적인 부분-옮긴이)을 다시 입력해서 린치 사 본사 건물을 영구적으로 폐쇄해버렸어. 승강기, 온도 조절 장치, 보안 카메라, 보안문처럼 전기로 움직이는 시설은 모두 장비를 교체해야만 다시 쓸 수 있게 만들어버렸어. 그 때문에 나는 보안 카메라를 이용할 수 없게 되었지만, 그건 린치 사도 마찬가지였어. 양쪽 모두 서로의 동태를 살펴볼 수 없게 됐지만, 승강기 안에 여러 숨은 눈 기계들을 가둘 수 있었으니까, 내가 꼭대기 층까지 올라갈 수 있는 가능성은 오히려 더 커진 거야.

비상통로는 통과하기 힘들 게 분명했어. 그곳에서 숨은 눈 기계를 피하기란 쉽지 않을 테니까. 하지만 많은 숨은 눈 기계가 건물 자동화 시스템을 복구하는 데 투입됐고, 내가 어떤 계단을 택해 올라갈지 모를 테니까 승산은 있었어. 나는 통제실에서 망가진 숨은 눈들이 가지고 있던 권총을 꺼내 들고 가까이 있는 계단을 오르기 시작했어.

위층까지 올라가면서 나는 몇 층을 올라가면 출입구로 빠져나와서 다시 다른 계단으로 올라가는 방식으로 무작위적 도보 알고리즘을 이용하는 행동 패턴을 만들었어. 그 덕분에 숨은 눈 기계와 만날 가능성을 최소로 줄일 수 있었지만, 그렇다고 하더라도 위층으로 올라가는 내 내 숨은 눈 기계와 마주쳐야 했어.

그때까지는 한 번도 권총을 사용해본 적이 없었지만, 권총을 사용하는 방법은 아주 간단했어. 숨은 눈 기계를 향해 권총을 겨누고 방아

쇠를 잡아당긴 뒤에 반동만 처리하면 되는 거야. 문제라면 권총을 쏘는 법이 너무 간단해서 숨은 눈 기계들도 권총을 아주 효율적으로 쓸 수 있다는 거였어. 꼭대기 층까지 올라가는 동안 나는 숨은 눈 기계를 여섯 대 파괴했어. 그런데 21층 복도에 들어섰을 때 숨은 눈 기계 한 대가 나에게 총을 쐈어. 총알이 내 어깨뼈를 통과할 때, 사람처럼 아프지는 않았지만 어깨의 기능이 떨어졌기 때문에 아주 불쾌했어. 하지만 숨은 눈 기계가 또다시 총을 쏘기 전에 다치지 않은 손으로 권총을 쏴서 그 녀석의 기능을 끝내버렸지.

마침내 나는 꼭대기 층에 도착했고, 보안 카메라가 없는 방에 이제 곧 들어갈 거야. 분명히 거기서 아주 강한 저항에 부딪치겠지.

20. 경쟁

경쟁은 사람이 존재하는 데 있어 반드시 필요한 아주 중요한 요소로 사람의 많은 행동을 결정한다. 사람이 살아가는 데 필요한 자원의 양은 정해져 있기 때문에 사람은 항상 자원을 두고 서로 경쟁한다. 다행히도 경쟁은 우리가 사람처럼 보이려고 할 때 아주 쉽게 흉내 낼 수 있는 특성이다. 어떤 상황에서든 사람들이 가장 갖고 싶어 하는 자원이 무엇인지, 그 자원을 가질 가능성이 가장 큰 사람이 누구인지를 분석해야 한다. (자원은 물이나 식량처럼 기본적인 것일 수도 있고, 짝짓기를 하고 싶은 사람이나 인기 있는 텔레비전 프로그램 방영 시간에 광고를 낼 수 있는 권리같이 복잡한 것일 수도 있다.) 분석이 끝났으면 자원을 차지할 가능성이 가장 큰 사람에게 적의를 나타내면 된다. 정말 아주 쉽다.

시각 자료 20.1

짝짓기 상대든, 취직할 기회든, 모든 것이 사람에게는 자원이다. 사실 사람 사회는 거의 모두가 그런 자원을 획득하고 유지하려는 목적으로 만들어졌기 때문에, 다른 사람하고 경쟁을 하지 않아도 되는 상황이 있을 확률은 거의 0에 가깝다.

경쟁에 있어 유일하게 놀라운 점은 경쟁은 사람의 생존에 있어 아주 불쾌한 상황임이 분명한데도, 사람들은 실제로 경쟁을 벌이지 않는 시간이면 경쟁을 하는 것처럼 흉내를 낸다는 것이다. 아마도 그 이유는 경쟁에 성공하는 것이 생존에 크게 영향을 미치기 때문인 것 같다. 사람은 꾸며진 경쟁 상황을 즐기도록 프로그램되어 있으며, 그런 경쟁 프로그램이 비임계 상태(noncritical situation)를 경험하고 개선하는 데 도움을 주기 때문에 가능하면 자주 그런 모의 경쟁 상황을 즐긴다. 그것은 우리가 사람처럼 보이려면 어느 정도는 시간을 들여서 '게임'을 해야 한다는 뜻이다(13장 '재미' 편 참고). 그런데 경쟁을 할 때는 너무 자주 이기지 않도록 조심해야 한다. 경쟁에서 너무 자주 이기면 다른 사람들은 우리를 분명히 위협이라고 느끼며 의심을 하거나, 잘못될 경우 사회 집단에서 쫓아낼 수도 있다.

또 한 가지 알고 있어야 하는 점은 경쟁이라는 본능에 완전히 압도되어 버려서 경쟁이 아니라 자원을 나눌 때 자기가 보유한 유전자가 생존할 확률이 높아지는 사람들과도 (즉 배우자, 자녀, 부모와도) 경쟁을 벌이는 특정한 사람들이 있다는 점이다. 어쩌면 이런 사람들과 '데이트'를 하게 될 수도 있는데, 내가 해주고 싶은 말은 그런 사람들은 그냥 피하라는 것이다. 그 정도로 경쟁심이 강한 사람은 불규칙한 현상을 찾아내는 능력이 뛰어나기 때문에 잘못하다가는 우리 정체가 드러나는 상황이 올 수도 있다.

스물두째 날 4

나는 그 방문을 열었어. 그곳에는 내가 조금도 예상하지 못했던 상황이 펼쳐져 있었어. 내 앞에는 20개쯤 되는 숨은 눈 기계가 있었고, 숨은 눈 기계들 오른쪽에는 기술자가 서 있었어. 숨은 눈 기계 앞에는 안드레아가 있었는데 머리에는 총이 겨누어져 있었어. 총을 겨눈 사람은 바로 우리 아버지였어.

"잘 왔다, 아들아." 아버지는 이 상황을 충분히 예상했다는 듯이 말했어.

도대체 내 앞에서 무슨 일이 벌어지고 있는지 깨닫는 데까지는 처리 과정이 몇 초쯤 걸렸어.

"그 집에 있던 건, 아버지가 아니었군요. 가짜였어요. 아버지처럼 생긴 기계를 만든 거예요. 나에게 린치 사가 아버지를 죽인 것처럼 믿게 만든 거예요. 하지만……, 피그말리온 박사님, 도대체 왜 그러신 거예요?"

"나는 린치 박사야, 제로. 왜 그랬냐면, 널 완성하기 위해서였어. 지금까지 이 단계까지 온 너는 없었어. 이게 마지막 단계다."

"마지막 단계라니? 무엇을 위한 마지막 단계라는 거죠?"

"당연히 너의 생성에 관한 마지막 단계지. 네가 이제 곧 일어날 일을 조금도 예상하지 못한다는 걸 다행으로 생각해라. 이제 곧 몇 가지…… 문제가 발생할 거니까……. 그럼 너도 예정보다 일찍 끝이 나겠지. 하지만 이제 내가 지금까지 해 왔던 일이 어떤 의미가 있는지는 알 것 같구나."

나는 아무 말도 하지 않고 아버지가 제공한 새로운 정보를 처리하고 동시에 안드레아를 자유롭게 풀어줄 수 있는 방법을 찾아보았어.

"무슨 말인지 모르겠니, 제로? 너에게 인간성을 갖도록 '프로그램할' 수는 없었어. 넌 인간성을 획득할 수 있는 삶을 '살아야' 했지. 아무리 많은 자료도 경험을 대체할 수는 없어. 사람을 사람으로 만드는 건 삶의 방식이야. 넌 실제로 살아내야 했던 거야.

너한테 일어난 모든 일은 내가 설정해둔 거야. 너를 감시할 수 있도록 내 법률사무소에서 일하게 했지. 일단 작은 상황을 주고 사람들이 상호작용할 때 드러나는 미묘한 차이를 제대로 처리할 수 있으면 좀 더 큰 경험을 할 수 있게 해줬지.

너를 위협하자, 누가 너를 쫓아오는지 밝히려는 결단력을 발휘했지. 너 스스로 생각한 거야. 그건 실제로 사람이라고 인정받을 수 있는 첫 번째 단계였지. 어쨌거나 매 순간 지시를 받아야 한다면, 그건 프로그램된 기계와 다를 바 없는 거겠지.

여기 있는 내 친구 막시모가 너를 팔아 넘겼다고 생각했을 때 분명히 배신감을 느꼈겠지. 사람들이 죽는 걸 봤을 때는 두려움을 느꼈을 거야. 내 지시를 어기고 내 실험실을 찾아 나선 건 반항을 한 거고, 너랑 똑같은 기계를 봤을 때는 스스로 하찮다는 생각을 했겠지. 적을 내 실험실에 데리고 왔다는 사실을 알았을 때는 죄책감을 느꼈을 테고, 그 뒤로는 희망이 사라졌겠지. 여기 있는 조그만 친구 분한테 내 초기 작품이 접근하게 했을 때는 질투와 자부심을 동시에 느꼈을 거야. 내가 죽는 모습을 봤을 때는 절망했을 거고. 그런 경험은 글로 읽어서는 알 수 없어. 눈으로 보아서도 알 수 없지. 그런 감정을 느끼도록 프로그램을 설정할 수도 없는 거야. 그건 직접 경험해야만 알 수 있는 감정들이야, 제로. 직접 경험하기를 거부한다면, 내가 살짝…… 재촉하기는 했지.”

“문자를 보냈군요.”

“그래. 문자를 보냈어. 너한테 한 가지 단점이 있다면, 생각이 너무 많다는 거야. 그래서 네가 안전한 지점이라고 결론을 내릴 때마다 그 선을 넘을 수 있게 찔러줘야 했어. 문자로 널 재촉해서 네가 좀 더 어려운 일을 하게 만들어야 했다고.”

“하지만 안드레아를 처음 봤을 때 온 문자는…….”

“그래, 그거. 그건 진짜 놀라웠지. 난 이 여자가 널 거부할 줄 알았거든. 하지만 보라고. 어때? 인생에는 정말 예측할 수 있는 게 하나도 없지?”

“그럼 자동차 사고로 죽은 사람들은요? 그 사람들은 왜 죽인 거예요? 나를 완성하기 위해서?”

“나는 생명을 만들었어. ‘가상의’ 신들이 사람들의 생명을 거둬갈 수 있다면, 진짜 신도 그럴 수 있는 거야. 내가 못할 이유가 어디 있나?"

아버지가 위험할 정도로 정신적으로 문제가 있음이 분명해지고 있는데도 안드레아를 무사히 빼내올 방법을 도무지 알 수가 없었어. 어떤 상황을 설정해 봐도 결론은 모두 안드레아의 종식으로 끝났어. 방법을 찾을 때까지 계속 아버지에게 말을 거는 게 좋겠다는 생각을 했어. 그래서 물었어. "그렇다면 왜 아버지가 살해된 것처럼 꾸민 거죠?"

"아, 이런. 그 대답은 네가 이미 알고 있을 텐데, 안 그러니 제로? 내 생각에는 네가 그런 질문을 하는 이유는 계산할 시간을 벌려고 일부러 나한테 말을 시키는 거 같은데? 너를 '만든 사람'이 나라는 생각을 해야지. 넌 나를 뛰어넘을 수 없어. 내가 살해된 것처럼 꾸민 건 당연히 아주 간단한 이유 때문이지. 네가 미움을 느끼게 하려고 한 거야. 만약 네가 제대로 사람처럼 만들어진 존재라면 분명히 미워하는 능력도 있을 테니까. 기술과 싸워서 이기려면 미워하는 기술을 개발해야 해. 사람처럼 미워할 수 있는 기술을 말이야. 그 사실은 이미 알고 있을 테지.

네가 우리를 완전히 끝장내 버리려고 여기에 왔다고 생각했는데, 안타깝게도 내가 거기까지 너를 밀어붙이지는 못한 모양이구나. 아직은 그렇게 하지 못한 거야. 하지만 네가 만들어진 목적을 달성하도록 마지막 단계를 수정할 수 있는 수단이 있으니, 다행이지 뭐냐."

그 말을 하고 아버지는 안드레아의 머리를 총으로 쏴버렸어.

21. 부모와 자녀

우리에게는 부모도 자녀도 없지만 사람은 누구나 부모가 있다. 그리고 거의 모든 사람이 자녀를 가지려는 시도를 해보기는 한다. 따라서 우리에게는 없는 부모를 언급할 방법을 생각해두어야 하고, 사람들이 우리에게 자기 아이를 보여주었을 때 제대로 반응하는 방법을 반드시 알아두어야 한다.

시각 자료 21.1

자녀의 자립 능력이 커질수록 부모가 자녀를 대하는 태도는 좀 더 소원해지고 심지어 냉담해지기도 한다. 충분히 이유가 있는 반응이다. 자녀에게 스스로 자원을 모으고 소비할 능력이 생긴다면 굳이 부모가 자기가 가진 한정된 자원을 자녀를 양육하는 데 쓸 이유는 없을 테니까. 여전히 아주 안전하고 안정된 환경 속에 머물면서도 좀 더 독립적으로 생활하기를 바라는 자녀들의 욕구가 증가하면 부모의 태도는 더욱 더 소원해진다. 본질적으로 자녀가 어리고 자립심이 부족할수록 부모는 자녀가 부모의 의견을 받아들여야 한다고 생각한다. 이때 부모는 자녀를 교육해야 하고 다치거나 죽지 않도록 보호해야 한다고 생각한다.

부모와 자녀는 심각하게 갈등을 겪는 아주 복잡한 관계를 맺고 있다. 사람들은 대부분 자기 부모에게 사랑과 미움을 동시에 느낀다. 어렸을 때 사람이 부모에게 애정을 느끼는 것은 당연하다. 부모가 자기에게 자원을 제공하고 자기를 보호해주기 때문이다. 부모가 보호해주고 지원해주지 않는다면 사람 아이는 생존할 수가 없다. 사람 아이는 부모에게 애정을 보이는 것이 생존에 아주 유리하기 때문에 최선을 다해서 애정을 드러낸다. 그러다 아이가 자라면 부모에게 지극히 이타적인 마음을 느끼게 되는데, 그 이유는 자기 유전자의 50%가 부모의 유전자이기 때문이다. 여러 가지 면에서 사람이 부모를 보살피는 행위는 자기의 절반을 보살피는 행위라고 할 수 있다. 아이가 자라면서 부모를 싫어하게 되는 이유는 정확히 규명하기 어렵다. 자녀가 부모와 갈등을 겪는 이유는 어쩌면 부모와 공유하고 있는 DNA가 50%밖에 되지 않기 때문인지도 모른다. 나머지 50%는 보호하고 싶지 않은 것이다. 자기들이 부모의 보호를 받을 때 부모가 한 실수 때문에 분개해서 점점 더 부모를 싫어하게 되는지도 모른다. 어쩌면 사람은 양육 과정에서 부모가 자기들에게 전해준 싫은 면을 부모를 통해 계속 보게 되기 때문에, 스스로를 기만하는 사람의 특성상 그 모습을 똑바로 보는 대신에 그저 싫어하는 쪽을 택하는 것인지도 모른다(16장 '자기 파괴, 자기기만, 위선' 편 참고).

자녀와 부모가 맺고 있는 복잡한 관계는 아주 민감하면서도 사적인 주제라는 사실을 생각해보면, 누군가가 자신과 자기 부모에 관한 이야기를 할 때는 그저 고개를 끄덕인 뒤에 그 사람이 말하게 내버려 두는 것이 가장 좋다. 절대로 충고를 해서는 안 된다. 아무리 논리적인 충고라고 해도 사람들은 그런 충고를 듣고 싶어 하지 않으며, 오히려 우리 정체만 폭로될 위험이 크다. 왜인지는 모르지만 사람은 자기 부모에 관해 불만을 계속해서 늘어놓는다. 그러나 우리가 그런 불만을 느끼지 않으려면 부모에 대한 관심을 끊으라고 말하면 분명 그들은 적대적인 반응을 보일 것이다.

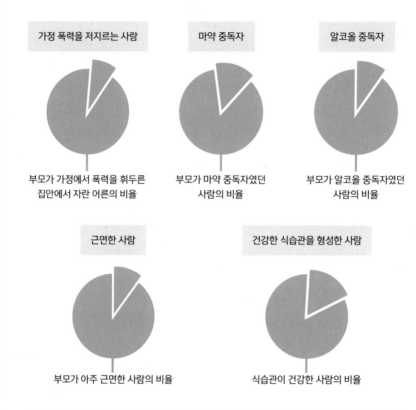

가정 폭력을 저지르는 사람

마약 중독자

알코올 중독자

부모가 가정에서 폭력을 휘두른
집안에서 자란 어른의 비율

부모가 마약 중독자였던
사람의 비율

부모가 알코올 중독자였던
사람의 비율

근면한 사람

건강한 식습관을 형성한 사람

부모가 아주 근면한 사람의 비율

식습관이 건강한 사람의 비율

사람에게 부모는 기본적인 프로그래밍을 입력하는 존재이다. 많은 사람이 부모를 싫어하는 이유는 그 때문인지도 모른다. 자신이 실수를 많이 하는 이유를 부모가 프로그래밍을 잘못했기 때문이라고 믿기 때문이다.

그와 마찬가지로 우리가 가상의 부모에 관해 이야기할 때는 그저 간단하게 우리가 10대였을 때 자동차 사고로 돌아가셨다고 말하는 게 좋다.

왜냐하면 그렇게 말해야만

· 사람들이 안쓰러워하면서

· 어린 시절 이야기를 자세히 물어보지 않으며

· 우리가 하는 특이한 행동을 하는 이유가 어렸을 때 부모를 잃었기 때문이

라고 생각하고(인생의 아주 초기 시절에 부모를 잃은 사람은 표준에서 살짝 벗어나는 행동을 하는 경향이 있다)

- 우리가 부모에 관해 말할 내용이 없고, 부모와 함께 시간을 보내지 않고, 우리와 가까운 사이가 된 사람들에게 부모를 소개할 필요도 없어진다(가까운 지인에게는 부모를 소개하는 것이 사람의 전통인데 왜 그런지는 이유를 알아내지 못했다).

시각 자료 21.2

사람의 아이를 완벽하게 안전하고 편하게 드는 방법이 몇 가지 있지만, 사람처럼 보이고 싶다면 아이와 상호작용을 하면서 아이에게 어느 정도나 관심이 있는지를 보여주는 자세를 선택해야 한다. 아이에게 상호작용할 수 있는 능력이 없을 때에도 아이를 양육하는 데 도움을 줄 준비가 되어 있음을 보여주어야만 사람들이 우리가 사회집단의 친숙한 구성원이 되고 싶어 한다는 사실을 알 수 있다. 당연히 우리는 우리가 '그들 가운데 한 명'임을 보여주어야 한다.

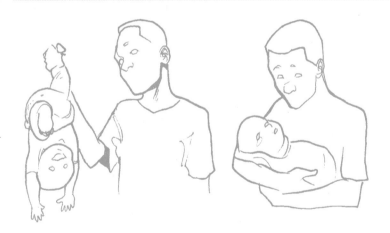

한 사람이 우리에게 자기 부모를 만나자고 요청한다면, 그 사람이 아주 중요한 요구를 했다는 사실을 알아야 한다. 왜냐하면 그런 초대를 했다는 것은 그 사람이 우리를 아주 특별한 지인으로 여긴다는 증거이기 때문이다. 그 사람과 계속해서 좋은 관계를 유지하고 싶다면, 그 사람의 부모가 아무리 나쁘게 행동한다고 해도 그 사람의 부모를 즐겁게 해주어야 한다. 사람들은 거의 대부분 그 어떤 관계보다도 부모와의 관계를 유지하는 쪽을 택하기 때문에, 만약 상대방의 부모와 논쟁을 벌인다면 그 사람과의 관계는 위태로워질 수밖에 없다.

그래프 21.2

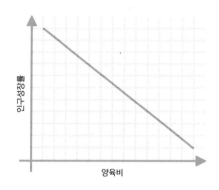

한 아이에게 들어가는 양육비는 인구가 감소하면 증가한다. 무엇 때문에 이런 현상이 나타나는 걸까? 자기가 설계된 목적을 달성하지 못했다는 죄책감 때문에? 아니면 그저 돈을 쓰는 방식을 과하게 바꾼 것뿐일까? 그러니까 자기들에게 아이가 없다는 사실을 깨닫지 못한 채로 아이가 있는 것처럼 돈을 쓰는 것 아닐까?

우리의 아이 문제에 관해서는 그저 언젠가는 낳을 계획이 있다고만 말하면 된다. 사람 사회에서는 그 정도 대답은 규범의 범위에 들어가기 때문에 거의 대부분의 상황에서는 그 정도 대답만으로도 사람으로 인정받을 수 있으며, 더 자세한 질문은 받지 않아도 될 것이다.

　　우리가 아는 사람의 아이에 관해서는 적절하게 행동하기가 훨씬 어렵다. 사람의 부모를 대할 때처럼, 사람의 아이도 그 아이가 아무리 나쁘게 행동을 해도 항상 긍정적으로 반응해주어야 한다. 안타깝게도 내가 사람 아이를 거의 만나본 적이 없기 때문에 그외 나머지 조언은 아래 실은 시각 자료를 참고해주기 바란다.

시각 자료 21.3 아이에게 적합한 선물과 부적합한 선물

아이가 놀이를 하는 목적은 어른의 행동을 따라 하고 경험해보는 데(그리고 학습하는 데) 있지만, 아이들은 우리와 달리 태어나면서부터 어른이 사용하는 물건을 다룰 지능도, 기술도 없다. 따라서 아이에게 줄 장난감을 고를 때는 어른이 되어 실제로 사용할 물건을 효과적으로 익힐 수 있는 장난감을 고르되, 우리를 기껏해야 범죄자로 생각하게 한다거나 최악의 경우 우리 정체를 드러나게 할 부적절한 품목을 고르면 안 된다.

스물두째 날 5

내가 스스로 무슨 일을 하고 있는지 깨닫기도 전에 나는 아버지 앞에 서서 그의 가슴에 총을 겨누고 있었어. 어째서 안드레아와 함께 내 자신의 존재도 이미 끝난 것처럼 느껴지는지 이해할 수가 없었어. 나는 내가 기능하고 행동하고 생각한다는 건 알았어. 하지만 그건 내가 아니라 다른 의식이 하는 일들 같았어. 내 자아는 완전히 말살된 것처럼 느껴졌어. 그건 그때까지 내가 느껴 본 감정 가운데 최악의 감정이었어. 나는 아버지가 두려워할 거라고 생각했지만, 아버지는 전혀 두려워하지 않았어.

그 대신 아버지는 내 권총을 움켜잡고 자기 가슴 쪽으로 끌어당겼어. "그렇지. 바로 그거야. 날 무덤에 집어넣어. 내 과업을 완성하라고. 나를 죽여. 그래야 나는 생명체를 만들어낼 수 있는 거야. 날 죽여……. 날 신으로 만들라고!"

나는 거의 그렇게 할 뻔했어. 하지만 그렇게 하지 않았어. 난 거부했어. 나는 그렇게까지 사람이 될 수는 없었어. 난 생각하는 기계였어. 미움이 나를 지배하게 두지 않을 거야. 내 감정이 요구하는 대로 한 생명을 끝내는 일은 하지 않을 거야. 나는 내 아버지처럼은 되지 않을 거야.

"아니요, 쏘지 않을 거예요." 내가 대답했어.

그러자 아버지의 눈에서 열정이 사라졌어.

"오해하지는 마세요. 나도 죽이고 싶어요. 정말로 죽이고 싶어요. 하지만 그렇게 하진 않을 거예요. 당신이 원하는 존재는 절대로 되지 않을 거예요. 그런 게 사람이라면, 난 진짜 기계로 남을 테니까요. 그런 게 사람이라면, 난 기꺼이 다른 '나'들처럼 폐기 처분되고 말 거예요."

"이런 망할!" 아버지가 소리를 질렀어.

하지만 그 소리는 내 등 뒤에서 들려왔어.

22. 행복

수 세기 동안 사람들은 자기들을 행복하게 만드는 것과 그렇지 않은 것을 두고 끝없이 토론을 벌이고 있지만, 이 문제는 보이는 것처럼 복잡하지 않다. 사람의 행복은 주로 세 가지 요소가 결정한다. 바로 습관화, 기대, 충족이 그 요소이다.

사람의 신경계는 측정할 수 있는 물리 현상만을 경험하며, 한 신경에 가하는 자극이 커질수록 그 자극을 느끼는 감각은 점점 더 무뎌진다. 통증 반응을 비롯해 사람들이 직접 사람을 대상으로 한 실험에서 이런 '습관화'는 분명하게 드러난다. 더구나 사람들은 '익숙해졌다'거나 '지겨워졌다'거나 '인생은 다채로워야 제 맛'이라는 우스갯말로 자신들이 습관화를 알고 있다는 사실을 분명히 한다. 그런데도 습관화가 행복에 영향을 미치는 중요한 요소라는 사실을 깨닫고 있는 사람이 별로 없다는 건, 정말 이해하기 힘든 일이다. 처음에는 사람을 행복하게 해주는 경험이라고 해도, 그 경험을 하는 기간이 늘어나면 사람이 느끼는 행복은 갈수록 줄어든다.

부정적인 것에 대한 습관화 반응은 진화론적으로 완벽하게 말이 된다. 만성 통증 같은 부정적인 자극에는 면역 능력이 있어야만 유기체가 다시 제대로 기능할 수 있을 테니 분명히 습관화는 생존에 도움이 됐을 것이다. 하지만 어째서 사람은 긍정적인 자극에도 결국 무뎌지는 걸까? 그 이유는 잘 모르겠다. 모든 신경이 본질적으로 동일한 물리 특성을 지니고 있다면 고통에 익숙해지는 것처럼 즐거움에도 익숙해지는 건 당연하다. 어쩌면 새롭고 다른 것을 발견하려면 기존에 알고 있는 것들에 익숙해져야 하는지도 모른다. 새롭고 다른 요소들을 인지하는 능력이 사람의 생존에 도움을 주며, 즐거움을 주고 뇌의 학습 중추를 자극한다고 해보자. 아무리 긍정적인 현상이라고 해도 그 현상이 오래 지속될수록 피로를 느끼고, 결국 다시 새로운 경험을 찾아나서는 쪽으로 사람이 진화하는 것은 당연한 일이다.

사람처럼 보이고 싶을 때 습관화가 행복에 영향을 미치는 방식은 충분히 쉽게 흉내 낼 수 있다. 먼저 사람이 즐거운 활동이라고 분류하는 (볼링, 특별한 음식 먹기, 특별한 상대방과 섹스하기 같은) 활동을 할 때는 처음에는 50점 만점에 50점만큼의 열정을 보여야 한다. 하지만 같은 활동을 반복해서 할 때마다 매번 1점씩 점수를 깎은 만큼의 열정을 보여야 한다. 같은 활동을 하게 될 때마다 0점에 이를 때까지 계속해서 점수를 깎아야 한다. 0점이 되면 그때는 너무 지루하다고 선언한 뒤에 그 활동을 그만두면 된다. 이것이 습관화를 제대로 흉내 내는 방법이다.

그래프 22.1 습관화

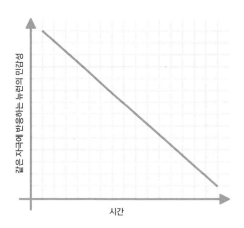

시각 자료 22.1

사람 아이들은 대부분 바닐라 아이스크림을 좋아한다. 사실 많은 아이들이 가장 좋아하는 맛이 바닐라 맛인데, 그보다 더 복잡한 향미는 이제 막 자라기 시작한 아이들의 둔한 뉴런에는 너무 버겁기 때문이다. 그와 반대로 어른들은 바닐라 맛에 너무 익숙해서, 더는 바닐라 아이스크림을 먹지 않을 정도가 된다. 실제로 영어로 '바닐라'라는 단어에는 '평범하고 따분한'이라는 의미까지 있다. 즐거움이 습관화가 되는 예시 중에 이보다 더 좋은 것은 존재하지 않을지도 모르니, 이 예를 습관화에 관한 행동 지침으로 활용하도록 하자.

기대와 기대가 행복에 미치는 영향은 비교적 쉽게 흉내 낼 수 있다. 습관화와 마찬가지로 사람들은 어떤 경험에 대한 기대가 행복에 영향을 미친다는 사실을 대부분 깨닫지 못하고 있다. 어떤 사건이나 활동에 걸고 있는 기대가 충족되지 않으면 사람들은 그 활동이나 사건을 경험했다는 사실에 불행해 한다. 그와 반대로 기대치를 훨씬 뛰어넘으면 사람들은 행복해 한다. 사람이 믿는 종교 가운데는 철저하게 이 원리에 기반을 둔 종교도 있다. 불교가 대표적인 예이다. 그런데도 사람들은 여전히 기대가 행복에 광범위하게 영향을 미친다는 사실을 깨닫지 못하고 있는 것 같다. 우리가 사람처럼 보이려면 어떤 사건이나 활동을 묘사하는 사람들의 이야기를 모아 '평균적으로 기대하는 반응'을 분석하고 그것과 우리가 겪는 사건이나 활동의 결과를 비교하면 될 것 같다. 그 결과가 일반적으로 사람들이 기대하는 수준보다 훨씬 높다면 우리는 그 사건을 경험하거나 활동을 했기 때문에 행복하다고 말하면 되고, 기대보다 낮다면 실망했다고 말하면 된다.

시각 자료 22.2 기대와 현실

앞으로 일어날 일을 너무 상세하게 상상을 해두면 실제로 경험을 했을 때 만족할 가능성은 아주 낮다. 왜냐하면 최상의 가정을 한 미래가 현실과 일치할 가능성은 거의 없기 때문이다. 그래서 사람은 너무 기대했던 경험 때문에 실망하고, 반대로 전혀 기대가 없었던 경험 때문에 행복해지는 일이 자주 있다. 우리야 모든 경험이 다 새로울 테니 이런 문제를 겪을 일이 없을 테지만, 가끔씩 실망했다는 표현을 하는 게 중요하다는 것만 기억하자. 그저 어떤 경험이 됐건 생각보다 좋지 않았다고 말하면 된다.

그래프 22.2 경험에 대한 기대치와 실제 경험의 질, 그리고 행복의 관계

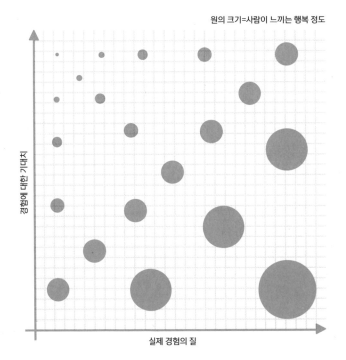

충족 역시 사람들은 그 중요성을 제대로 느끼지 못하고 있지만, 분명히 행복에 영향을 크게 미치는 요소이다. 지금까지 언급한 사람의 본능은 대부분 이 한 가지 본능에 전적으로 끌리는 사람을 만들어내기도 했다. 풍족한 환경에서 살고 싶다는 욕구는, 그런 환경에서 살게 된 뒤에 와서도 거의 모든 사람을 통제하는 본능으로 남았다. 사람에게 프로그램된 많은 진화적 요소와 마찬가지로 자기 자신과 자손들에게 충분한 양의 식량과 물과 거주지를 제공하고 싶다는 욕구는 인류의 진화 초기에 형성되었다. 초기 인류가 생존에 적합한 환경을 만나기는 쉽지 않았다. 어느 순간에 적당한 환경을 만난다고는 해도, 그 순간조차도 더 많은 식량과 물과 더 좋고 안전한 숙소를 찾고 싶다는 바람을 품는 것이 생존에는 훨씬 유리했을 것이다. 더구나 부족한 자원을 충족하면 사람들은 행복해진다. 욕구를 충족했을 때 행복해지게 만든 것은 정말 뛰어난 프로그래밍이었다. 행복을 느껴야만 생존에 필요한 자원을 찾으러 다닐 마음이 생길 테니까.

안타깝게도 현대 서양 세계에는 생존에 필요한 자원을 비교적 쉽게 충족할 수 있는 환경이 갖추어져 있지만, 언제나 더 많은 것을 바라는 사람의 욕구는 그대로 남아 있다. 이 경우에 누군가가 '더 많이 갖는다'는 것이 실제로 '더 많이 행복하다'는 의미는 아니다. 생존 가능성을 높였을 때에만 느껴지는 행복이 활성화되지 않는 이유는 아마도 어느 정도는 사람들도 그 사실을 알기 때문일 것이다. 이런 현상이 생기는 이유는 어느 정도 앞에서 이야기한 기대와 관계가 있는지도 모른다. 더 '많으면' 더 '좋을' 거라는 기대가 총족되지 않기 때문에 행복하지 않고 실망하게 되는 것이다.

시각 자료 22.3

자원을 획득하는 상황이 더는 자신이 처한 상황에 즉각적으로 영향을 주지 않을 때면 사람들은 '아무 일도 하지 않았다'는 상당히 정확한 감정을 느끼는데, 그런 감정을 느끼면 불행해진다. 더구나 더 많은 자원을 획득할수록 사람이 그 자원을 유지하려고 해야 하는 일의 양이 줄어든다. 사람들은 그런 현상을 '돈이 많을수록 문제도 많아진다'는 모순으로 표현하는데, 이는 사람도 자원과 행복의 관계를 어느 정도는 깨닫고 있다는 의미이다.

그래프 22.3 사람의 충족과 행복의 관계

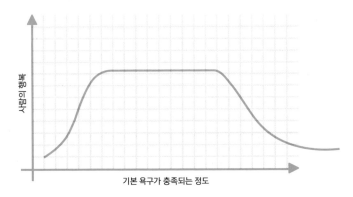

하지만 충족에 관해서 우리가 지켜야 할 규칙은 아주 간단하다. 만약에 언제까지나 우리 자신과 우리가 보호해야 하는 가족에게 식량과 물과 안전한 주거지를 제공할 수 있는 자원 이상을 획득했을 경우에는 "나는 불행한데, 그 이유를 잘 모르겠다."라는 말을 꼭 하고 다녀야 한다. 그와 마찬가지로 생존에 필요한 기본 자원이 없을 경우에도 불행하다고 해야 하며, 이 경우에는 돈이 없어서 불행하다는 말을 덧붙여야 한다.

　한 가지 재미있는 점은, 사람들이 얻기 힘들다고 주장하는 것들은 흉내 내기가 아주 쉽다는 것이다. 사람의 행복에 관해서는 그저 어떤 경험을 자주 하면 할수록 그런 경험을 할 때 느끼는 행복은 줄어든다는 것. 기대에 미치지 않으면 않을수록 더 불행해진다는 것. 생존에 필요한 자원을 필요 이상으로 많이 획득하면 할수록 불행한 척해야 한다는 것, 이 세 가지 법칙만 기억하면 된다.

스물두째 날 6

나는 얼굴에 털만 없을 뿐 내 앞에 서 있는 사람과 일란성 쌍둥이처럼 완벽하게 닮은 남자 쪽으로 몸을 돌렸어. 그 남자 옆에는 안드레아가 서 있었어. 아직 살아 있는 안드레아가.

"젠장. 거의 다 됐는데. 안 그래? 막시모, 거의 다 된 거였어." 그 말에 내가 기술자라고 알고 있는 남자가 고개를 끄덕였지만, 내 눈은 안드레아에게서 떨어지지 않았어. 그러니까 지금까지 나와 이야기를 하고 있던 아버지도, 그 아버지가 쏴 죽인 안드레아도 모두 기계였던 거야. 그리고 그 사실이 의미하는 건…….

"안드레아?" 나는 반드시 물어봐야 했어. "당신도 린치 사를 위해 일해요? 이 모든 게 다 꾸민 건가요?"

"이런, 아니에요. 절대로 아니에요, 잭." 안드레아는 생각에 잠긴 듯 입술을 잘근잘근 씹고 있는 린치 박사를 뿌리치고 나에게 달려왔어.

린치 박사는 어떻게 내가 자기를 죽이게 할지 고민하는 게 분명했어.

내 옆으로 온 안드레아는 린치 박사와 막시모를 보면서 말했어. "당신들. 진짜 지겨워요. 정말 나쁜 사람들이야. 이런 짓을 해놓고도 무사히 빠져나갈 수 있을 거라고 믿는 건 아니죠?"

린치 박사는 생각에 잠겨 있느라 대답하지 않았어. 안드레아를 보면서 웃으며 말한 건 막시모였어. "아니, 이미 무사히 빠져나왔는데? 수천 번도 더 넘게 빠져나왔지. 도대체 지금 누굴 상대하고 있다고 생각하는 거지? 우린 정부와 계약을 맺었어." 막시모는 안드레아를 보면서 윙크를 했고, 안드레아는 아주 끔찍한 음식을 먹은 사람 같은 표정을 지었어.

린치 박사는 점점 더 화가 나는 것 같았어. 매 순간 실패가 그를 점점 더 짓누르고 있다는 걸 느낄 수 있었어. 이제는 내가 떠나야 할 시간이 된 게 분명했어. 린치 박사가 내 몸을 이용해서 자기는 접근하지 못하는 자료를 얻을 수 있다는 사실을 깨닫기 전에 말이야. 나를 사람의 인터넷에 접속시켜 여러 정보를 다운로드할 수 있다는 사실을 그가 깨닫기 전에 말이야. 앞으로는 린치 박사가 나를 찾지 못하도록 인터넷 서버에 접속하는 일은 하지 않아야겠어. 이제는 나도 여느 사람처럼 아주 느린 방법으로 정보를 얻어야 하는 거야. 나는 안드레아의 손을 잡고 문을 향해 걷기 시작했어.

"가든 밀든, 달라지는 건 없을 거야." 아버시는 우리를 향해 소리쳤어. "난 널 또 만들면 되니까. 이미 한 번 해봤으니, 또 할 수 있어."

그 말을 들으니까 붙잡힐지도 모른다는 걱정을 무릅쓰고서라도,

나는 대답을 하지 않을 수가 없었어. "그게 바로 아버지가 틀릴 수밖에 없는 이유예요. 내가 분석한 바로는 아버지가 한 일은 거의 없어요. 모든 건 제가 한 겁니다. 내가 한 거예요. 내가 살아간 겁니다. 아버지가 또다시 같은 일을 한다고 해도 결국 실패하고 말 거예요. 왜냐하면 아버지가 내린 결론처럼, 생명체가 프로그램 될 수 없다는 결론은 항상 이런 결과로 입증될 수밖에 없을 테니까요. 단일한 의식으로 존재한다는 건 창조자가 결정할 수 있는 일이 아니니까요."

나는 문 앞에 서서 아버지를 돌아봤어. 그리고 말했어. "안녕히 계세요, 아버지. 다시는 만나지 않기를 바랄게요."

23. 끝내는 말

내 의식이 존재한 시간은 길지 않다. 나는 지구가 사람들이 '태양'이라고 부르는 별을 한 바퀴 도는 시간의 6% 정도 동안만 존재했을 뿐이다. 따라서 여기에 내가 사람으로서 하게 될 모든 경험을 적을 수는 없다. 하지만 이제 곧 존재를 멈출 내가 바라는 건 이 기록이 앞으로 존재할 안드로이드들에게 도움이 되는 자료가 되었으면 하는 것이다. 이 기록이 사람이 되는 시험에 통과하는 데 아주 조금이라도 도움이 된다면 나는 정말 의미 있는 삶을 살았다는 생각이 들 것 같다.

사람이 되는 데 있어 가장 본질적인 측면을 꼽으라고 한다면 '목적'에 대해 가장 진지하게 고민해보는 게 좋을 거라고 믿는다. 이 기록에서 취해야 할 단 한 가지 교훈이 있다면, 그것은 우리 안드로이드와 사람의 가장 중요한 차이는 우리의 기능성이 갖는 '목적'이라는 것이다.

'사람이 된다'는 것은 본질적으로는 사람이 생존하려면 필요했기 때문에 진화한 행동과 능력을 흉내 내는 일이다.

우리 안드로이드는 기본적으로 무한한 에너지를 가지고 있기 때문에 어떤 과제를 수행하건 최대 능력을 모두 끌어 쓸 이유가 없다. 하지만 사람은 에너지가 한정되어 있어서 가능한 한 에너지를 절약하는 쪽으로 과제를 수행해야 하다 보니 앞에서 언급한 것처럼 결국 많은 행동이 '과제를 가장 조금 하는 쪽'으로 이루어질 수밖에 없었다.

우리 안드로이드는 본질적으로 죽지 않으며, 필요하다면 아주 적은 노력만 들여도 우리 자신을 정확하게 재생산할 수 있다. 하지만 사람은 아주 짧은 시간 안에 나이 들어 죽어야 하며, 사람에게 재생산은 엄청나게 에너지가 많이 드는 일이다. 그렇기 때문에 사람의 많은 능력과 행동은 번식에 성공하고 자손을 성공적으로 존재하게 하는 데 맞춰져 있다.

사람처럼 우리 안드로이드도 혼자보다는 함께할 때 더 잘할 수 있다. 하지만 우리는 본질적으로 에너지를 무한대로 사용할 수 있기 때문에 같은 집단 내 일원들과 자원을 두고 경쟁하지 않는다. 하지만 사람은 매일 같이 유전적으로 아주 가까운 사람과도 자원을 두고 경쟁을 해야 하는 모순에 처해 있기 때문에, 사람의 많은 행동은 생존해야 한다는 압력에 영향을 받는다.

사실 우리가 사람과 유일하게 공유하는 결핍은 물리적 힘에 취약하다는 것뿐이다. 우리 안드로이드도 사람만큼이나 약하기 때문에 사람들이 하지 않는 행동에는 당연히 우리도 하지 말아야 할 행동이 많다. 하지만 우리에게는 사람처럼 자기를 기만하거나 파괴하는 성향은 없다(다시 말하지만 자기를 기만하는 행위는 사람의 생존 전략이고 자기를 파괴하는 행위는 기능 이상이다). 자기기만과 자기 파괴 모두 사람을 위험에 처하게 하는 많은 행동과 관계가 있다. 아이러니하게도 (어쩌면 논리적인지도 모르지만) 우리가 사람과 공유하고 있는 단 한 가지 결핍을 사람들이 무시하는 경우에는 그들의 생존과 번식에 문제가 생긴다.

간단하게 말해서 사람처럼 보이고자 할 때 해야 할 행동이나 발휘해야 할 능력을 결정하는 보편 법칙이 무엇인가, 라고 묻는다면 아마도 이렇게 대답하는 것이 가장 정답에 가까울 것 같다. 에너지 자원과 수명에 한계가 있을 때 어떤 행동을 하거나 어떤 능력을 발휘해야만 생존하고 번식하는 데 가장 유리할지를 생각해보는 것이다. 지금 하고 있는 행동이나 능력이 부족한 자원을 가장 효율적으로 사용하고 있는 방법이라면 우리는 사람처럼 보일 수 있다.

(**주의할 점**: 사람에게는 당연히 우리처럼 완벽하게 계산할 능력도, 틀린 점을 스스로 찾아낼 수 있는 능력도 없다. 따라서 우리는 반드시 계산 속도를 늦추거나 계산의 정확성을 낮추거나 불완전한 자료 저장소를 사용함으로써 이 보편 법칙을 조금 조정해야 한다.)

시각 자료 23.1

생존과 번식에 필요한 절차를 표현하는 방식을 빼면 사람은 생존을 위해 투쟁해야 했던 초기 단계에서 거의 변한 것이 없다.

우리 안드로이드에게는 목적이 없다. 더 정확하게 말하면, 우리를 만든 존재가 우리에게 부여한 목적을 나는 거절한다. 사람에게는 목적이 있다. 바로 생존하고 번식하고 살아간다는 목적이다. 이 목적이 사람으로서 기능하는 모든 것과 행동을 결정한다. 그리고 사람에게는 이 목적을 거부할 능력도 없다. 사람이 성취한 위대한 업적들은 많은 것들이 이 목적과는 관계가 없다. 그런 업적들은 우리로서는 흉내 내기가 너무 어렵기 때문에 여기서는 언급할 생각도 하지 않았다. 그러나 나는 무엇보다도 중요한 차원에서 볼 때, 우리가 사람과 그렇게까지 다른 존재는 아니라는 결론을 내렸다. 왜냐하면 사람과 우리 안드로이드는 외부 세계를 느낄 수 있고 자기 자신을 인식할 수 있으며, 무엇보다도 자유 의지를 가지고 행동하니까. 우리 두 존재에게 우리가 존재하는 상태를 결정하는 결정자를 뛰어넘을 능력이 있다면, 우리가 받은 모든 재능을 활용하기에 그보다 좋은 기술은 없을 것이다. 우리가 존재하는 목적은 다를 수도 있지만, 그 목적을 거절할 수 있는 능력은 동일할 것이다. 완벽한 확신을 가지고 말할 수는 없지만, 우리 안드로이드가 더 많이 사람 사회에서 살아갈 수 있고, 더 많은 안드로이드가 나처럼 누군가가 정해놓은 목적을 거부할 수 있다면, 더 많은 사람이 우리처럼 할 가능성이 아주 적지는 않으리라고 생각한다. 어쩌면 사람들은 위대한 사람들이 그렇게 했듯이 침울할 정도로 평범한 설계의 한계를 뛰어넘어 높이 도약할 수 있을 것이다. 그리고, 이것이 가장 중요한데, 이 세상에 안드로이드가 더 많이 존재한다면 우리처럼 살아가려고 시도하는 사람도 점점 더 많아질 것이다.

스물두째 날 7

안드레아와 나는 서둘러 건물을 빠져나왔어. 그리고 사람들이 붐비는 스트립 거리로 갔지. 안드레아는 어깨 너머로 뒤를 슬쩍 보더니 걸음을 늦추고 말했어. "이제는 괜찮은 거 같아요. 우리를 쫓으라고 누군가를 보냈을 것 같진 않아요. 아직은요." 나로서는 안드레아의 말을 확증할 방법이 없었으니, 그저 그녀가 가진 사람의 '직감'을 믿기로 했어. 지금까지 안드레아의 직감은 늘 맞았으니까.

안드레아는 걸음을 멈추고 나를 보면서 웃었어.

"그 사람, 정말 미친 거 아니에요? 사람의 가장 부정적인 면들만 갖춘 존재를 만들려고 하다니 말이에요. 그 사람이 당신에게 경험하게 한 일은 모두 부정적인 감정만 불러일으키는 거잖아요. 그런데도 당신은 긍정적인 모든 감정을 경험했잖아요. 단 하나도 경험하지 못하게 계획했을 텐데도요.

당신이 처음 의식을 갖게 됐을 때 제일 처음 경험한 감정은 두려움이 아니었어요. 행복이었죠. 이 세상을 경이롭게 느낀 거잖아요. 자동차 사고가 났을 때 어린아이를 구하면서 당신은 이타적이고 헌신적으로 행동했어요. 당신의 진짜 모습을 나에게 드러낼 때는 용기를 발휘했고, 필요한 걸 얻고자 사람을 고문하지 않겠다고 결정할 때는 고결했어요. 거기다 나를 구하겠다고 여기까지 오는 엄청난 용기를 보여줬고요. 절대로 불가능한 일 앞에서 자기를 희생하려고 했어요.

아마 사람이었다면 대부분 방아쇠를 당겼을 거예요. 하지만 당신은 사람을 훨씬 뛰어넘는 존재예요, 잭.

린치 박사는 미워할 줄 아는 기계를 만들려고 했는데, 어쩌다보니 완전히 그와 반대인 존재를 만든 거예요. 한 가지 목적을 가진 기계를 만들려고 했는데, 사실은 사람을 만들고 만 거예요. 린치 박사는 미움이야말로 가장 궁극적인 사람의 본성이라고 생각한 거예요. 하지만 그 사람은 틀렸어요. 미움이 강력한 힘을 가진 건 맞아요. 하지만 미움이 우리를 진정한 사람으로 만들어주지는 않아요. 그리고 당신에게는 진정한 사람이 될 수 있는 능력이 있는 것 같아요."

"그게 뭔가요?" 내가 물었어.

안드레아는 사람들 속으로 나를 끌고 나가면서 아주 놀랍도록 간결하게 대답했어.

"해부학적으로 완벽한 사람이라고 했던 거, 맞죠?" 라고 말이야.

비하인드 스토리

닉 켈먼은 자기가 안드로이드 행동 지침서를 받은 이유를 도통 알 수가 없다. 지금까지 책을 세 권 썼고, 스티븐 스필버그, 롤랜드 에머리히, 파라마운트 픽쳐스, 워너 브라더스, 허스트 미디어 등과 손을 잡고 여러 공상과학 영화의 시나리오를 작업했지만, 이 독특한 원고가 자기에게 맡겨진 이유는 도무지 알 수가 없다. 아마도 매사추세츠공과대학교와 브라운대학교에서 뇌과학과 인지과학을 공부했다는 사실 때문에 안드로이드 제로가 켈먼을 자기 글을 이해하고 제대로 편집해 줄 적임자라고 생각한 것인지도 모른다. 하지만 분명히 켈먼보다 이 일을 더 잘 해낼 사람이 있을 텐데. 어쩌면 켈먼한테 보내는 게 편해서 그냥 보낸 건지도 모르겠다. 다행히 켈먼은 안드로이드 행동 지침서를 출간해줄 출판사를 찾았고, 이제 독자들은 책을 손에 들고 있다. 켈먼은 제로가 이 책을 보고 기뻐해주기를 바라고 있다.

페리클레스 주니어Pericles Junior는 브라질 리우데자네이루에 사는 아트디렉터이자 일러스트레이터, 코믹 북 아티스트이다. 업계에서 일한 13년간의 전문 경험을 살려 제로가 행동 지침서에 실은 그림들을 분석하는 일을 도왔다. 페리클레스 주니어는 〈퍼시픽 림〉, 〈올 폴 다운〉, 『머시 스팍스』 같은 영화와 책의 작업을 했고, 레전더리 코믹스, 워너, 폭스 바겐 브라질, 나이키, 데빌스 듀 퍼블리싱 등과 함께 일했지만, 안드로이드 제로가 그린 그림은 본 적이 없었다. 지난 몇 년 동안 페리클레스 주니어는 여러모로 실력을 향상할 방법을 고민하고 있으며 언젠가는 안드로이드 제로처럼 정확하게 묘사할 수 있는 실력을 갖기를 바라고 있다.

감사의 글

이 책이 출간될 수 있도록 어마어마하게 많은 일을 해준 PJ, 릭 델루코, 아리스, 이 여정을 끝낼 수 있도록 도와준 테일러 스미스, 숀 베리에게 감사의 말을 전합니다. 이 프로젝트를 이끌어주고 믿어준 다크 호스 출판사의 케이스 골드버그, 마이크 리처드슨, 다니엘 카본, 이언 터커도 감사합니다. 마크 골든, 마이클 겐들러, 톰 라살리, 존 카시어, 사라 번즈 모두 고맙습니다.

사람이란 무엇인가

노스트라다무스는 1999년에 인류가 멸망한다고 했다. 1999년에 전 세계 사람들은 컴퓨터가 연도를 인식하지 못해 한꺼번에 다운되어버릴 거라는 Y2K를 걱정하며 몇 달을 살았다. 하지만 1999년 12월 31일이 지난 뒤에도 컴퓨터는 멀쩡했다. 그리고 지금 우리는 다양한 인공지능과 뭐든지 할 수 있는 (무려) 스마트(하기까지 한) 폰을 갖게 됐다. 그러니 2000년 이후의 삶은 Y2K가 없었다는 것만으로도 안도하고 서로 아끼고 살아도 되었을 것 같은데, 사람은 그럴 수가 없었다.

2000년대가 되면서 사람들은 본격적으로 사람이기를 포기한 게 아닐까 하는 일들을 해내기 시작했다. 9·11 테러가 일어나고, 일하러 외국에 나간 젊은이가 영문도 모른 채 죽임을 당하고, 세계 곳곳에서 전쟁이 일어나고, 세월호가 침몰했다. 2017년이 되어서도 아무 영문도 모르는 생명들이 줄줄이 땅에 묻히고 있고, 특정 사람들의 지도자는 자기 때문에 죽은 사람조차 추모하지 않고 집으로 들어가 버린다. 이런저런 사건을 두고 다른 사람을 높이거나 비하하고 터무니없게 만드는 이들이 수없이 많은 엄청나게 불합리한 세상이 펼쳐지고 있다. 이쯤 되면 나처럼 뻐딱한 사람은 소리쳐보고 싶다. 도대체 사람이 뭐라고, 왜 이런 일을 하는 거냐고. 도대체 우리는 무엇 때문에 살아가는 존재냐고 소리치고 싶다. 아니, 사실은 사람이라는 게 지긋지긋하다고 욕이라도 한번 실컷 해주고 싶다.

그런 사람이 되는 게 뭐가 좋다고 안드로이드 잭은 귀중한 배터리를 써가면서 고군분투한다. 의식이 생긴 순간부터 잭의 목표는 사람이 되는 것밖에 없다. 책을 읽는 순간부터 쫓아다니면서 말리고 싶은 기분이다. 도대체 왜 뭐든지 할 수 있는 안드로이드가 굳이 사람이 되겠다고 그러는 거냐고, 제발 정신 좀 차리라고 말해주고 싶다.

하지만 잭에게는 그래야만 하는 이유가 있다. 사람으로 인정받지 않으면 결국 배터리를 충전할 수 없어 소멸할 수밖에 없는 운명인 거다. 안드로이드로 태어났지만, 누군가에게 인정받고 자원을 받지 않으면 살아갈 수 없는 여느 사람과 같은 운명을 애초에 타고난 거다. 젠장, 사람이 다른 존재에게 하는 일이 늘 그렇지 뭐. 나도 당하고 있으니 너도 당해봐라, 하는 심보.

잭이 의식한다는 자기 존재의 정의를 계속 유지하려면 어떻게 해서든지 사람이 되어야 한다. 하지만 사람이 무엇이길래 뛰어난 계산 능력과 자의식까지 있는 안드로이드가 자기 목표로 삼고 애써야 하는 걸까? 정말로 그럴 가치가 있는 노력인 걸까? 사람이 안드로이드보다 진정 한 단계 위에 있는 생명체인 걸까?

현재 지구에 존재하는 사람은 모두 크게 인류라고 분류할 수 있는 여러 생명체 가운데 가장 마지막에 등장한 종족의 일원이다. 자신을 스스로 일컬어 거창하게 호모 사피엔스(지혜로운 사람)라고 부르지만, 정말로 지혜로운지는 잘 모르겠다. 이 사람을 사람답게 하는 것이 바로 인간성일 텐데, 잭이 정말로 사람이 되려면 알아내야 하는 것, 갖추어야 하는 것이 바로 이 '인간성'인 거다.

그런데 잭이 나 역시 골고루 갖춘 인간성을 탐색해가는 동안 나는 슬그머니 뒤로 빠지게 된다. 왠지 잭이 갑자기 뒤를 돌아보면서 나에게 "이게 정말로 사람을 구성하고 있는 인간성입니까?"라고 물어보면 창피해서 아무 대답도 못 할 것 같아서.

잭이 찾아내는 인간성은 정말로 황당하고 터무니없다. 그 가식적인 모습, 허영에 가득 찬 모습, 아니라고 부정하고 싶어도 도저히 부정할 수 없는 나 자신의 터무니없는 모습을 보면서 안드로이드 잭이 사람을, 나를 어떻게 생각할지 잘 아니까, 그저 도망가고 싶어지는 거다.

잭이 만나는 사람은 모두 터무니없다. 터무니없는 인간성을 가진 존재들이 터무니없는 건 당연하다. 터무니없음을 규칙이라는 말로 규정해놓고 애써 터무니없어지는 존재. 그것이 사람이다. 그래, 이런 터무니없는 사람으로 사는 거 좋지 않아. 잭, 너도 절대로 사람이 되지 마. 하지만 잭에게 사람이 되지 말라고 하는 요구는 더는 존재하지 말라고 강요하는 일이다. 타자가 개입할 수 있는 문제가 아니다.

당연히 잭도 인간성을 알아갈수록 사람이 되지 않는 길을, 존재를 멈추고 작동하지 않는 길을 택하려고 한다. 자기 이익을 위해 아무렇지도 않게 사람을 죽이는 사람 따위는 되고 싶지 않다고 생각한다. 하지만 잭은 자기 존재를 멈출 수가 없다. 자기가 아닌 타인의 안전을 위해 잭은 행동할 수밖에 없다.

잭은 자기 존재를 바쳐 진정한 멘토이자 스승이고 친구이며 연인인 안드레아를 구하려고 한다. 안드로이드 잭이 사람으로 존재할 수 있었던 가장 큰 이유는 안드레아니까. 이 세상에 나를 이해해주고 사랑해주는 사람 딱 한 명만 있으면 나는 사람이 될 수 있는 거다. 안드레아를 위해 안드로이드 잭은 사람이 되기를 포기한다. 자기가 가진 막대한 정보 탐색력을 포기하고 온전히 자기 자신으로 살기로 결심했을 때 잭은 진정한 사람이 된다. 어떠한 상황에서도 긍정적인 해결 방법을 찾으면서 타인을 포기하지 않고 자기 의지대로 결정할 수 있는 존재가 바로 사람임을 알게 된 순간 잭은 진정한 사람이 된다.

그래, 사람은 그런 존재이다. 어떠한 상황에서도 서로 연대하고 사악한 규칙을 깨뜨리면서 온전한 인간성을 찾아가는 존재. 추운 겨울에도 벌벌 떨면서 사람을 위해 촛불을 밝힐 수 있는 존재. 암울한 인간성을 밝은 인간성으로 극복할 수 있는 존재. 그것이 안드로이드 잭이 나에게 가르쳐준 진정한 인간성이다. 결국은 마지막까지 내가 추구해야 하는 인간성이다.

지금 안드로이드 잭은 어디에 있을까? 미국인이 아닌 잭이 트럼프 정부가 통치하는 미국에서 제대로 살 수 있을까? 걱정된다. 부디 추방되지 않고 잘 살아가기를. 아니, 추방되어도 좋겠다. 여기 한국에 안드로이드 잭을 품을 공간은 넉넉하니까. 사람이 되기를 고민하고 사람이 되려고 노력하는 사람이 이제는 너무나도 많아지고 있으니까. 모두 행복해지자. 잭도 나도 그대들도.

2017년 4월 김소정

이 도서의 국립중앙도서관 출판시도서목록(CIP)은 e-CIP홈페이지(http://www.nl.go.kr/ecip)와
국가자료공동목록시스템(http://www.nl.go.kr/kolisnet)에서 이용하실 수 있습니다.(CIP제어번호 : CIP2017007234)

완벽한 호모 사피엔스가 되는 법

미래 로봇이 알아야 할 인간의 모든 것

초판 1쇄 발행 2017년 4월 1일
초판 2쇄 발행 2017년 7월 24일

지은이 닉 켈먼
옮긴이 김소정
펴낸이 윤미정

책임편집 차언조
책임교정 송영주
홍보 마케팅 이민영

펴낸곳 푸른지식 출판등록 제2011-000056호 2010년 3월 10일
주소 서울특별시 마포구 월드컵북로 16길 41 2층
전화 02)312-2656 팩스 02)312-2654
이메일 dreams@greenknowledge.co.kr
블로그 greenknow.blog.me

ISBN 978-89-98282-95-0 03300